W0053801

Knaur
MensSana

Besuchen Sie uns im Internet
www.droemer-weltbild.de

Originalausgabe Juli 2000
Copyright © 2000 bei
Droemersche Verlagsanstalt Th. Knaur Nachf., München
Alle Rechte vorbehalten. Das Werk darf – auch teilweise – nur mit
Genehmigung des Verlags wiedergegeben werden.
Redaktion: Christine Stecher
Umschlaggestaltung: Agentur Zero, München
Satz: Ventura Publisher im Verlag
Druck und Bindung: Ebner Ulm
Printed in Germany
ISBN 3-426-87040-1

2 4 5 3 1

*For Alisa*
*with love and gratitude*

# Inhalt

Einführung
11

Die Botschaft der Farben
13

Die Auswahl der Farbkarten
19

Die praktische Anwendung von Farben
25

Die Bedeutung der Farbkarten-Kombinationen
29

*Wenn Sie als erste Karte die Farbspirale*
*Rot/Rosa ziehen und als zweite Karte:*

Orange/Koralle . . . . . . . . . . . . . . . . . . . . . . . . . . . . . . . . . 29
Gold/Gelb . . . . . . . . . . . . . . . . . . . . . . . . . . . . . . . . . . . . . 32
Grün/Hellgrün . . . . . . . . . . . . . . . . . . . . . . . . . . . . . . . . . 36
Türkis/Helltürkis . . . . . . . . . . . . . . . . . . . . . . . . . . . . . . . . 39
Blau/Hellblau . . . . . . . . . . . . . . . . . . . . . . . . . . . . . . . . . . 42
Violett/Hellviolett . . . . . . . . . . . . . . . . . . . . . . . . . . . . . . 45
Magenta/Hellmagenta . . . . . . . . . . . . . . . . . . . . . . . . . . . 49
Regenbogen . . . . . . . . . . . . . . . . . . . . . . . . . . . . . . . . . . . 52

*Wenn Sie als erste Karte die Farbspirale*
*Orange/Koralle ziehen und als zweite Karte:*

Rot/Rosa . . . . . . . . . . . . . . . . . . . . . . . . . . . . . . . . . . . . . 55
Gold/Gelb . . . . . . . . . . . . . . . . . . . . . . . . . . . . . . . . . . . . 59
Grün/Hellgrün . . . . . . . . . . . . . . . . . . . . . . . . . . . . . . . . 62
Türkis/Helltürkis . . . . . . . . . . . . . . . . . . . . . . . . . . . . . . 66
Blau/Hellbau . . . . . . . . . . . . . . . . . . . . . . . . . . . . . . . . . 69
Violett/Hellviolett . . . . . . . . . . . . . . . . . . . . . . . . . . . . . 73
Magenta/Hellmagenta . . . . . . . . . . . . . . . . . . . . . . . . . 76
Regenbogen . . . . . . . . . . . . . . . . . . . . . . . . . . . . . . . . . 80

*Wenn Sie als erste Karte die Farbspirale*
*Gold/Gelb ziehen und als zweite Karte:*

Rot/Rosa . . . . . . . . . . . . . . . . . . . . . . . . . . . . . . . . . . . . . 83
Orange/Koralle . . . . . . . . . . . . . . . . . . . . . . . . . . . . . . . 86
Grün/Hellgrün . . . . . . . . . . . . . . . . . . . . . . . . . . . . . . . . 90
Türkis/Helltürkis . . . . . . . . . . . . . . . . . . . . . . . . . . . . . . 93
Blau/Hellblau . . . . . . . . . . . . . . . . . . . . . . . . . . . . . . . . . 97
Violett/Hellviolett . . . . . . . . . . . . . . . . . . . . . . . . . . . . . 100
Magenta/Hellmagenta . . . . . . . . . . . . . . . . . . . . . . . . . 104
Regenbogen . . . . . . . . . . . . . . . . . . . . . . . . . . . . . . . . . 107

*Wenn Sie als erste Karte die Farbspirale*
*Grün/Hellgrün ziehen und als zweite Karte:*

Rot/Rosa . . . . . . . . . . . . . . . . . . . . . . . . . . . . . . . . . . . . . 111
Orange/Koralle . . . . . . . . . . . . . . . . . . . . . . . . . . . . . . . 114
Gold/Gelb . . . . . . . . . . . . . . . . . . . . . . . . . . . . . . . . . . . 117
Türkis/Helltürkis . . . . . . . . . . . . . . . . . . . . . . . . . . . . . . 121
Blau/Hellblau . . . . . . . . . . . . . . . . . . . . . . . . . . . . . . . . . 124
Violett/Hellviolett . . . . . . . . . . . . . . . . . . . . . . . . . . . . . 127
Magenta/Hellmagenta . . . . . . . . . . . . . . . . . . . . . . . . . 131
Regenbogen . . . . . . . . . . . . . . . . . . . . . . . . . . . . . . . . . 134

*Wenn Sie als erste Karte die Farbspirale*
*Türkis/Helltürkis ziehen und als zweite Karte:*

Rot/Rosa ................................... 138

Orange/Koralle .............................. 141

Gold/Gelb ................................. 145

Grün/Hellgrün .............................. 148

Blau/Hellblau ............................... 152

Violett/Hellviolett ........................... 155

Magenta/Hellmagenta ........................ 158

Regenbogen ................................ 162

*Wenn Sie als erste Karte die Farbspirale*
*Blau/Hellblau ziehen und als zweite Karte:*

Rot/Rosa ................................... 166

Orange/Koralle .............................. 169

Gold/Gelb ................................. 173

Grün/Hellgrün .............................. 176

Türkis/Helltürkis ............................ 180

Violett/Hellviolett ........................... 183

Magenta/Hellmagenta ........................ 187

Regenbogen ................................ 191

*Wenn Sie als erste Karte die Farbspirale*
*Violett/Hellviolett ziehen und als zweite Karte:*

Rot/Rosa ................................... 194

Orange/Koralle .............................. 197

Gold/Gelb ................................. 201

Grün/Hellgrün .............................. 204

Türkis/Helltürkis ............................ 208

Blau/Hellblau ............................... 212

Magenta/Hellmagenta ........................ 215

Regenbogen ................................ 218

*Wenn Sie als erste Karte die Farbspirale*
*Magenta/Hellmagenta ziehen und als zweite Karte:*

Rot/Rosa . . . . . . . . . . . . . . . . . . . . . . . . . . . . . . . . . . . . . 222

Orange/Koralle . . . . . . . . . . . . . . . . . . . . . . . . . . . . . . . . 225

Gold/Gelb . . . . . . . . . . . . . . . . . . . . . . . . . . . . . . . . . . . 228

Grün/Hellgrün . . . . . . . . . . . . . . . . . . . . . . . . . . . . . . . . 231

Türkis/Helltürkis . . . . . . . . . . . . . . . . . . . . . . . . . . . . . 235

Blau/Hellblau . . . . . . . . . . . . . . . . . . . . . . . . . . . . . . . . 238

Violett/Hellviolett . . . . . . . . . . . . . . . . . . . . . . . . . . . . . 242

Regenbogen . . . . . . . . . . . . . . . . . . . . . . . . . . . . . . . . . . 245

*Wenn Sie als erste Karte die Farbspirale*
*Regenbogen ziehen und als zweite Karte:*

Rot/Rosa . . . . . . . . . . . . . . . . . . . . . . . . . . . . . . . . . . . . . 249

Orange/Koralle . . . . . . . . . . . . . . . . . . . . . . . . . . . . . . . . 253

Gold/Gelb . . . . . . . . . . . . . . . . . . . . . . . . . . . . . . . . . . . 256

Grün/Hellgrün . . . . . . . . . . . . . . . . . . . . . . . . . . . . . . . . 260

Türkis/Helltürkis . . . . . . . . . . . . . . . . . . . . . . . . . . . . . 264

Blau/Hellblau . . . . . . . . . . . . . . . . . . . . . . . . . . . . . . . . 267

Violett/Hellviolett . . . . . . . . . . . . . . . . . . . . . . . . . . . . . 271

Magenta/Hellmagenta . . . . . . . . . . . . . . . . . . . . . . . . . 274

# Anhang
**279**

*Literatur*
*281*

*Dank*
*282*

# Einführung

Farben haben eine große Wirkung auf Ihr Wohlbefinden. Sie beeinflussen jeden von uns sowohl auf der körperlichen als auch auf der geistigen und seelischen Ebene. Ihre Lieblingsfarben sagen etwas über Ihre Persönlichkeit aus; genauso aussagekräftig sind die Farben, die Sie am meisten ablehnen.

Jeder nimmt unbewusst die Signale einer Farbe wahr. Die Wirtschaft macht sich dies zu Nutze, indem sie gezielt bestimmte Farben für Produkte und Werbung einsetzt, um so die Verkaufszahlen zu steigern. In der Modebranche wechseln die bevorzugten Stofffarben mit jeder Saison. Doch einmal abgesehen von den Modetrends ist es über die Kleidung immer möglich, sich hinter einer Farbe zu verstecken oder durch sie gezielt ein persönliches Signal zu setzen.

Farben sprechen eine eigene Sprache. Sie können Aussagen darüber treffen, wie Sie sich insgeheim fühlen und was für Sie wichtig ist. In gewisser Weise bedienen Sie sich täglich der Sprache der Farben.

In diesem Buch möchte ich Ihnen die Symbolsprache der Farben näher bringen, und zwar sehr praktisch und anschaulich in Form von neun Farbspiralen. Indem Sie zwei der Farbkarten dieses Buches auswählen, erhalten Sie einen Spiegel Ihrer augenblicklichen Situation. Die von Ihnen gewählten Farben weisen auf Talente, aber auch auf Schwachstellen in Ihrem Leben hin. »Ihre« Farben machen auf innere Blockaden aufmerksam und geben Hinweise auf persönliche Entwicklungstendenzen. Die Symbolsprache von Farben ist sehr ehrlich. Sie appelliert nicht an den Verstand, sondern beschäftigt sich mit einer tieferen inneren Wahrheit.

Wie schnell vergessen wir unsere Träume, und wie bereitwillig übergehen wir unsere Herzensbedürfnisse. Der Alltag mit seinen vielfältigen Herausforderungen lässt in den meisten Fällen zu wenig Raum und Zeit, um nach innen zu blicken und sich Entwicklungsschritte bewusst zu machen. Die Beschäftigung mit den Farbkarten dieses Buches rückt diese innere Welt der Träume, Wünsche, Vorstellungen und Sehnsüchte wieder in den Vordergrund. Die Farben werden Ihnen helfen, Ihr Potenzial zu entdecken, und Sie dazu ermutigen, in Ihrem Leben die richtigen Entscheidungen zu treffen.

# Die Botschaft der Farben

Dem Buch beigelegt sind neun Karten, die – mit einer Ausnahme – jeweils eine Spirale aus einem hellen und dunklen Farbton zeigen:

- Rot/Rosa
- Orange/Koralle
- Gold/Gelb
- Grün/Hellgrün
- Türkis/Helltürkis
- Blau/Hellblau
- Violett/Hellviolett
- Magenta/Tiefmagenta
- Regenbogenspirale

Jede der neun Farbspiralen besitzt eine spezifische Bedeutung. In der Kombination von zwei Spiralkarten, die Sie ausgewählt haben, sind die Farben Ausdruck bestimmter Eigenschaften, die Sie in sich tragen. Diese Eigenschaften können Sie als Veranlagung besitzen oder erworben haben; sie können Ihnen nutzen oder schaden.

Jede Farbe umfasst positive und negative Seiten. Beispielsweise symbolisiert die Farbe Grün Herzlichkeit, Wärme und Gefühl. Sind diese Eigenschaften bei Ihnen ausgeglichen, so gehen Sie in Ihrem Alltag rücksichtsvoll mit sich selbst und anderen um. Sind diese Aspekte überbetont, zerfließen Sie vor Mitgefühl und entwickeln eventuell ein Helfersyndrom; mangelt es Ihnen an der Farbe Grün, reagieren Sie zu verstandesbetont und erscheinen anderen als zu distanziert und kühl.

Ideal wäre es, ständig im ausgeglichenen Zustand aller Farbeigenschaften zu leben. Doch als Menschen durchlaufen wir im Leben ständig Höhen und Tiefen. So werden auch Sie zwar immer nach innerem Gleichgewicht streben, aber auf dem Weg dorthin die buntesten und vielseitigsten Erfahrungen durchlaufen.

Die folgende Tabelle gibt Ihnen einen Überblick zu den positiven und zu den negativen Aspekten der einzelnen Farbspiralen, wobei dies lediglich zum besseren Verständnis für die Symbolsprache der Farben und auf keinen Fall als Kriterium zur späteren Auswahl der Karten dienen soll. Die Auswahl der Farbkarten sollte spontan geschehen. Selbst wenn Ihnen die Bedeutung der einzelnen Farben bewusst ist, wird die Auswahl einer Farbkombination doch niemals rein intellektuell gesteuert sein.

## Die Farbspiralen –
## ein Spiegel für Stärken und Schwächen

### Rot/Rosa

*Stärken:* bodenständig, realistisch, kraftvoll, stark, zupackend, leidenschaftlich, selbstlos, gegenwartsbezogen, versöhnungsbereit, fürsorglich, zärtlich; bereit, sich selbst und andere bedingungslos zu lieben.

*Schwächen:* leicht ausnutzbar, zu weich und beeinflussbar, chaotisch, überlastet, destruktiv, angriffslustig, aggressiv, wütend, chronisch müde, träge und faul, nachtragend.

## Orange/Koralle

*Stärken:* lebendig, voller Lebensfreude, genießerisch, fröhlich, optimistisch, lernfähig, klug, intuitiv, liebevoll, tief empfindend, hingebungsvoll, erotisch, starke Regenerationskraft.

*Schwächen:* verletzlich, anfällig, unfähig zur Verarbeitung von Schockerlebnissen, Angst vor Veränderung, die Vergangenheit nicht loslassen können, mangelnde Selbstachtung, zügellos und vergnügungssüchtig, unglücklich verliebt, Liebeskummer.

## Gold/Gelb

*Stärken:* neugierig und offen, glücklich, intelligent, sich selbst und andere annehmen können, tolerant, durchsetzungsfähig, bereit zum Loslassen des Alten, aus Fehlern lernen können.

*Schwächen:* zu wenig selbstbewusst, feige, Angst vor Veränderung, dominant, kontrollierend, depressiv, frustriert, nervös, kurzsichtig und borniert.

## Grün/Hellgrün

*Stärken:* ausgeglichen, starke Selbstheilungskraft, fortschrittlich, wahrheitsliebend, ehrlich, herzlich, mitfühlend, familienorientiert, naturliebend, gefühlsbetont.

*Schwächen:* Heimlichtuerei, eifersüchtig und misstrauisch, entscheidungsschwach, Selbstsabotage, verkrampft, überempfindlich, besitzergreifend, sentimental, herzlos und kalt.

## Türkis/Helltürkis

*Stärken:* kreativ, kommunikativ, mit Herz und Verstand tätig, weltoffen, freiheitsliebend, selbstständig, reiselustig, künstlerische Ausdruckskraft.
*Schwächen:* distanziert und unnahbar, zurückgezogen, ausdrucksarm und gehemmt, innere ungelöste Konflikte, gefühlsarm, schüchtern, mangelndes Selbstbewusstsein, Angst vor dem Unbekannten.

## Blau/Hellblau

*Stärken:* ausgeglichen und stabil, diszipliniert, entschlossen, zuverlässig, sensibel, intuitiv, schöpferisch, fürsorglich, sanft, vermittelt Geborgenheit.
*Schwächen:* einsam, isoliert, unzufrieden, innerlich zerrissen, stur, depressiv, Probleme mit der männlichen Seite, willenlos, stark ablenkbar.

## Violett/Hellviolett

*Stärken:* bereit zu innerem Wachstum und Veränderung, gutes Zeitgefühl, seiner Berufung folgend, starke Selbstheilungskraft, spirituell erwacht.
*Schwächen:* durch Leidensmuster blockiert, Lebensüberdruss, Flucht vor Herausforderungen, Ressourcen verschwendend, veränderungsunwillig, Probleme in Liebe und Partnerschaft.

## Magenta/Hellmagenta

*Stärken:* großzügig, konzentriert, Liebe zum Detail, sorgfältig, Sinn für Schönheit und Harmonie, dankbar, sein Potenzial kennen und nutzen.
*Schwächen:* resigniert, depressiv, pessimistisch, überlastet, verzweifelt, leidend, arrogant, hochmütig.

## Regenbogen (Weiß)

*Stärken:* bereit zum Neuanfang, das Beste aus sich und seinen Gaben machen, zu seinen Überzeugungen stehen, klar, charismatisch.
*Schwächen:* kummervoll, trostlos, verwirrt, desorientiert, sich überfordern und überlasten, unklare oder falsche Perspektiven.

# Die Auswahl der Farbkarten

Nehmen Sie die neun Farbkarten aus dem Buch heraus. Legen Sie die Karten in einem Kreis aus; die Reihenfolge ist unwichtig.

Ziehen Sie nun zwei Karten.

1. Fragen Sie sich: »Welche Farbspirale spricht mich am meisten an?« Greifen Sie danach, und legen Sie die Karte heraus.
2. Blicken Sie dann auf die verbliebenen Karten, und fragen Sie sich erneut, welche Farbspirale Ihnen nunmehr am meisten zusagt. Nehmen Sie auch diese Karte.

Sie sollten die Karten spontan herausgreifen und nicht zu lange überlegen, welche Farbkombinationen Ihnen am besten gefallen.

Es gibt insgesamt 72 verschiedene Kombinationsmöglichkeiten der Karten, denn die Reihenfolge, in der Sie die beiden Karten aussuchen, spielt eine Rolle.

Schlagen Sie vorn im Inhaltsverzeichnis nach, auf welcher Seite Sie die Deutung Ihrer Farbkombination finden. Entscheidend ist, welche Karte Sie an erster Stelle gezogen haben. Suchen Sie dieses Kapitel. Dann schlagen Sie dort bei der Karte nach, die Sie als zweite gewählt haben.

Beispiel: Sie haben als erste Karte die Farbspirale Blau/Hellblau und als zweite Karte die Farbspirale Gold/Gelb. Lesen die Deutung auf Seite 173 nach.

## Sinn und Zweck der Farbkarten

Die Karten sollen Sie dabei unterstützen, mehr Selbsterkenntnis zu gewinnen. Sie können Ihnen helfen, wichtige Lebensthemen und -aufgaben deutlicher wahrzunehmen und besser zu verstehen. Die Farben dienen Ihnen als ein Wegweiser vor allem zu den unbewussten Aspekten einer Situation oder Stimmung. Eine tiefere Wahrheit vermag so ans Licht zu kommen. Ihr Blickwinkel wird durch die Beschäftigung mit den Farbbedeutungen erweitert. Sie erhalten zudem Anregungen für praktische Schritte, um die mit Hilfe der Farben gewonnenen Erkenntnisse im Alltag umzusetzen.

Die Texte zu den Farbkombinationen versuchen Ihnen Denkanstöße zu vermitteln. Manchmal werden Sie das Gefühl haben, dass Ihre Situation exakt getroffen ist. Dann wieder kann bei Ihnen der Eindruck entstehen, dass die Deutung wenig mit Ihnen zu tun hat. Doch lassen Sie sich nicht täuschen. Oft wollen wir eine Wahrheit nicht sehen und gehen in eine Abwehrhaltung.

Legen Sie also den Text nicht gleich beiseite, wenn etwas für Sie gar nicht oder nicht hundertprozentig zutreffen sollte. Prüfen Sie lieber zunächst in Ruhe, ob nicht doch etwas Wahres daran sein könnte.

Wichtig ist, dass Sie die Farben ehrlichen Herzens befragen und das Ganze nicht als ein beliebiges Spiel betrachten. Wenn Sie nicht wirklich bei der Sache sind, werden Sie in der Regel auch keine aussagekräftige Antwort erhalten.

## Wie oft sollen die Farbkarten gezogen werden?

Es gibt keine allgemeine Regel, wie oft Sie die Karten benutzen können. Die Erfahrung zeigt jedoch, dass es nichts bringt, jede kleinste Befindlichkeit mit Hilfe der Farben deuten zu wollen.

Die Farbspiralen dienen dazu, Ihre Intuition zu stärken und Ihnen das vor Augen zu führen, was Sie im Grunde schon längst wissen und wofür Sie eigentlich nur noch eine Bestätigung brauchen.

Es ist empfehlenswert, eine Zeit lang täglich nach dem Aufstehen zwei Karten zu ziehen, um ein Gefühl für die individuelle Tagesqualität zu bekommen. Nach einer Weile wissen Sie auch ohne Hilfe der Karten, was an diesem Tag für Sie wichtig werden könnte.

Sie können die Farbspiralen auch einmal pro Woche oder einmal im Monat ziehen, wenn Sie das Bedürfnis haben, in eine Angelegenheit mehr Klarheit zu bringen. Machen Sie sich jedoch nicht von den Karten abhängig. Letztlich kommt es auf Ihre innere Stimme an, die durch äußere Systeme nicht ersetzt werden kann.

## Die Erläuterungen der Farbkombinationen

Die Deutungen der 72 Kartenkombinationen sind jeweils in verschiedene Rubriken aufgegliedert:

### Motto

Das Motto gibt die übergeordnete Bedeutung einer Kartenkombination wieder. Sie können das Motto einige Male laut aussprechen und es auf diese Weise verinnerlichen oder es auf einen Zettel schreiben und öfter am Tag lesen. Dieser Satz erinnert Ihr Unbewusstes an das Kernthema Ihrer Farbwahl. Er kann Ihnen Kraft schenken und Sie motivieren.

## Farbe, die heute gut tut

In dieser Rubrik wird eine Farbe empfohlen, die Sie jetzt besonders unterstützt. Jede Farbkartenkombination weist ja auf Lernaufgaben oder Verbesserungsmöglichkeiten hin. Dabei kann es helfen, bestimmte Farben gezielt einzusetzen, zum Beispiel in der Kleidung, durch die Vitalisierung von Wasser, in der Raumgestaltung usw. Auf Seite 25 finden Sie einige Hinweise zu der praktischen Anwendung von Farben.

## Für den heutigen Tag

In dieser Rubrik kommen die Themen zur Sprache, die auf Grund der von Ihnen gewählten Farben jetzt akut sind.

## Ihre Stärken

Hier können Sie die positiven Aspekte einer bestimmten Farbkombination nachlesen. Sie erfahren etwas über Ihre Fähigkeiten und Ihr Potenzial. Entscheiden Sie selbst, ob die Beschäftigung mit Ihren Stärken in diesem Moment für Sie im Mittelpunkt steht oder ob Sie eher herausgefordert sind, sich mit Ihren Schwächen auseinander zu setzen.

## Ihre Schwächen

Diese Deutungstexte helfen Ihnen, Ihre »Knackpunkte« ins Auge zu fassen, um an diesem Tag – oder in einer bestimmten Phase – nicht von einem problematischen Geschehen überrumpelt zu werden.

## Ihr Wohlbefinden

Diese Rubrik enthält vor allem Tipps für das physische Wohlbefinden, das natürlich eng mit Ihrer seelischen Ausgeglichenheit verbunden ist.

## Für Kinder

Kinder werden oft falsch eingeschätzt, oder ihre Talente werden nicht gefördert. Das kann daran liegen, dass die Erwachsenen nur ihre eigenen Vorstellungen im Kopf haben und der festen Überzeugung sind, dass sie am besten wüssten, was für das Kind gut ist. Zudem besitzen Kinder sensible Antennen für ihre Umgebung und sind viel zu oft bereit, um der Harmonie willen die eigenen Bedürfnisse zurückzustellen. Auch darum werden sie oft nicht richtig wahrgenommen.
Kinder besitzen einen sehr guten Zugang zu der Sprache der Farben, und es ist erstaunlich, wie aussagekräftig die von ihnen gewählten Farbkombinationen sind. Über den Weg der Farbkarten können sich Kinder selbst in schwierigen Situationen offen und freimütig mitteilen. Die Wahl von zwei Farbspiralen ist also auch eine hervorragende Methode, um Ihr Kind besser zu verstehen und es zu fördern. Jedoch Vorsicht mit der Regenbogenkarte! Kinder lieben Regenbogen, und es kann sein, dass ein Kind ausnahmslos als Erstes nach dieser Karte greift (siehe unter »Die Regenbogenkarte«).

## Die Regenbogenkarte

Die Regenbogenkarte symbolisiert die Farbe Weiß. Das ungebrochene Licht ist weiß. Im Regenbogen zeigt es sich in den Spektralfarben Rot, Orange, Gelb, Grün, Blau, Indigo und Violett. Eine Karte, die lediglich weiß ist, hätte nicht mit den anderen acht Spiralfarbenkarten harmoniert, und so entstand die Regenbogenkarte.

Wenn Sie feststellen, und dies gilt vor allem bei Kindern, dass Sie immer nur die Regenbogenkarte an erster Stelle ziehen, weil Sie Ihnen optisch am besten gefällt, dann sollten Sie diese Karte weglassen und nur aus den restlichen Karten Ihre Wahl treffen.

Falls diese Vorgehensweise für Sie nicht stimmig ist und Sie finden, dass die Texte zu der Regenbogenkarte besser passen, können Sie die Karte im Spiel lassen. Offensichtlich ist sie dann doch »Ihre« Karte.

Alternativ dazu können Sie die Karten auf den Rücken drehen und quasi blind zwei Karten ziehen. Auf diese Weise lassen Sie Ihr Unbewusstes entscheiden, welche Karten für Sie aussagekräftig sind.

Dieses Auswahlverfahren ist auch für Menschen geeignet, die an Farbenblindheit leiden und bei bestimmten Farbkombinationen, meist Rot und Grün, nur die Farbe Grau sehen können. In diesem Fall gehen Sie ebenfalls intuitiv vor und ziehen zwei der neun Karten, ohne die Farbspiralen anzuschauen.

# Die praktische Anwendung von Farben

Zusätzlich zu den Informationen und Anregungen, die Sie in den Deutungstexten zu den einzelnen Kombinationen erhalten, gibt es verschiedene einfache Möglichkeiten, um Farben Gewinn bringend im Alltag einzusetzen.

## Vitalisieren von Wasser

Klares Wasser kann mit Farbschwingungen aufgeladen werden, und indem Sie das Wasser trinken, nehmen Sie diese Farbschwingung auf. Die Technik des energetischen Aufladens ist einfach: Sie können mit farbigen Gläsern arbeiten, mit farbigem Licht oder mit den Farbkarten dieses Buches. Beispiel: Sie brauchen die Farbe Blau.

- Nehmen Sie entweder ein blaues Glas, füllen es mit Wasser und stellen es zehn Minuten lang in die Sonne.
- Oder Sie schrauben in eine Schreibtischlampe eine blaue Glühbirne und stellen darunter zehn Minuten lang ein normales farbloses Glas voll Wasser.
- Oder Sie benutzen ganz einfach die blaue Farbspirale als Untersetzer für Ihr Glas Wasser, das Sie etwa zehn Minuten lang im Tages- oder Sonnenlicht stehen lassen, bevor Sie es austrinken.

Trinken Sie das mit der Farbschwingung aufgeladene Wasser in langsamen Schlucken. Machen Sie sich dabei bewusst, dass Sie damit die positiven Eigenschaften der Farbe aufnehmen.

## Kleidung

Bleiben wir beim Beispiel Blau: Sie können auch über die Kleidung die gewünschte Farbschwingung aufnehmen. Es reicht schon aus, ein Paar blaue Socken zu tragen – Sie brauchen sich nicht von Kopf bis Fuß in blaue Gewänder einzuhüllen. Auch durch Schmuck können Sie Farbimpulse setzen.

## Nahrung

Vor allem in den Farben Rot, Orange, Gelb und Grün leuchten zahlreiche Obst- und Gemüsesorten. Blau- und Violetttöne finden Sie beispielsweise bei den Beeren oder bei Auberginen. Schon ein Marmeladenbrot mit der entsprechenden Farbe bringt Ihnen die gewünschte Schwingung nahe. Ihre Mahlzeiten können Sie bewusst in Ihrer Farbe des Tages gestalten – ohne jedoch dabei zu übertreiben und einseitig zu werden.

## Mit Buntstiften und Malkasten

Malen Sie eine größere Fläche in »Ihrer« Farbe aus, und lassen Sie während Tages immer wieder einmal die Augen darauf ruhen.
Natürlich können Sie auch Ihrer Phantasie freien Lauf lassen: Malen Sie einen blauen Ozean mit Fischen, einen orangefarbenen Sonnenaufgang oder eine grüne Waldlandschaft ... Vor allem sind Kinder für diese Form der Farbtherapie zu begeistern.

## Mit Vorstellungskraft

In der Vorstellung können Sie ganz einfach von Kopf bis Fuß in der Farbe Ihrer Wahl baden.

- Sie schließen die Augen und stellen sich vor, dass Sie unter der Dusche stehen. Sie drehen den Wasserhahn auf, aus dem ein farbiger Wasserstrahl auf Sie herabströmt. Aus der Brause fließt beispielsweise die Farbe Blau, und Sie stehen so lange unter diesem Farbstrahl, bis Sie das Gefühl haben, genug von dieser Farbe abbekommen oder aufgenommen zu haben.
- Oder Sie stellen sich vor, dass Sie draußen auf offenem Feld stehen und die gewählte Farbe regnet sanft auf Sie herab.
- Sie können sich auch vorstellen, dass Sie von einer farbigen Lichtwolke eingehüllt werden.

Es gibt unzählige Möglichkeiten, mit Hilfe der Vorstellungskraft eine Farbschwingung aufzunehmen. Ihre Gedanken erzielen tatsächlich eine Wirkung!

## Inneneinrichtung

Nur wenige Farbimpulse sind nötig, um Ihnen zu helfen, die Schwingung »Ihrer« Farbe aufzunehmen. Zum Beispiel ist an Ihrem Arbeitsplatz ein Faserschreiber in der gewünschten Farbe – gut sichtbar platziert – schon ausreichend. Oder ein farbiger Kissenbezug setzt den Akzent. Eine Apfelsine kann Ihnen die Farbe Orange nahe bringen. Ebenso vermitteln Ihnen farbige Blüten oder Blumensträuße die gewünschte Farbschwingung.

# Körperpflege

Bade- oder Duschzusätze können ebenfalls Farbimpulse liefern. Es gibt Duschgels und Badeöle, die das Wasser in den unterschiedlichsten Tönen färben. So baden Sie auf angenehmste Weise in Farbe.

In der Kosmetik spielt Farbe eine große Rolle, und das können Sie für Ihre Zwecke nutzen. Experimentieren Sie beispielsweise mit Nagellack in »Ihrer« Farbnuance.

## Therapeutische Anwendung von Farben

Farben werden zunehmend im therapeutischen Bereich zu Heilungszwecken eingesetzt, und es gibt dafür unter anderem spezielle Geräte zur Bestrahlung und zur Farb-Akupunktur. Dieses Buch beschäftigt sich allerdings nicht mit diesen Anwendungsgebieten, sondern dient als Anregung zum alltäglichen Umgang mit Farben und will vor allem ein Bewusstsein für die Sprache der Farben wecken. Der Einsatz von Farben zu medizinischen Zwecken sollte auf jeden Fall unter fachlicher Anleitung geschehen.

# Die Bedeutung der
# Farbkarten-Kombinationen

## Wenn Sie als erste Karte die Farbspirale
## *Rot/Rosa* ziehen

### 1. Karte: Rot/Rosa
### 2. Karte: Orange/Koralle

### Motto
Mit Kraft, Liebe und Hingabe erfülle ich meine Aufgaben
und genieße mein Leben.

### Farbe, die heute gut tut
Blau

### Für den heutigen Tag
Es könnte sein, dass Ihnen morgens das Aufstehen sehr
schwer fällt. Überwinden Sie diese Gefühle von Lustlosigkeit
und Erschöpfung, indem Sie sich bewusst machen, wie viel
Vitalität eigentlich in Ihnen steckt. Sie *haben* die Kraft, um
den täglichen Herausforderungen zu begegnen und alle anstehenden Aufgaben zu bewältigen.
Heute ist ein großartiger Tag, um sich liebevoll zu zeigen.
Seien Sie auch offen für die Botschaften der Liebe, die Sie
selbst erhalten. Achten Sie zudem auf äußere Zeichen, die
auf die nächsten Entwicklungsschritte in Ihrem Leben deuten, und hören Sie auf Ihre innere Stimme, die Ihnen eine
Rückmeldung gibt.

Tun Sie etwas, das für Sie ein besonderer Genuss ist – und zwar so, dass Sie sich daran erfreuen können, ohne ein schlechtes Gewissen zu bekommen. Versuchen Sie ein Gefühl von Lebensfreude zu empfinden, selbst in einer momentan schwierigen Situation.

Verschieben Sie besser nichts auf morgen, sondern werden Sie heute aktiv. Überanstrengen Sie sich jedoch nicht. Wenn Sie das beherzigen, werden Sie heute eine Menge erreichen können.

### Ihre Stärken

In Ihnen steckt viel Vitalität. Sie sind in der Lage, im entscheidenden Moment große Energiereserven zu mobilisieren. Ihre Grundhaltung ist von Optimismus geprägt. Sie leben gern und können sehr viel Freude empfinden.

Ihre Leidenschaft und Ihre Fähigkeit, sich voll und ganz einer Sache oder Person hinzugeben, wirken anziehend. Sie können tiefe Gefühle der Liebe empfinden und diese aus vollem Herzen weitergeben. Sie gehen offen auf andere zu und genießen die schönen Dinge des Lebens. Mit viel Begeisterung und Engagement können Sie scheinbar aus dem Nichts etwas Neues erschaffen. Ihre ausgeprägte Intuition führt Sie in die richtige Richtung und ermöglicht Ihnen ein erfolgreiches Leben. Auf der materiellen Ebene erleben Sie Fülle und Reichtum, sofern Ihre Handlungen auch dem Wohl anderer dienen.

Sie stehen mit beiden Beinen fest auf der Erde und bleiben selbst in Krisenzeiten innerlich im Gleichgewicht. Durch das Zusammenwirken von Herz und Verstand eignen Sie sich dazu, eine führende Rolle zu spielen und Vorbild zu sein.

## Ihre Schwächen

Sie ziehen egoistische Menschen an, die nur nehmen, aber nicht geben wollen. Ihre offene Haltung und Ihre Liebesfähigkeit könnten von solchen Schmarotzern ausgenutzt werden, was Sie auf Dauer auslaugen wird. Sie fühlen sich dann überlastet und erschöpft.

Sie neigen dazu, immer an andere zu denken, und übergehen dabei leicht Ihre eigenen Bedürfnisse. Es besteht die Gefahr, dass Sie durch Ihre Großzügigkeit in Not geraten, dies zu spät bemerken und dann auf einem Scherbenhaufen wieder ganz von vorn anfangen müssen. Sie könnten so mehrfach in Ihrem Leben gezwungen sein, wieder bei null anzufangen.

Vielleicht verlieben Sie sich auch in jemanden, der diese Liebe nicht erwidert. Sie geben dann alles in die Beziehung, werden aber vom anderen verletzt und enttäuscht. Diese Kränkungen überwinden Sie nur sehr schwer.

Sie handeln oft nach dem Prinzip »Alles oder nichts«. Dadurch überanstrengen Sie sich und geraten aus der Balance. Sie lassen sich leicht durch äußere Faktoren verführen und übergehen dabei Ihre Intuition, die Ihnen zu etwas anderem rät.

## Tipps für Ihr Wohlbefinden

Möglicherweise gönnen Sie sich als lustvoller Genießer zu viel des Guten. Ein Übermaß an Essen, Trinken oder Rauchen wird jedoch zu Übergewicht führen oder Sie allgemein träge und schlapp, ja sogar krank machen.

Sie neigen dazu, mit viel Elan ein anstrengendes Fitnessprogramm oder eine Hungerdiät zu beginnen – und nach kurzer Zeit das Handtuch zu werfen. Mehr Ausgewogenheit in Sachen Bewegung und Ernährung wäre sinnvoll, damit Ihre

Leistungsfähigkeit und Ihre Gesundheit auf Dauer erhalten bleiben.

## Für Kinder

Ihr Kind ist sehr liebesfähig und braucht deswegen besonders viel Schutz und eine Atmosphäre der Geborgenheit. Negative Bilder von Gewalt oder Hass vermag es nur schwer zu verkraften, da die Eindrücke tief eindringen und nicht verarbeitet werden können.

Ihr Kind ist voller Energie, was für die Erwachsenen anstrengend werden kann. Sie sollten ihm deshalb rechtzeitig klare Grenzen setzen, damit das Kind und die Menschen in seiner Umgebung nicht überfordert werden.

Achten Sie auf die Interessen und Talente, die Ihr Kind zeigt, und fördern Sie sie nach Möglichkeit, denn sie sind für den späteren Lebensweg von Bedeutung.

### 1. Karte: Rot/Rosa
### 2. Karte: Gold/Gelb

### Motto
Ich bin fähig und mutig genug, um neue Erfahrungen in mein Leben zu lassen.

### Farbe, die heute gut tut
Magenta

### Für den heutigen Tag
Falls Sie seit längerer Zeit einen wichtigen und notwendigen Schritt in Ihrem Leben immer wieder hinauszögern, ist heute genau der richtige Tag, um Mut zu fassen und in Aktion zu

treten. Sind Sie verliebt und zu schüchtern, um Ihre Zuneigung zu zeigen? Heute sollten Sie ein Zeichen setzen. Träumen Sie von tollkühnen Vorhaben und trauen sich nicht, sie zu realisieren? Beginnen Sie jetzt mit den Vorbereitungen. Wollen Sie beispielsweise nach Australien auswandern? Dann schreiben Sie jetzt die australische Botschaft an, um die notwendigen Informationen und Formulare zu bekommen. Kaufen Sie sich Literatur über Australien, und holen Sie sich Urlaubsprospekte aus dem Reisebüro. Gehen Sie im Internet in einen Chatroom, und nehmen Sie Kontakt zu jemanden auf, der in Australien lebt.

Definieren Sie Ihre Wünsche und Ziele. Schreiben Sie auf, was Sie tun müssen, um Ihre Träume in Erfüllung gehen zu lassen. Ist Ihr Vorhaben völlig unrealistisch, dann verwerfen Sie es. Doch trauen Sie sich weiterhin eine Veränderung in Ihrem Leben zu.

Machen Sie den berühmten ersten kleinen Schritt in die neue Richtung. Es könnte sein, dass Sie heute etwas in Bewegung setzen, das viel größer und bedeutender ist, als Sie es zum jetzigen Zeitpunkt überblicken können. Es muss allerdings nicht gleich die Auswanderung in ein fernes Land sein, was Ihnen eine tief greifende positive Veränderung bringt.

### Ihre Stärken

Sie scheuen nicht davor zurück, im Leben auch einmal ein Risiko einzugehen. Sie trauen sich, ungewöhnliche Wege zu beschreiten getreu dem Motto »Wer wagt, gewinnt«. Sie haben eine innere Stabilität, die Ihnen Durchhaltevermögen verleiht, selbst wenn Sie in Schwierigkeiten geraten. Ihr Verstand lässt Sie die Geschehnisse klar analysieren und hilft Ihnen, Lösungen für Probleme zu finden. Sie werden deshalb gern um Rat gebeten und können andere dabei un terstützen, aus einer festgefahrenen Situation wieder herauszufinden.

Sie sind offen und neugierig auf das, was das Leben Ihnen in seiner Vielfalt zu bieten hat. Sie sind experimentierfreudig und gewinnen dadurch ein breites Spektrum an Erfahrungen. Im Alltag können Sie sich gut durchsetzen, ohne dabei hart oder kalt zu wirken. Im Gegenteil, Ihre Ausstrahlung ist warm und anziehend. Souverän sind Sie bereit, Verantwortung zu tragen. Sie können sich Fehler eingestehen und daraus lernen. Ihre Mitmenschen fühlen sich durch Ihre Lebenseinstellung motiviert.

### Ihre Schwächen

In Ihrer Kindheit sind Sie vielleicht nicht genügend gefördert worden, oder Sie standen in der Schule unter einem starken Leistungsdruck, dem Sie nicht gerecht werden konnten. So ist Ihnen die Lust am Lernen verdorben worden, und Ihre Lebensfreude erhielt einen starken Dämpfer. Möglicherweise wurden Sie auch übermäßig behütet und hatten wenig Gelegenheiten, die für das Selbstbewusstsein so wichtigen Mutproben zu erfahren und zu bestehen. Es entwickelte sich daher in Ihnen die Tendenz, den Herausforderungen des Lebens angstvoll gegenüberzustehen und sich nichts zuzutrauen. Schüchternheit erschwert Ihnen die Kontaktaufnahme zu anderen, vor allem wenn es darum geht, eine Liebesbeziehung aufzubauen.

Ihr Verstand neigt dazu, überkritisch zu analysieren. Er hindert Sie dann daran, neue Aufgaben entschlossen anzupacken oder neue Chancen zu ergreifen. Eine pessimistische Grundhaltung lässt Sie leicht aus einer Mücke einen Elefanten machen. Jeder Fehler erscheint Ihnen wie eine persönliche Katastrophe, und Sie glauben dann, vollkommen versagt zu haben. Aus dieser Angst heraus neigen Sie zum Perfektionismus, womit Sie sich jedoch das Leben schwer machen.

### Tipps für Ihr Wohlbefinden

Eine ängstliche Grundhaltung kann Sie nervös und gereizt reagieren lassen. Bei übermäßiger Aufregung wird dann zudem der Verdauungstrakt sensibel reagieren. Versuchen Sie, mit autogenem Training oder anderen Entspannungsmethoden zu mehr innerer Ruhe zu gelangen. Probieren Sie Sportarten aus, die Ihr Selbstbewusstsein stärken, ohne Sie unter Konkurrenz- oder Leistungsdruck zu setzen. Vielleicht macht Ihnen ja ein Tanzkurs Spaß. Dabei lernen Sie auch andere Menschen kennen.

### Für Kinder

Ihr Kind hat einen ausgeprägten Wissensdurst und hinterfragt alles, denn im Frage-und-Antwort-Spiel erfährt Ihr Kind das Leben sehr intensiv. Nehmen Sie sich also die Zeit dafür, auf die Fragen Ihres Kindes einzugehen – auch dann, wenn dieses pausenlose »Warum?« im scheinbar unpassendsten Moment kommt.

Es kann jedoch die Gefahr bestehen, dass Ihr Kind zu sehr über den Intellekt zu leben beginnt, ein introvertierter Bücherwurm wird und nicht genug hautnahe Erfahrungen sammelt. Spornen Sie daher Ihr Kind auch zum Spielen mit anderen Kindern und zu viel Bewegung an.

Ermunterung und Zuspruch, die unabhängig von Leistungsanforderungen vermittelt werden, sind wichtig, damit Ihr Kind genügend Selbstbewusstsein entwickelt. Fühlt sich Ihr Kind sicher und um seiner selbst willen geliebt, kann es auch ohne Angst vor Versagen oder Bestrafung neue Entwicklungsschritte wagen.

1. Karte: Rot/Rosa
2. Karte: Grün/Hellgrün

## Motto
Mein Herz ist offen, und ich zeige mir und den anderen meine Liebe.

### Farbe, die heute gut tut
Weiß (Regenbogen)

### Für den heutigen Tag
Gehen Sie heute den Weg des Herzens, und reagieren Sie auf Ihre Gefühle der Freude und Liebe. Nutzen Sie den heutigen Tag, um einen Herzenskontakt zu jemandem herzustellen. Vielleicht gibt es einen Menschen, mit dem Sie schon lange keine Verbindung hatten, den Sie aber sehr mögen. Wenn eine Freundschaft wegen eines Streits zerbrochen ist, dann ist es jetzt an der Zeit, das Kriegsbeil zu begraben und einander zu verzeihen. Treffen Sie sich darüber hinaus mit Menschen, die Sie mögen, und zeigen Sie auch ganz offen Ihre Zuneigung und Verbundenheit.

Wenn Sie aus Angst vor Ablehnung etwas Wichtiges in Ihrem Leben verschwiegen oder verheimlicht haben, dann fassen Sie jetzt Mut und machen Sie den ersten Schritt, indem Sie sich aussprechen. Gestehen Sie einer vertrauenswürdigen Person die Wahrheit. Rücken Sie sich wieder in das richtige Licht. Räumen Sie die Steine beiseite, die Sie sich selbst in den Weg gelegt haben.

Machen Sie einen Spaziergang im Park oder in der freien Natur, und genießen Sie die Naturelemente, die sich Ihnen darbieten. Schöpfen Sie aus ihnen Kraft und gute Laune.

## Ihre Stärken

Sie haben die Fähigkeit, ein starkes Engagement zu entwickeln, wenn Ihnen eine Aufgabe sinnvoll und nützlich erscheint. Sie durchschauen schnell Situationen, die kompliziert, oder Menschen, die unaufrichtig sind. Ehrlichkeit im täglichen Miteinander und in der Arbeit ist sehr wichtig für Sie. Ihre Haltung ist offen und herzlich. Menschen spüren Ihre Wahrhaftigkeit.

Freundschaften sind Ihnen wichtig. Einladungen in Ihr Zuhause werden gern angenommen, denn Sie schaffen eine behagliche Atmosphäre, in der man sich wohl fühlt. Sie können sehr großzügig sein, und das Schenken bereitet Ihnen Freude.

Angesichts notwendiger Veränderungen sind Sie fähig, sich vom Gewohnten zu trennen und mit Zuversicht nach vorn zu blicken. In Krisenzeiten sind Sie daher auch als ruhender Pol geschätzt. Sie haben einen Bezug zur Natur und können beispielsweise schon bei einem Spaziergang viel Kraft auftanken. Im Umgang mit Pflanzen sind Sie für Ihren »grünen Daumen« bekannt.

## Ihre Schwächen

Ihre Großzügigkeit und Hilfsbereitschaft kann von anderen ausgenutzt werden, und Sie werden leicht für etwas vereinnahmt, das Sie eigentlich nur am Rand betrifft. Es fällt Ihnen schwer, Grenzen zu setzen und ein klares Nein zu artikulieren.

Sie haben das Bedürfnis, anderen zu gefallen. Aus Angst vor Ablehnung werden Sie oft Ihre eigenen Wünsche zurückstellen, wodurch sich aber in Ihnen Groll ansammeln kann. Sie geben dann zwar weiterhin viel von Ihrer Kraft, aber Sie tun es widerwillig. Nach außen erscheinen Sie nach wie vor als herzlich und liebevoll, sind hierbei jedoch in Ihrem Ausdruck nicht ehrlich.

Dann wieder überraschen Sie Ihre Mitmenschen durch eine plötzliche Abwendung und ein Zurücknehmen Ihrer Aufmerksamkeit. Diese Rückzugsreaktion entspringt einem Gefühl der Überlastung und Frustration. Vielleicht werden Sie nun nachtragend, und es fällt Ihnen schwer, einem anderen zu verzeihen. Wenn Sie in der Liebe verletzt worden sind, dann neigen Sie dazu, sich zu verschließen und künftig keinem mehr über den Weg zu trauen.

### Tipps für Ihr Wohlbefinden

Wenn Sie Schwierigkeiten haben, im Austausch mit anderen Grenzen zu ziehen, kann es sein, dass Sie dies kompensatorisch auf der körperlichen Ebene tun. Übergewicht kann die Folge sein. Oder Sie haben sich nach einer Enttäuschung in der Liebe bereits viel Kummerspeck zugelegt, der Sie gleichzeitig vor jeder weiteren intensiven Begegnung schützen soll.

Verstecken Sie sich nicht, und bleiben Sie in Bewegung. Machen Sie einen Selbstverteidigungskurs, und lernen Sie, sich zur Wehr zu setzen und Ihre Grenzen zu behaupten.

### Für Kinder

Ihr Kind hat ein Gespür für Wahrheit und Lüge und wird Sie schnell durchschauen, wenn Sie etwas erzählen, das nicht stimmt. Sie sollten ihm also mit größtmöglicher Ehrlichkeit begegnen. Etwas zu verschweigen, um Ihr Kind zu schützen, ist nur begrenzt sinnvoll, denn es spürt intuitiv, wenn an einer Sache etwas faul ist.

Vielleicht tendiert Ihr Kind auch selbst zu Schwindeleien, um nicht bei etwas Unerlaubtem ertappt und dann bestraft zu werden. Es sollte lernen, dass es in der Regel besser ist, die Wahrheit zu sagen.

Ihr Kind ist sehr liebenswert und hat eine natürliche Herzlichkeit, die anziehend wirkt. Andere Kinder werden gern mit ihm spielen. Achten Sie darauf, dass Ihr Kind nicht unfair behandelt oder herumgeschubst wird.

### 1. Karte: Rot/Rosa
### 2. Karte: Türkis/Helltürkis

### Motto
Die Welt steht mir in jeder Hinsicht offen.

### Farbe, die heute gut tut
Violett

### Für den heutigen Tag
Sind Sie innerlich ein Globetrotter, aber äußerlich jemand, der eher ein passives Dasein führt? Dann wird es heute Zeit, Ihre Ideen ein Stück weit in die Tat umzusetzen. Wollten Sie schon immer tauchen lernen? Dann buchen Sie jetzt einen Grundkurs, und planen Sie den nächsten Urlaub in einem schönen Tauchrevier. Hatten Sie schon immer vor, eine Fremdsprache zu erlernen? Melden Sie sich jetzt in der Volkshochschule oder bei einem Sprachlehrer an. Hatten Sie noch keine Gelegenheit, sich so richtig mit dem Internet vertraut zu machen? Nehmen Sie sich heute die Zeit, durchs Netz zu surfen oder sich eine E-Mail-Adresse einzurichten. Ob per elektronischer Post oder durch einen altmodischen Brief – heute ist in jedem Fall ein guter Tag für freundschaftliche Kontakte und weltweite Verbindungen.

## Ihre Stärken

Sie nehmen gern und leicht Kontakt zu anderen Menschen auf und interessieren sich für das Weltgeschehen. Sie sind neugierig auf fremde Kulturen und Lebensweisen, und Sie reisen gern, um Eindrücke zu sammeln und Fremdes kennen zu lernen. Dabei dürfte es für Sie wichtig sein, direkten Kontakt zu den Einheimischen zu bekommen und die Gegend zu erkunden, statt in einer Hotelanlage nur unter Touristen Ferien zu machen.

Sie sind freiheitsliebend und mögen es nicht, wenn Ihnen zu enge Grenzen gesetzt werden. Sie haben Charisma und Charme und können andere Menschen dadurch leicht beeindrucken und von etwas überzeugen. Es mangelt Ihnen nicht an zündenden Ideen, und Sie haben die notwendige Energie, um sie auch in die Tat umzusetzen. Um eine Idee zu verwirklichen, preschen Sie voran und begeben sich notfalls auch ins Rampenlicht, um ein größeres Publikum dafür zu begeistern.

Sie denken global und fühlen sich daher mit den neuen Kommunikationstechnologien ganz in Ihrem Element. Ihr Denken und Handeln ist flexibel, und so sind Sie Ihrer Zeit in vielem voraus.

## Ihre Schwächen

Sie trauen sich nicht zu, Ihre Vorstellungen in die Tat umzusetzen. Vielleicht waren Sie ein sehr phantasiebegabtes Kind voll tollkühner Ideen, und Sie haben erlebt, wie Sie dafür ausgelacht wurden. Seitdem laufen Sie leicht Gefahr, sich ganz in Traumwelten zurückzuziehen, ohne die Realisierung von Ihren Ideen ernsthaft in Erwägung zu ziehen. Nur in Ihrer Phantasie erleben Sie große Abenteuer in fernen Ländern. Tausend Gründe halten Sie davon ab, aus dem gewohnten Trott auszubrechen und neue Erfahrungen zu sammeln.

Ähnlich verhält es sich mit der Kontaktaufnahme zu anderen. Sie würden so gern auf andere Menschen zugehen, sind aber gehemmt oder der Meinung, Sie seien ein uninteressanter Gesprächspartner. Andere, die mehr Durchsetzungsvermögen haben, überrumpeln Sie daher leicht, und obwohl Sie fähig und talentiert sind, werden Sie oft unterschätzt oder nicht richtig anerkannt. Das frustriert Sie und lässt Sie möglicherweise in Resignation verfallen.

### Tipps für Ihr Wohlbefinden

Tun Sie etwas für einen guten Stoffwechsel und Kreislauf. Wer viel auf dem Sofa liegt und von wunderbaren Dingen träumt, verpasst leicht den Anschluss an das wirkliche Leben. Rappeln Sie sich auf, und suchen Sie bei Ihrem Fitnessprogramm auch den Kontakt zu anderen Menschen. In der Gruppe zu trainieren oder mit anderen zusammen eine Sportart zu erlernen, das ist für Sie empfehlenswerter, als einsam durch den Park zu joggen.

### Für Kinder

Ihr Kind hat eine ausgeprägte kreative Ader und sollte diesbezüglich auch gefördert werden. Wundern Sie sich also nicht, wenn es gern Lieder vorsingt oder etwas vorträgt, um hinterher Applaus einzuheimsen. Ihr Kind hat außerdem viel Sprachtalent und könnte mühelos mehrsprachig aufwachsen.

Ihrem Kind fällt es leicht, sich anzupassen und in den verschiedensten Kulturen zu Hause zu sein. Versuchen Sie, Ihrem Kind ein globales Verständnis zu vermitteln, damit es sich früh mit den verschiedenen Lebensarten und -formen auf diesem Planeten anfreunden kann. Wichtig ist aber gleichzeitig auch eine gute Verwurzelung im eigenen Zuhause. Es braucht auch später im Erwachsenenalter seine Heimat, von wo aus es immer wieder auf Entdeckungs- und Abenteuerreise gehen kann.

Wenn Sie einen Computer im Haus haben, so achten Sie darauf, dass Ihr Kind nicht übermäßig oft davon Gebrauch macht. Direkte Kontakte zu anderen Kindern sind immer noch am wichtigsten.

### 1. Karte: Rot/Rosa
### 2. Karte: Blau/Hellblau

### Motto
Ich zeige meine Gefühle im Alltag.

### Farbe, die heute gut tut
Grün

### Für den heutigen Tag
Haben Sie etwas auf dem Herzen, das Sie schon seit langem mitteilen wollen? Heute ist ein geeigneter Tag dafür. Die richtigen Worte werden Ihnen automatisch von den Lippen kommen, und Ihre Botschaft wird auch verstanden. Hegen Sie große Zuneigung für jemanden, dann zeigen Sie jetzt Ihre Gefühle in irgendeiner Form. Jeder Ausdruck von Sympathie oder der Wunsch nach einem Treffen kommen nun gut an. Wollten Sie schon längst einen wichtigen Brief geschrieben haben und schieben es vor sich her, weil Sie Ihr Anliegen bislang nicht gut formulieren konnten? Dann setzen Sie sich noch heute hin, greifen Sie zu

Stift und Papier, und lassen Sie die Worte aus sich heraus-
fließen.

Teilen Sie heute Ihre Gefühle mit, und achten Sie auf die Reaktionen Ihrer Umwelt. Sie werden über die positive Resonanz staunen. Sprechen Sie vage Pläne und Vorstellungen,
die Sie bislang nur in Ihrem Kopf wälzten, jetzt laut aus. Es
ist ein erster Schritt, diese Ideen zu materialisieren und sich
für weitere Eingebungen zu öffnen.

### Ihre Stärken

Sie können mit anderen Menschen sehr leicht kommunizie-
ren und Ihre Vorstellungen oder Konzepte klar und verständlich formulieren. Sie besitzen ein gutes Gespür für
Trends und haben die Erfahrung gemacht, dass Sie sich auf
Ihre Intuition verlassen können. Das gilt auch für innere
Warnsignale, die Sie zur Vorsicht bei der Durchführung von
einem Vorhaben ermahnen.

Wenn Sie an etwas glauben, sind Sie auch in der Lage, ge-
duldig Verzögerungen und Durststrecken zu überwinden.
Sie sind von sich selbst und Ihren Fähigkeiten fest überzeugt, ohne dass Sie dabei arrogant wirken. Sie übernehmen
gern Aufgaben, die nicht ausschließlich egoistischen Zwecken dienen.

Harmonische Beziehungen sind Ihnen wichtig. Sie versuchen, dass es durch klare Absprachen und klare Verhältnisse
gar nicht erst zu Missverständnissen oder Streit kommt. Sie
erkennen, wenn ein anderer in Schwierigkeiten steckt oder
Probleme hat, und gehen von sich aus darauf ein. Ihre ruhige
Ausstrahlung und Ihre sachliche Kompetenz wecken Vertrauen; man fühlt sich in Ihrer Gegenwart gut aufgehoben.

## Ihre Schwächen

Es kann sein, dass Sie rechthaberisch wirken. Meistens haben Sie ja auch Recht, was für die anderen, die in Ihrer Gegenwart nicht zum Zuge kommen, frustrierend sein kann. Sie neigen dazu, die Dinge stets selbst in die Hand zu nehmen, ohne zu prüfen, ob ein anderer die Aufgabe nicht genauso gut erledigen könnte. Es fällt Ihnen schwer, zu delegieren und Teamgeist zu entwickeln. Sie sind gern der Chef und halten mit Vorliebe die Fäden fest in der eigenen Hand.

Sie können manchmal unnahbar wirken. Obwohl Sie tiefe Gefühle und Leidenschaften in sich tragen, ist es fast unmöglich für Sie, Emotionen zu zeigen. Sie verstecken sich hinter der Fassade von Sachlichkeit und können sich in Arbeit vergraben, damit Sie nicht in die Situation geraten, sich gefühlsmäßig offenbaren zu müssen. In der Liebe mögen Sie sehr tief für jemanden empfinden, Sie sind aber nicht in der Lage, Ihre Gefühle zu artikulieren. Oder Sie laufen aus Angst vor der Intensität von Gefühlen vor der Liebe davon und suchen lieber eine Beziehung, die oberflächlich und nüchtern verläuft. In diesem Fall können Sie sich auf Dauer sehr einsam fühlen, denn irgendwann möchte der Teil in Ihnen, der so tief empfindet, auch seinen lebendigen Ausdruck finden.

## Tipps für Ihr Wohlbefinden

Wenn Sie dazu neigen, sich hinter einem Berg Arbeit zu verschanzen, dann haben Sie wahrscheinlich auch nicht viel Zeit, um sich Ihrem Körper oder Ihrer Gesundheit zu widmen. Zu wenig Bewegung, zu hastiges Essen, zu wenig Schlaf machen jedoch krank. Sie brauchen sich ja nicht gleich in einem Fitnessclub anzumelden. Gönnen Sie sich etwas Entspannendes, vielleicht einen schönen Spaziergang, einen Saunabesuch oder eine Massage.

Nehmen Sie sich Zeit für einen Kuschelabend mit Ihrem Partner. Genießen Sie zärtliche Küsse und Umarmungen.

### Für Kinder

Ihr Kind ist sehr feinfühlig und nimmt eventuell Dinge wahr, die Erwachsene nicht erkennen. Vielleicht hat es einen unsichtbaren Freund, mit dem es spielt oder spricht. Oder es hat nachts Angst vor Geistern und braucht deswegen Licht im Zimmer. Nehmen Sie diese Wahrnehmungen ernst, und machen Sie sich auf gar keinen Fall vor Ihrem Kind darüber lustig. Ihr Kind hat viel Phantasie, die durch kreatives Spielen gefördert werden sollte. Das Theaterspielen hilft beispielsweise dem Kind, im Rahmen der verschiedenen Rollen die unterschiedlichsten Gefühle und Emotionen auszudrücken.

Es kann zu intensiven Gefühlsausbrüchen kommen, weil Ihr Kind sehr viel wahrnimmt und es dann zu einer Überreaktion kommt. Versuchen Sie, Verständnis dafür zu haben und es nicht in seinem freien Ausdruck zu hindern. Es ist wichtig, dass Ihr Kind sich mitteilen kann und sich nicht verschließt.

### 1. Karte: Rot/Rosa
### 2. Karte: Violett/Hellviolett

### Motto
Ich nutze meinen Tag, um sinnvoll zu leben.

### Farbe, die heute gut tut
Rot

## Für den heutigen Tag

Heute besitzen Sie viel Energie und gutes Durchhaltevermögen, um eine Menge zu erledigen. Aber passen Sie auf, dass Sie sich nicht zu viel aufbürden.

Es ist ein guter Zeitpunkt, um liegen gebliebene Aufgaben anzupacken und Rückstände aufzuarbeiten. Bevor Sie es sich also nach Feierabend auf dem Sofa bequem machen, um Ihre Lieblingsserie anzuschauen, sollten Sie sich aufschwingen und beispielsweise das schon seit Monaten auf dem Schreibtisch liegende Formular endlich ausfüllen, in einen Umschlag stecken, diesen frankieren und gleich zum Briefkasten bringen.

Wenn Sie dazu neigen, tagsüber in Phantasien und Träumereien abzugleiten, dann überlegen Sie, was Sie konkret tun können, um einen Teil der Wunschvorstellungen tatsächlich wahr werden zu lassen. Auf jeden Fall sollten Sie versuchen, nichts auf die lange Bank zu schieben, sondern zu handeln. Sie befinden sich gerade in einer Phase, in der Bewegung in Ihr Leben kommen kann und Ihre persönliche Entwicklung durch die Veränderung profitiert. Alte seelische Verletzungen können in diesem Prozess geheilt werden. Aber nur Sie allein sind in der Lage, die entscheidenden Schritte zu tun; niemand wird es Ihnen abnehmen.

## Ihre Stärken

Sie haben ein gutes Zeitgefühl und können Ihren Tag optimal nutzen. Auch mit Ihrer Energie haushalten Sie so, dass Sie viel Ausdauer haben und sich weder unter- noch überfordern. So können Sie sehr viel erledigen, ohne dabei am Ende des Tages erschöpft zu sein. Sie setzen Vorhaben ohne große Verzögerungen in die Tat um und können in kürzester Zeit eine Menge bewegen und verändern.

Sie wollen das Beste aus Ihrem Leben machen und erleben daher jede Minute intensiv. Sie stellen sich Herausforderungen und reifen innerlich durch diese Prozesse. Sie spüren, dass es eine höhere Ordnung im Leben gibt, und glauben fest daran, dass alles in Ihrem Leben seinen Sinn hat – und letztendlich auch Ihrem persönlichen Wohlergehen und Wachstum dient.

Sie können tatkräftig anpacken und anderen in Krisenzeiten ganz nebenbei viel Unterstützung zukommen lassen. Sie haben Sinn für Humor und strahlen Lebensfreude aus. Ihre Tatkraft und Ihre Besonnenheit wirken motivierend und sind ein Beispiel für andere. Sie befinden sich in Einklang mit sich selbst.

### Ihre Schwächen

Sie springen schnell für andere ein und verlieren dabei Ihre eigenen Ziele aus den Augen. Sie neigen dazu, die Bedürfnisse anderer zu erfüllen, und wissen gar nicht, was eigentlich für Sie selbst richtig ist. So entsteht mit der Zeit ein Gefühl innerer Leere. Sie wissen dann nicht mehr, wozu alles noch gut sein soll, und spüren, dass Sie an Ihren eigenen Zielen vorbeileben. Sie können dadurch in eine tiefe innere Krise geraten. Der ständige Umgang mit den Sorgen und Nöten anderer zieht Sie zudem emotional herunter, und Sie können die negativen Gedanken schwer abschütteln.

Der Eindruck, dass Ihr Leben nicht in der richtigen Bahn verläuft, kann depressiv machen. Sie versinken dann in Lethargie und vertrödeln einen Großteil Ihrer Zeit. Da Sie aber wissen, zu was Sie eigentlich fähig sind, geraten Sie in Versuchung, alles in der Phantasie auszuleben. Diese Träume von großartigen Taten bleiben aber unerfüllt, da Sie nur schwer den Dreh finden, wieder aufzuwachen und Ihr Leben aktiv anzupacken. Sie träumen von Veränderung, laufen aber vor den praktischen Konsequenzen davon.

### Tipps für Ihr Wohlbefinden

Kommen Sie bloß nicht in Versuchung, Ihren Kummer mit Alkohol wegzuspülen oder ihn mit Hilfe von Drogen zu vergessen. Die Situation wird durch solche Verdrängungsstrategien nur noch schlimmer und lähmt Sie nur noch mehr. Es ist wichtig, sich mit kleinen, aber stetigen Schritten aus einer bedrückenden Situation zu befreien.

Gehen Sie schwimmen. Das Element Wasser hat einen reinigenden und klärenden Effekt, und während Sie Bahn für Bahn vorwärts kraulen, kommen Ihnen vielleicht allerlei gute Gedanken, was Sie tun können.

Essen Sie viel frisches Obst und Gemüse, um so Energie aufzutanken, statt am späten Abend den Pizzaservice anzurufen.

### Für Kinder

Ihr Kind braucht abwechselnd Phasen der Ruhe und der Aktivität. Möglicherweise ist es immer in Bewegung und hat nicht genügend Schlaf- oder Ruhezeit. In diesem Fall sollten Sie versuchen, zu festen Zeiten Rituale einzuführen, die eine Pause ankündigen und begleiten.

Es könnte jedoch auch sein, dass Ihr Kind eher zu passiv ist und ständig angetrieben werden muss. Morgens steht es verträumt auf und scheint eine Ewigkeit zu brauchen, um sich anzuziehen. Es trödelt vor sich hin und zerrt mit diesem Verhalten an Ihren Nerven. Versuchen Sie trotzdem, ruhig zu bleiben, denn Verbote, Zwang und Drohungen werden nur eine Trotzreaktion hervorrufen. Es ist wichtig für Ihr Kind, einen Sinn in seinem Tun zu erkennen. Dann wird es auch engagiert bei der Sache sein.

1. Karte: Rot/Rosa
2. Karte: Magenta/Hellmagenta

## Motto
Das Leben ist wunderschön.

## Farbe, die heute gut tut
Orange/Koralle

## Für den heutigen Tag

Verderben Ihnen existenzielle Probleme die Freude am Leben? Stecken Sie in scheinbar unlösbaren Schwierigkeiten, die Ihre ganze Energie absorbieren? Dann ist es jetzt an der Zeit, sich Hilfe und Unterstützung zu holen. Kontaktieren Sie beispielsweise jetzt eine Beratungsstelle, wenn Sie vor einem riesigen Schuldenberg stehen. Oder schließen Sie sich jetzt einer Selbsthilfegruppe an. Gehen Sie beispielsweise zu den Weight Watchers, um endlich mit Ihrem Übergewicht fertig zu werden. Holen Sie sich heute Unterstützung und Hilfe, egal, wo Sie der Schuh gerade drückt.

Diejenigen, die momentan auf der Sonnenseite des Lebens stehen und keine Sorgen haben, sollten den Tag nutzen, um andere an Ihrem Glück teilhaben zu lassen. Kaufen Sie beispielsweise auf dem Weg zur Arbeit die Zeitschrift der Obdachlosen, und freuen Sie sich, dass Sie selbst ein schönes Zuhause haben und durch den Kauf der Zeitschrift einen kleinen Beitrag dazu leisten können, dass anderen geholfen wird.

Heute ist auch ein guter Tag, um Arbeiten zu erledigen, die viel Konzentration und den Blick für Details verlangen.

## Ihre Stärken

Sie lieben die schönen Dinge des Lebens und haben einen Sinn für Ästhetik und Harmonie. Dabei geht es Ihnen nicht um eine oberflächliche Betrachtung, sondern darum, ob eine Sache abgerundet und in sich stimmig ist. In einem Konzert hören Sie sofort die falschen Töne heraus; gleichzeitig können Sie durch ein großartig aufgeführtes Musikstück verzaubert werden. Die Schönheit der Natur bedeutet für Sie reinste Lebensfreude, während es fast schmerzhaft für Sie ist, sich in einem Stadtteil aufzuhalten, in dem sich nur Häuser aus Beton aneinander reihen.

Sie fühlen sich vom Leben reich beschenkt und sind fähig, tiefe Dankbarkeit für die großen und kleinen Gaben zu empfinden. Sie gehören zu den wenigen Menschen, die den Wert gerade der kleinen Dinge des Lebens erkennen. Sie achten auf Details und stecken viel Liebe und Aufmerksamkeit in sie hinein. Sie können sich intensiv auf eine Sache oder Person konzentrieren und sich ganz auf den gegenwärtigen Augenblick einlassen.

## Ihre Schwächen

Sie haben eventuell schon viele Schicksalsschläge erlebt und dabei verlernt, die schönen Seiten des Lebens zu sehen. Sie fühlen sich wie in einer großen, dunklen Wolke gefangen und glauben, dass die trostlose Situation, in der Sie feststecken, kein Ende hat. Sie sind davon überzeugt, dass keiner Sie liebt und keiner Sie je lieben wird. Sie verspüren wenig Lebenssinn. Dadurch entgeht Ihnen aber auch leicht die Hilfe, die in Ihrer Nähe auf Sie wartet. Sie stehen keineswegs allein vor Ihren Problemen; es gibt Menschen, die mit Fürsorge und Liebe für Sie da sind.

Vielleicht glauben Sie auch, mit Ihren Sorgen und Nöten allein fertig werden zu müssen, und scheuen sich deshalb, um Hilfe zu bitten. Sie nehmen leicht eine Opferhaltung ein und fühlen sich vom Leben benachteiligt. Während alle anderen unbekümmert ihr Leben genießen, bürdet man Ihnen scheinbar die schlimmsten Dinge auf. Statt sich von Kummer und finanziellen Sorgen niederdrücken zu lassen, sollten Sie sich Hilfe bei der Lösung Ihrer Probleme holen. Sie werden Unterstützung erhalten.

### Tipps für Ihr Wohlbefinden

Versuchen Sie, Ihren Körper zu lieben und für ihn zu sorgen. Bemühen Sie sich, etwaige Gefühle von Selbsthass aufzulösen. Machen Sie sich bewusst, dass wirkliche Schönheit von innen kommt und auch den äußerlich unattraktivsten Menschen erstrahlen lässt. Gönnen Sie sich und Ihrem Körper etwas Schönes, zum Beispiel eine liebevoll zubereitete Mahlzeit, oder entspannen Sie bei Ihrer Lieblingsmusik in einem duftenden Schaumbad. Vernachlässigen Sie Ihr Äußeres nicht, und achten Sie auf gepflegte Kleidung, egal, wie leger sie ist. Sie unterstreichen dadurch, dass Sie eine wertvolle Person sind.

### Für Kinder

Ärgern Sie sich über den unordentlichen Zustand des Kinderzimmers? Herrscht dort ein solches Chaos, dass man kaum den Raum betreten kann? Ist Ordnunghalten ein immer wiederkehrender Streitpunkt zwischen Ihnen und Ihrem Kind? Wundern Sie sich nicht darüber, es gehört zum Wesen Ihres Kindes, scheinbar im Chaos zu leben.

Es ist sehr wahrscheinlich, dass Ihr Kind nach seiner individuellen Ordnung vorgeht und in dem scheinbaren Durcheinander aus seiner Sicht alles am richtigen Platz liegt. Versuchen Sie, nicht zu penibel auf Zucht und Ordnung zu pochen, und erlauben Sie Ihrem Kind die kreative Unordnung.

Im Übrigen braucht Ihr Kind jedoch verlässliche Strukturen in seinem Leben. Sie helfen ihm, konzentriert und diszipliniert die gestellten Aufgaben zu bewältigen. Fehlt dieser liebevolle feste Rahmen, kann Ihr Kind die Tendenz entwickeln, sich keine Mühe zu geben oder die Dinge in letzter Minute und deswegen schlecht zu erledigen. Die magere Leistung steht dann in keinem Zusammenhang mit dem eigentlich vorhandenen reichen Potenzial.

## 1. Karte: Rot/Rosa
## 2. Karte: Regenbogen

### Motto
Ich treffe die richtigen Entscheidungen in meinem Leben.

### Farbe, die heute gut tut
Gold/Gelb

### Für den heutigen Tag
Neuanfänge jeglicher Art gelingen heute besonders gut. Wenn Sie seit längerem unentschlossen sind, welche der verschiedenen Möglichkeiten, die sich in Ihrem Leben bieten, Sie ergreifen sollen, dann ist es jetzt an der Zeit, Farbe zu bekennen. Was würden Sie am liebsten tun? In welchem Bereich bringen Sie die besten Voraussetzungen mit? Wo haben Sie die besten Chancen?

Achten Sie auf Ihre innere Stimme. Wobei haben Sie das sichere Gefühl im Sinne von: »Ja, das ist gut, es wird klappen«? Wobei schlägt etwas in Ihnen Alarm? Wobei verspüren Sie das vage Gefühl wie: »Vielleicht – es klingt ja ganz gut, aber ich weiß nicht so recht«?

Intuitiv wissen Sie, was für Sie richtig ist und was nicht. Entscheidend ist, dass Sie Ihrer Intuition auch folgen und ihr vertrauen. Treffen Sie jetzt eine definitive Entscheidung, und bleiben Sie dabei. Sagen Sie nicht länger: »Ich weiß nicht«, sondern: »Ich weiß.«

### Ihre Stärken

Sie sind sehr anpassungsfähig. Es fällt Ihnen leicht, sich auf neue Situationen einzustellen, und Sie können sich schnell in einer fremden Umgebung wohl fühlen. Sie können in einem Palast wohnen, aber auch mit einer einfachen Strohhütte ohne Strom und Wasser zufrieden sein. Einen Besuch im Dreisternerestaurant genießen Sie genauso wie eine Bratwurst an der Imbissbude.

Im Berufsleben wechseln Sie gern die Stelle, da Sie immer neue Herausforderungen suchen. Ihr Multitalent lässt Ihnen viel Freiraum, neue Wege auszuprobieren, und so sammeln Sie in Ihrem Leben eine Menge Erfahrungen, die nicht unbedingt nur erfreulicher Natur sind. Sie kennen auch die Schattenseiten des Lebens und haben Kummer und Sorgen erlebt. Aber Ihre Wandlungsfähigkeit macht es möglich, dass Sie aus den dunklen Löchern, in die Sie hineingefallen sein mögen, irgendwann wieder herausklettern. Sie kennen das Leben in all seinen Facetten.

### Ihre Schwächen

Sie haben so viele Talente und so viele Ideen, was Sie in Ihrem Leben alles machen könnten, dass Sie sich überfordert fühlen, wenn es darum geht, sich für eine Sache zu entscheiden. Diese Unentschlossenheit lähmt Sie, und es kann sein, dass Sie häufig Phasen erleben, in denen Sie in Ihrer Weiterentwicklung stagnieren.

Jeder Tag bringt Ihnen neue Überlegungen und Überzeugungen, die gleich im nächsten Moment von Ihnen wieder verworfen werden. Oder Sie beginnen ein Vorhaben und brechen es nach kurzer Zeit ab, um sich anderen Dingen zuzuwenden. Sie fühlen sich in vielen Sätteln sicher, aber eine echte Meisterschaft über etwas haben Sie bis jetzt nicht erlangen können.

Möglicherweise wurde Ihnen auch vorgeworfen, Sie seien unfähig und inkompetent, und nun trauen Sie sich nicht, sich auf eine Sache wirklich einzulassen. Sie geben dann zu schnell auf oder lassen sich durch andere von Ihrem Vorhaben abbringen. Sie haben Probleme, sich zu Ihren Stärken und vielseitigen Fähigkeiten zu bekennen, und machen sich kleiner, als Sie in Wirklichkeit sind. Eventuell sind auch tief greifende traurige Ereignisse, die Sie bis heute nicht überwunden haben, die Ursache Ihrer Unentschlossenheit.

### Tipps für Ihr Wohlbefinden

Sie haben in letzter Zeit auf zu vielen Hochzeiten getanzt und Ihrem Körper zu viel zugemutet. Gönnen Sie sich jetzt eine Ruhephase. Ihnen täte eine Entgiftungskur gut. Wenn Sie fit sind, können Sie mit einer Fastenkur für Entlastung sorgen. Aber auch eine Woche nur mit leichter Kost, mit viel Obst und Gemüse, käme Ihnen jetzt zugute. Verzichten Sie eine Zeit lang auf Alkohol und Kaffee, um Ihrem Körper zu helfen, sich von innen heraus zu reinigen.

### Für Kinder

Fördern Sie bei Ihrem Kind den Glauben an Engel. Es wird ihm gut tun zu wissen, dass es einen Schutzengel hat, der immer aufpasst. Ihr Kind braucht diese spirituelle Verbindung.

Unterstützen Sie Ihr Kind, sich kreativ auszudrücken. Sorgen Sie beispielsweise dafür, dass stets genügend Buntstifte und Malpapier zur Hand sind. Die Motive und Farben der Zeichnungen können wertvolle Hinweise auf innere Prozesse des Kindes sein. Benutzt Ihr Kind nur dunkle Töne, oder wählt es leuchtend bunte Farben aus? Malt es Monster, Häuser, Fahrzeuge, Naturlandschaften oder Menschen?

Wenn sich Ihre Familie gerade mit vielen Sorgen und Kümmernissen auseinander setzen muss, dann braucht Ihr Kind ein Ventil, um seine Gefühle zu zeigen. Achten Sie auf die Signale Ihres Kindes.

## Wenn Sie als erste Karte die Farbspirale *Orange/Koralle* ziehen

**1. Karte: Orange/Koralle**
**2. Karte: Rot/Rosa**

**Motto**
Jeden Moment erlebe ich intensiv.

**Farbe, die heute gut tut**
Violett

**Für den heutigen Tag**
Üben Sie sich heute in Leidenschaft! Nicht nur in der Liebe, sondern in allen Dingen des Alltags. Versuchen Sie, sich in

allem, was Sie tun, hundertprozentig einzubringen. Erleben Sie jeden Moment ganz intensiv. Geben Sie sich einen Ruck, wenn Sie merken, dass Sie mit Ihren Gedanken wieder abgleiten und nicht ganz bei der Sache sind. Natürlich wird es Ihnen nicht gelingen, jeden einzelnen Moment vollkommen bewusst zu erleben. Dafür gibt es zu viele Ablenkungen. Aber Sie können sich bemühen. Hetzen Sie also nicht im Eiltempo durch den heutigen Tag, sondern richten Sie Ihre Aufmerksamkeit, so gut es geht, auf das, was gerade in diesem Moment geschieht.

Wenn Sie heute Aufgaben zu erledigen haben, die für Sie lästig und unangenehm sind, dann probieren Sie, ob Sie nicht eine positivere Einstellung dazu gewinnen können. Beginnen Sie, sich auf die Arbeit zu freuen. Stecken Sie Ihre ganze positive Energie in die heutigen Vorhaben, und schieben Sie alle aufflackernden negativen Gedanken sofort beiseite. Gehen Sie mit Begeisterung ans Werk. Sie werden am Ende des Tages erstaunt und sehr glücklich darüber sein, was Sie alles erledigen konnten.

### Ihre Stärken

Sie haben Erlebnisse verarbeiten müssen, die tiefe Erschütterungen in Ihrem Leben ausgelöst haben. Sie besitzen jedoch die Fähigkeit, einen Neuanfang zu starten, selbst wenn alles in Trümmern liegt. Trotz des Schmerzes, den Sie spüren, verlieren Sie Ihren Lebensmut nicht. Wie ein Stehaufmännchen lassen Sie sich nicht unterkriegen.

In Liebesbeziehungen lassen Sie sich bedingungslos auf den anderen ein. Ihre Liebe ist intensiv, beständig und sehr beglückend. Auch wenn Sie in der Liebe Enttäuschungen erlebt haben, sind Sie in der Lage, Ihr Herz weiterhin offen zu halten und eine neue Beziehung zu wagen. Die Liebe steht für

Sie an höchster Stelle. Sie haben eine sinnliche Ausstrahlung, die sehr attraktiv ist.

Sie zeigen sich als unbekümmerte Frohnatur, wobei Sie aber nicht als oberflächlich gelten. Sie haben die Erfahrung gemacht, dass es am besten ist, sich eine optimistische Einstellung zu bewahren, da trotz aller Niederlagen und Verluste das Leben immer weitergeht.

Materielles ist Ihnen relativ unwichtig, und Sie sind in Ihren Ansprüchen recht bescheiden.

### Ihre Schwächen

In der Liebe erleben Sie immer wieder große Verletzungen, weil Sie sehr schnell für einen anderen entflammen und dann blind für die Realität der Beziehung sind. Sie sind leicht verführbar und fallen auf Partner herein, die Sie mit Komplimenten und Versprechungen um den Finger wickeln. Sie sind dann grenzenlos offen und geben alles in die Beziehung hinein, ohne eine Gegenleistung zu erwarten. Man kann Sie daher leicht ausnutzen, und am Ende stehen Sie mit leeren Händen da. Wenn so etwas geschieht, empfinden Sie es als eine tiefe Kränkung, und Sie kommen nur schwer darüber hinweg.

Sie neigen dazu, Situationen und Menschen durch eine rosarote Brille zu sehen, und erkennen die Stolpersteine zu spät. Oder Sie haben so viele Enttäuschungen im Lauf Ihres Lebens erlebt, dass Sie sich zurückziehen und niemanden mehr an sich heranlassen. Sie sind dann grundsätzlich kritisch und misstrauisch eingestellt und davon überzeugt, immer nur ausgebeutet zu werden. Überhaupt neigen Sie dazu, mehr in der Vergangenheit als im Hier und Jetzt zu leben.

## Tipps für Ihr Wohlbefinden

Kostet es Sie Überwindung, sich sportlich zu betätigen? Wenn ja, dann fehlt es Ihnen wahrscheinlich an Kondition, und Sie haben Ihre Beweglichkeit auf ein Minimum reduziert. Motivieren Sie sich zu einem sportlichen Training. Freuen Sie sich darauf, Ihrem Körper etwas Gutes zu tun. Suchen Sie sich eine Sportart aus, die Ihnen Spaß macht, und halten Sie durch, bis es für Sie zur Gewohnheit geworden ist, sich körperlich zu betätigen. Ihre Disziplin wird sich auszahlen. Sobald Sie besser in Form sind, werden Sie auch über viel mehr Energie verfügen und sich in Ihrer Haut wohler fühlen.

## Für Kinder

Ihr Kind kann sich mit Begeisterung in etwas vertiefen. Es vergisst dann die Welt um sich herum und ist mit all seinen Sinnen bei der Sache. In diesem Zustand höchster Konzentration ist es dann manchmal taub für die Ermahnungen der Eltern. Sie müssen Ihr Kind beispielsweise mehrfach auffordern, sich an den Tisch zum Essen zu setzen. Deuten Sie dieses Verhalten nicht als Ungehorsam, sondern versuchen Sie zu verstehen, dass Ihr Kind in diesem Moment ganz in sich vertieft ist.

Vielleicht ist Ihr Kind auch stur und muss sich um jeden Preis mit seinem Willen durchsetzen. Es wird dann wenig nutzen, es mit lauten Kommandos zu etwas zwingen zu wollen. Vermitteln Sie ihm lieber Einsicht und Motivation. Ihr Kind muss von einer Sache überzeugt sein, erst dann wird es folgsam das Erwartete tun.

1. Karte: Orange/Koralle
2. Karte: Gold/Gelb

### Motto
Ich nehme das Leben mit Freude an.

### Farbe, die heute gut tut
Violett

### Für den heutigen Tag
Falls Sie in letzter Zeit so viel gearbeitet haben, dass Ihnen kaum mehr Freizeit übrig blieb, sollten Sie nun wieder einmal die schöneren Dinge des Lebens genießen. Gehen Sie heute aus – zu einer Party, einer Einladung zum Essen, einem Konzert –, und stürzen Sie sich ins Vergnügen. Geben Sie sich einen Schubs, und schauen Sie in der Zeitung nach, was es gerade für interessante Ausstellungen, Theateraufführungen oder sonstige Veranstaltungen gibt, durch die Ihr Geist wieder Nahrung bekommt.

Gönnen Sie sich heute ein paar ruhige Momente, um Zeitungen und Magazine ausgiebig zu studieren oder in Illustrierten zu schmökern. Nehmen Sie sich endlich das spannende Buch vor, das schon so lange auf Ihrem Nachttisch liegt, und lesen Sie einmal mehr als nur drei Seiten am Stück.

### Ihre Stärken
Sie sind ein Sonnenkind mit einer durch und durch positiven Lebenseinstellung. Krisen und Probleme bewältigen Sie spielend. Sie handeln nach der Devise »Wo ein Wille ist, ist auch ein Weg«. Diese Haltung haben Sie auch schon mehrfach in schwierigen Situationen bewiesen. Selbst wenn es kritisch wird, bewahren Sie einen klaren Kopf. Sie sind häu-

fig Anlaufstelle für Menschen mit privaten Sorgen. Ob innerhalb der Familie, ob im Freundes- oder Kollegenkreis – man hört auf Ihren Rat. Sie vermitteln Zuversicht und motivieren zum Durchhalten, auch wenn die Situation noch so brenzlig ist.

Sie feiern gern Feste, und als Stimmungskanone sind Sie auf Partys ein beliebter Gast. Ihre heitere und warme Ausstrahlung gibt anderen Kraft. In der Liebe sind Sie eher vernunftbetont und wissen genau, welche Kriterien ein geeigneter Partner erfüllen muss. Ihre Gefühle werden nicht so schnell mit Ihnen durchgehen, aber wenn Sie jemanden gefunden haben, der Ihrer Meinung nach zu Ihnen passt, dann stehen Sie treu zu ihm. Es ist wichtig für Sie, sich auch auf der intellektuellen Ebene austauschen zu können, und Sie haben oft zündende Ideen, die inspirierend wirken.

## Ihre Schwächen

Ihre überkritische Haltung lässt Sie in jeder Suppe ein Haar finden, so dass niemand Ihren hohen Ansprüchen gerecht werden kann. Ihr Verstand arbeitet auf Hochtouren und ist ständig am Bewerten und Beurteilen. Auch bei sich selbst legen Sie einen hohen Leistungsmaßstab an, den Sie kaum erfüllen können. Das kann oft zu dem Gefühl führen, nicht gut genug zu sein. Sie setzen sich dann selbst unter Druck, sich noch mehr anzustrengen. Sie stehen dadurch ständig unter Anspannung und können nur sehr schwer in einen Zustand der wirklichen inneren Ruhe und Entspannung gelangen. Sie können sehr hektisch reagieren und handeln dann übereilt. Es scheint, als ob Sie einen Berg an Arbeit bewältigen, aber oft gehen Sie nicht effizient vor. Sie tun etwas spontan aus dem Bauch heraus und machen manchmal Umwege im Leben, weil Sie zu unüberlegt handeln.

Schwierige oder traumatische Ereignisse in Ihrer Vergangenheit haben Sie zu einem ängstlichen Menschen gemacht. In der Liebe dürften Sie Schwierigkeiten haben, einen Partner zu finden, da Sie ständig auf der Suche nach Ihrem Traumtyp sind und dabei keine Kompromisse eingehen. Oder Sie haben in der Liebe eine tiefe Verletzung erlebt und schrecken nun davor zurück, eine neue Beziehung einzugehen.

### Tipps für Ihr Wohlbefinden

So wie Sie durch Ihren Alltag hasten, so hastig essen Sie wahrscheinlich auch. Schnell eine Mahlzeit vertilgen, damit Sie sich wieder an die Arbeit machen können. Bloß keine Zeit für so etwas Banales wie Essen vergeuden.

Schnell essen bedeutet auch, nicht gut genug kauen und die Nahrung in zu großen Brocken herunterschlucken. Dann muss Ihr Verdauungstrakt Höchstarbeit leisten. Kein Wunder, wenn Sie daraufhin an Sodbrennen und ähnlichen Verdauungsbeschwerden leiden. Versuchen Sie, sich eine Auszeit zu gönnen und langsam und mit Genuss Ihre Mahlzeiten zu sich zu nehmen. Liebe geht bekanntlich durch den Magen. Kochen Sie also einmal etwas Besonderes für Ihren Partner, oder gehen Sie mit ihm in ein elegantes Restaurant.

Wenn es das Wetter erlaubt und eine Grünfläche in der Nähe ist, dann legen Sie sich in der Mittagspause auf den Rasen oder eine Bank, um in den Himmel zu schauen. Atmen Sie dabei tief durch – nur für einige Minuten. Danach können Sie sich wieder in die Arbeit stürzen.

### Für Kinder

Ihr Kind klammert sich vielleicht an Sie, mag Sie nicht aus den Augen lassen und hat sehr viel Angst, wenn Sie abwesend sind. Es braucht Ihre ständige Nähe, um sich sicher zu fühlen. Eventuell gab es eine Situation in der Schwangerschaft oder während der Geburt, bei der es für das Kind um Leben und Tod ging. Für Ihr Kind ist es nun wichtig, ein Gefühl von Geborgenheit zu haben. Es kann seine Fähigkeiten dann am besten entfalten, wenn es sich innerhalb der Familie absolut sicher fühlt.

Falls Sie glauben, Ihr ängstliches Kind sei dumm und unfähig, irgendetwas zu lernen, dann täuschen Sie sich. Ihr Kind hat einen scharfen Verstand, der auch gefördert werden will. Besuche in Museen, spannende Bücher, die Wissen vermitteln, werden ihm viel Freude bringen. Wichtig ist nur, dass es nicht unter den Erwartungsdruck gerät, ein kleines Genie zu werden. Übertragen Sie Ihre eventuell vorhandenen ehrgeizigen Pläne nicht auf Ihr Kind.

1. Karte: Orange/Koralle
2. Karte: Grün/Hellgrün

**Motto**
Ich zeige meine Liebe.

**Farbe, die heute gut tut**
Weiß (Regenbogen)

### Für den heutigen Tag
Haben Sie heute schon Ihren Partner, Ihr Kind, Ihre Eltern oder Ihre liebsten Freunde umarmt und gesagt, wie sehr Sie sich freuen, dass sie ein Teil Ihres Lebens sind? Wenn nicht, dann los! Zeigen Sie Gefühl, zeigen Sie Ihre Liebe, und seien Sie warmherzig, auch wenn jemand vor Ihnen steht, der schlechter Laune ist.

Tragen Sie es jemandem nach, dass er Ihnen Unrecht zugefügt hat? Sagen Sie sich heute, dass Sie ab sofort solche negativen Gedanken loslassen und sich auf die konstruktiven Dinge im Leben konzentrieren. Egal, was in letzter Zeit an Unglück in Ihrem Leben geschehen ist, Sie sind jetzt in der Lage, neue Wege zu gehen und die Sorgen der Vergangenheit hinter sich zu lassen. Nehmen Sie sich heute vor zu erkunden, was für einen neuen Weg Sie in Ihrem Leben einschlagen könnten. Was haben Sie für Möglichkeiten? In welchem Zeitrahmen könnten Sie Ihr Leben schrittweise verändern?

Hören Sie in erster Linie auf Ihr Herz, um sich neu auszurichten. Wenn etwas gut und sinnvoll ist, dann spüren Sie ein gewisses Wohlgefühl. Sie fühlen sich angeregt und haben eine Menge guter Einfälle. Alles kommt Ihnen mit Leichtigkeit entgegen. Ist etwas zweifelhaft, dann sind Sie unsicher und fühlen sich hin- und hergerissen. Es geht für Sie dann auch nur schwer voran.

## Ihre Stärken

Sie können noch so sehr von jemandem verletzt oder gekränkt werden, Sie sind selten nachtragend und haben die Gabe zu verzeihen, wenn Ihnen Unrecht zugefügt worden ist. Sie schaffen es in relativ kurzer Zeit, wieder auf die Beine zu kommen. Auf Grund Ihrer Lebenserfahrung haben Sie genug innere Reife, um eine schmerzhafte Angelegenheit loszulassen. Sie können neue Wege beschreiten, ohne viel an die Vergangenheit zu denken. Alte Sorgen und Bürden lassen Sie dann konsequent los.

Ihre ausgeprägte Fähigkeit zu lieben bezieht sowohl die Gefühlsebene als auch die körperliche Ebene der Sexualität mit ein. Sie müssen Ihre Liebe auch auf der physischen Ebene zeigen können. Körperliche Nähe und der Austausch von Zärtlichkeiten sind wichtig für Sie. Wer Sie als Partner hat, kann sich glücklich schätzen. Überhaupt haben Sie das Bedürfnis, Ihre Gefühle auszudrücken. Sie können sich von Herzen freuen, wenn Ihnen ein Zeichen der Liebe entgegengebracht wird. Es bedeutet sehr viel für Sie, es inspiriert Sie und trägt Sie auf einer Welle der Glückseligkeit durch den Alltag.

### Ihre Schwächen

Sie haben die Tendenz, sich etwas vorzumachen, vor allem wenn es um die Liebe geht. Man kann Sie anlügen, betrügen, schlagen oder treten, und Sie glauben immer noch, es sei die große Liebe. Viel zu lange verweilen Sie in schmerzhaften und für Sie destruktiven Situationen. Selbst wenn Sie schon am Boden liegen, finden Sie immer noch Rechtfertigungen und Entschuldigungen für das Verhalten des Partners.

Manchmal wird es so schlimm, dass Sie daran denken, den Partner zu verlassen. Aber es reichen schon ein paar Worte der Entschuldigung von ihm, ein paar Rosen oder einige Tränen, verbunden mit der Beteuerung, so etwas Hässliches nie wieder zu tun, und schon werden Sie wieder ganz weich.

Auch im Berufsleben kann es sein, dass Sie zum Fußabtreter degradiert werden und so Ihre Würde verlieren. Sie haben nicht gelernt, Grenzen zu setzen. Sie ordnen sich schnell widerspruchslos unter und sind dankbar für jede Geste der Anerkennung oder Zuneigung. Ihre Bereitschaft, sich aufzuopfern, um Zuwendung zu erhalten, ist außerordentlich groß. Es fehlt Ihnen an persönlicher Freiheit.

## Tipps für Ihr Wohlbefinden

Sie tun alles für Ihren Partner, aber vernachlässigen sich selbst? Dann erweisen Sie sich wenig Liebe und Achtung. Wenn Sie Ihren Lebensweg zu Gunsten einer anderen Person aufgeben, ist Ihr inneres Unglück vorprogrammiert. Und sich über Krankheit die Zuwendung anderer zu sichern kann keine Lösung Ihrer bedrückenden Situation sein. Lassen Sie lieber Ihrem Kummer freien Lauf, unterdrücken Sie ihn nicht. Ihre Emotionen sollen frei fließen. Das ist das Beste, das Sie momentan für Ihr Wohlbefinden und Ihre Gesundheit tun können.

Schenken Sie sich selbst Liebe, tun Sie etwas, das Ihnen wirklich Freude bereitet. Machen Sie einen ausgedehnten Spaziergang im Wald, und atmen Sie den Duft der Nadelbäume ein. Lauschen Sie Ihrer Lieblingsmusik. Öffnen Sie Ihr Herz für die Schönheiten des Lebens.

## Für Kinder

Ihr Kind liebt die Natur. Wenn möglich, sollten Sie ihm den Umgang mit Tieren erlauben. Es hat einen besonderen Zugang zu ihnen und genießt das Zusammensein mit Hunden, Katzen, Kaninchen oder Pferden. Optimal wäre ein eigenes Haustier, denn ihm könnte es Liebe und Zuneigung schenken.

Ihr Kind braucht eine Umgebung, in der es seine Liebe zeigen kann. Da es in dieser Beziehung sehr offen ist, hat man vielleicht fälschlicherweise das Gefühl, dass es zu weich und zu empfindsam sein könnte.

Möglicherweise wird Ihr Kind von anderen Kindern gehänselt und als Feigling beschimpft. Da Ihr Kind aus einem Gefühl der unbegrenzten Liebe heraus lebt, könnte es ihm schwer fallen, sich zur Wehr zu setzen. Ein Judo- oder Selbstverteidigungskurs könnte einen Ausgleich schaffen.

1. Karte: Orange/Koralle
2. Karte: Türkis/Helltürkis

### Motto
Ich stehe zu meinen Gefühlen.

### Farbe, die heute gut tut
Violett

### Für den heutigen Tag

Fangen Sie heute an, ein Tagebuch zu führen – oder nehmen Sie sich heute viel Zeit zum gewohnten Tagebuchschreiben. Heute ist es wichtig, Ihre Gedanken und Gefühle schriftlich festzuhalten. Sie erhalten durch das Schreiben wichtige Impulse und Erkenntnisse.

Haben Sie schon einmal versucht, ein Gedicht zu verfassen? Probieren Sie es heute aus. Oder nehmen Sie sich die Zeit, Ihrem Partner einen Liebesbrief zu schreiben. Versuchen Sie, Ihre Empfindungen zu Papier zu bringen. Schauen Sie sich heute einen Film an, der Sie zu Tränen rührt, und lassen Sie Ihren Gefühlen freien Lauf.

Wenn Sie Beleidigungen bisher kommentarlos heruntergeschluckt haben, dann sollten Sie jetzt den Mut aufbringen, mit dem Betreffenden über Ihr Verletztsein zu sprechen. Womöglich weiß der andere gar nicht, was er mit seinen unbedachten Worten angerichtet hat. Nur so werden Sie wieder klare Verhältnisse herstellen.

Heute kann es sein, dass Sie plötzlich die Lösung eines Problems erkennen und spontan ganz neue Möglichkeiten in Ihrem Leben wahrnehmen.

## Ihre Stärken

Sie sind weltoffen und knüpfen gern Beziehungen und Freundschaften an, die es Ihnen ermöglichen, den eigenen Horizont zu erweitern. Sie interessieren sich für alternative Lebensformen. Sie erfassen den jeweiligen Zeitgeist und können spielend den vielen Veränderungen folgen, die derzeit das Weltgeschehen prägen. Sie sind außerdem in der Lage, Ihre Gefühle und Gedanken so auszudrücken, dass andere dadurch innerlich bewegt werden. Sie können sich aus tiefstem Herzen offenbaren.

Sie sind sehr romantisch und können in Form eines Briefes oder Gedichtes wundervolle Botschaften der Liebe vermitteln. Sie brauchen in Ihrem Leben die Liebe zur Inspiration. Die Liebe macht Ihr Denken weit und lässt Sie über sich selbst hinauswachsen. Sie beflügelt Sie zu großen Taten. Im Zeichen der Liebe entfaltet sich Ihre Kreativität auf wunderbarer Weise.

## Ihre Schwächen

Sie können Ihre wirklichen Gefühle schwer ausdrücken und werden dadurch oft missverstanden. Sie lassen sich leicht von den Wünschen anderer beeindrucken und verdrängen dabei Ihre eigenen Bedürfnisse. In einer Liebesbeziehung werden Sie daher dazu tendieren, sich unterzuordnen, und es kann sein, dass Sie dadurch von dem anderen so dominiert werden, dass Sie von Ihrem ureigenen Weg abkommen.

Sie haben Angst vor Nähe, denn Sie fürchten, sich dabei zu verlieren. Vielleicht mussten Sie auch in der Vergangenheit so negative Erfahrungen in der Liebe machen, dass Sie sich von Ihrer Gefühlswelt abgeschnitten haben. Die Angst, mit dem unverarbeiteten Kummer konfrontiert zu werden, ist so groß, dass Sie lieber unter Schmerzen alles verdrängen oder sich taub stellen. So verlieren Sie allerdings auch an Lebensqualität, denn Empfindungslosigkeit und Kälte entsprechen nicht Ihrem eigentlichen Naturell.

Sie schwimmen an der Oberfläche und tauchen nicht in die tieferen Schichten Ihres Daseins ein. Damit verpassen Sie viele Eindrücke, die Ihnen Freude schenken würden. Hüten Sie sich davor, Ihre nicht gelebten Gefühle und Leidenschaften in Alkohol zu ertränken oder zu anderen schädlichen Mitteln zu greifen, um zu vergessen.

### Tipps für Ihr Wohlbefinden

Wenn Sie dazu neigen, sich mit Hilfe von Alkohol oder Genussmitteln (das kann auch Schokolade sein) zu trösten, dann ist es an der Zeit, einen neuen Weg einzuschlagen. Bevor Sie zum Glas Wein greifen, fragen Sie sich, warum Sie es tun. Nehmen Sie ein Blatt Papier, und ergänzen Sie den Satz »Ich trinke jetzt dieses Glas Wein, weil ...«. Vielleicht schreiben Sie »... weil ich mich entspannen will«, oder »... weil ich mir Mut antrinken will«, oder »... weil ich es verdient habe«.

Dann überlegen Sie, ob es für Sie nicht auch eine andere Möglichkeit der Entspannung gibt, ob Sie nicht auch ohne Alkohol genug Mut haben oder ob Sie sich nicht auch in anderer Weise für Ihre Leistungen belohnen können. Versuchen Sie, direkter zu werden, statt sich nur einzunebeln oder von falschen Tröstern abhängig zu werden.

### Für Kinder

Sind Sie beruflich stark eingebunden, allein erziehend oder sonst so intensiv mit Aufgaben befasst, dass Sie erst abends und dazu noch im Zustand der Erschöpfung Zeit für Ihr Kind haben? Kann es sein, dass es aus Zeitgründen nicht möglich ist, in Ruhe miteinander zu sprechen und Zärtlichkeiten auszutauschen, sondern dass es nur noch darum geht, Ihr Kind schnell ins Bett zu bringen, damit Sie endlich selbst Feierabend haben? Ihr Kind braucht aber Zeit und Raum, um seine Gefühle frei auszudrücken und sich mitzuteilen. Gleichzeitig ist es sensibel genug, um das Ausmaß Ihrer eigenen Nöte zu spüren, und stellt automatisch seine Bedürfnisse zurück. Dadurch lernt es aber, sich selbst zu verleugnen und sich übermäßig den Wünschen anderer anzupassen.

Wenn Ihr Kind introvertiert ist, kann es sein, dass es in dieser Situation versucht, die Vernachlässigung durch übermäßiges Essen oder durch den Konsum von Süßigkeiten zu kompensieren. Nehmen Sie sich die Zeit, Ihrem Kind konzentrierte Aufmerksamkeit zu schenken.

### 1. Karte: Orange/Koralle
### 2. Karte: Blau/Hellblau

### Motto
Ich trete mit anderen in Verbindung.

### Farbe, die heute gut tut
Grün

### Für den heutigen Tag
Nehmen Sie eine Einladung an. Es ist gut möglich, dass Ihnen heute jemand begegnet, der für Sie in irgendeiner Form wichtig ist. Versuchen Sie, offen auf andere zuzugehen, und überlegen Sie, wie Sie anderen eine Freude machen können.

Falls Sie in letzter Zeit jemanden, der Ihnen nahe steht, vernachlässigt haben, dann überlegen Sie, wie Sie dies jetzt wieder gutmachen können. Werden Sie sogleich aktiv. Falls Sie sich in letzter Zeit zurückgezogen haben, dann sollten Sie jetzt die Kommunikation mit Ihren Mitmenschen wieder aufnehmen. Rufen Sie die Person an, die Ihnen gerade besonders am Herzen liegt, und verabreden Sie sich zu einem Treffen. Warten Sie nicht darauf, dass andere mit Ihnen in Verbindung treten, sondern gehen Sie aktiv auf andere zu.

Sagen Sie auch der Verkäuferin im Laden ein paar freundliche Worte, oder schenken Sie der Kassiererin im Supermarkt ein Lächeln. Seien Sie heute einfach offen für die Kommunikation mit Ihrer Umwelt.

## Ihre Stärken

Im zwischenmenschlichen Bereich respektieren Sie die Wünsche und Meinungen anderer. Sie sind offen für alternative Vorschläge. Sie beharren nicht um jeden Preis auf Ihren Vorstellungen, sondern sind auch bereit, Kompromisse einzugehen.

Die Fähigkeiten anderer können Sie gut einschätzen, und Sie fördern diese bereitwillig. Sie freuen sich, wenn jemand besondere Leistungen erbringt, und können diese Freude auch ausdrücken und Lob spenden.

Sie haben viele Ideen und lassen andere ohne Vorbehalte daran teilhaben. Sie arbeiten gern innerhalb einer Gruppe an Projekten, wobei Sie es schaffen, die Dinge stets auf den Punkt zu bringen. Aufgaben werden dadurch wesentlich effizienter gelöst, und jedem wird klar, worum es geht und in welcher Weise er zum Ganzen beiträgt.

Auch in Liebesbeziehungen wünschen Sie sich Gleichberechtigung und einen offenen Umgang miteinander. Sie sind in der Lage, Ihrem Partner den notwendigen Freiraum zu geben, damit er seinen eigenen Bedürfnissen und Aufgaben nachgehen kann.

### Ihre Schwächen

Sie dominieren sowohl im privaten als auch im beruflichen Bereich. Vor allem in Liebesbeziehungen fordern Sie vom Partner Fügsamkeit und Unterordnung. Sie leben ausschließlich nach Ihren eigenen Wünschen und interessieren sich nicht für die Bedürfnisse der anderen. Auch kann es sein, dass Sie sich noch nie ernsthaft darum bemüht haben herauszufinden, wie die Vorstellungen oder Wünsche des anderen aussehen. Sie neigen dazu, selbstbezogen zu sein, und haben Schwierigkeiten, über den eigenen Tellerrand hinauszuschauen. Dadurch können Sie manchmal rücksichtslos erscheinen. Auch in der Sexualität dürfte es hauptsächlich um Ihre eigene Befriedigung gehen, und Sie gehen kaum auf Ihren Partner ein.

Im Beruf führen Sie gern das Kommando und verlangen Gehorsam. Sie neigen dazu, die Erfolge anderer als Ihre eigenen anzusehen, und schmücken sich gern mit falschen Lorbeeren. Dies kann dazu führen, dass Sie nicht besonders beliebt sind. Sie erhalten dann nicht den vollen Einsatz der Mitarbeiter, die sich Ihnen indirekt durch Leistungsverweigerung widersetzen.

### Tipps für Ihr Wohlbefinden

Singen ist gut für das Gemüt. Singen Sie Ihr Lieblingslied unter der Dusche, oder singen mit, wenn Sie Ihr Lieblingslied im Radio hören.

Sorgen Sie in den Herbst- und Wintermonaten für genügend Belüftung und Feuchtigkeit in Wohn- und Arbeitsräumen. Trockene Luft reizt die Schleimhäute und macht auch anfälliger für Erkältungen und grippale Infekte. Probieren Sie ein ätherisches Öl in der Duftlampe aus, das auf Ihre Sinne entspannend wirkt. Bei Erkältung oder Halsinfektion bringt das ätherische Öl Thymian eine Reizlinderung. Ihr Immunsystem stärken Sie darüber hinaus durch herzhaftes Lachen.

### Für Kinder

Ihr Kind benötigt viel Zuspruch sowie Gesten der Liebe und Zuneigung, um sich geborgen und als Teil der Familie zu fühlen. Es mag manchmal das Gefühl bekommen, keinen Platz zu haben oder nicht richtig willkommen zu sein. Auch in der Schule braucht es immer wieder Anerkennung und Bestätigung, um sich wohl zu fühlen. Nur wenn Ihr Kind sich integriert und akzeptiert fühlt, kann es sich optimal entfalten.

Innerhalb einer Gruppe, sei es im Kindergarten, in der Schule oder beim Spielen, wird Ihr Kind für Harmonie und Ausgleich sorgen. Es passt auf, dass keiner übergangen oder unfair behandelt wird, und tritt schlichtend ein, wenn es zu Streitereien kommt. Ihr Kind wird Anregungen und Ideen einbringen, die die anderen Kinder gern aufgreifen. Manchmal kann sich dabei ein etwas dominantes Verhalten entwickeln, und die anderen Kinder werden herumkommandiert und haben nichts zu sagen. Das kann beispielsweise dann passieren, wenn Ihr Kind Probleme im familiären Bereich, auf die es keinen Einfluss nehmen kann, kompensieren will.

1. Karte: Orange/Koralle
2. Karte: Violett/Hellviolett

## Motto
Ich liebe mich und mein Leben.

## Farbe, die heute gut tut
Magenta

## Für den heutigen Tag
Widmen Sie den heutigen Tag der Liebe. Wenn Sie dazu tendieren, die eigene Position schnell aufzugeben und Ihre Bedürfnisse zu vernachlässigen, dann nehmen Sie sich heute vor, sich in irgendeiner Form etwas Gutes zu gönnen. Wenn Sie gestern ins Bett gegangen sind und sich zum hundersten Mal versprochen haben, ab morgen nur noch leichte Kost zu essen, damit Sie endlich wieder in Ihre Lieblingshose passen, dann halten Sie dieses Versprechen auch ein. Zumindest diesen einen Tag lang. Lassen Sie Ihr Vorhaben nicht schon morgens nach dem Aufstehen wieder sausen, nur weil Sie im Kühlschrank noch einen Rest Sahnetorte entdecken, der unverzüglich verspeist werden muss.
Gehen Sie heute gut mit sich um, und sorgen Sie für Ihr Wohlbefinden. Dann überlegen Sie, ob es nicht jemanden in Ihrer Umgebung gibt, der dringend Zuwendung braucht. Vielleicht durchläuft diese Person gerade eine schwierige Phase und könnte von Ihrer positiven Energie profitieren.

## Ihre Stärken
Sie haben eine tiefe Sehnsucht nach liebevoller Zuwendung. Ihnen ist nicht nur die körperliche, sondern vor allem die seelische Vereinigung mit einem Partner wichtig. Sie bilden

mit Ihrem Partner eine harmonische Einheit und gehen gemeinsam durch das Leben. Schwierigkeiten und Krisen schweißen Sie nur noch mehr zusammen. Gemeinsam strahlen Sie Kraft und Liebe aus, und man beneidet Sie um Ihr Glück.

Sie vermitteln den Eindruck, der Fels in der Brandung zu sein. Nichts kann Sie umwerfen. Sie haben alles, was Sie zum Leben brauchen. Gerade in Zeiten der Veränderung bleiben Sie zielgerichtet. Ihre Intuition sagt Ihnen, was Sie wann tun müssen. Wenn Sie in einem Heilberuf tätig sind, wird Ihnen diese Gabe bei der Behandlung von Patienten helfen. Aber auch in anderen Berufen können Sie Ihre Intuition erfolgreich einsetzen. Sie gehören zu den Menschen, die sich zutiefst beglückt fühlen und ihr Leben als etwas Wunderbares wahrnehmen.

### Ihre Schwächen

Sie fixieren sich völlig auf Ihren Partner und geraten in eine Abhängigkeit zu ihm, die Sie hilflos und schwach macht. Sie haben dann das Gefühl, ohne Ihren Partner nicht handeln zu können, und überlassen ihm sämtliche Entscheidungen. Diese erworbene Unselbständigkeit wird aber mit der Zeit für den Partner zur Belastung, und er wird die Achtung vor Ihnen verlieren. Sie geraten dann in die Situation, um seine Gunst und Liebe betteln zu müssen. Damit bleiben Sie jedoch in Ihrer persönlichen Entwicklung stecken.

Falls Sie ohne Partner leben, kann es sein, dass das Singledasein Sie zutiefst deprimiert und Sie nicht den Antrieb finden, etwas allein auf die Beine zu stellen. Sie ziehen sich zurück und vernachlässigen sich. Sie versinken in dem Gefühl, ganz allein zu sein, und leben in der Sehnsucht, irgendwann endlich jemanden zu treffen, den Sie lieben können.

Sie tendieren dazu, alles für andere zu tun. An sich selbst denken Sie – wenn überhaupt – immer zuletzt. Es kann sein, dass Sie kein Gespür dafür haben, was Sie selbst brauchen, da Sie immer nur auf die Bedürfnisse anderer konzentriert sind. Es fehlt Ihnen generell an Eigenliebe.

### Tipps für Ihr Wohlbefinden

Verwöhnen Sie sich heute. Wenn Sie sich meist nur von Fertiggerichten oder Fast Food ernähren, dann gönnen Sie sich jetzt eine Mahlzeit aus frischen Zutaten. Legen Sie Musik auf, decken Sie den Tisch mit Liebe, und zünden Sie Kerzen an. Genießen Sie das Festessen, ob allein oder in Gesellschaft. Schaffen Sie eine liebevolle Atmosphäre, in der Sie sich behaglich fühlen. Lassen Sie Ihre Seele baumeln, und befreien Sie sich für eine kurze Zeit von Alltagssorgen oder Einsamkeitsgefühlen.

Vertiefen Sie sich in ein interessantes Buch, nachdem Sie es sich gemütlich gemacht haben. Oder nehmen Sie sich einmal einen fernsehfreien Abend vor. Lassen Sie alle Pflichten und Aufgaben für ein paar Stunden ruhen, und erleben Sie, wie sich Ihr Zeitgefühl verlangsamt.

### Für Kinder

Ihr Kind ist sehr anpassungsbereit und sucht Bestätigung von außen. Es braucht Liebe, die ohne Bedingungen oder Leistungserwartungen gegeben wird. Nur so kann es die notwendige Erfahrung machen, dass es von sich aus liebenswert ist. Wichtig ist dabei, dass es diese Liebe sowohl von einer weiblichen Person als auch von einer männlichen Person erhält. Ihr Kind wird gefördert, wenn es beide Energien in seinem Leben aktiv erlebt und damit lernt, sie in sich selbst gut zu balancieren.

Ihr Kind hat die Gabe, seine Zuneigung intensiv auszudrücken, und Sie werden von ihm viele Liebesbekundungen, zum Beispiel in Form von Umarmungen, erhalten. Achten Sie darauf, Ihrem Kind ebenfalls Ihre Liebe zu zeigen. Eventuell befindet es sich gerade in einer schwierigen inneren und äußeren Wachstumsphase, die Veränderungen und neue Erfahrungen mit sich bringt. In einer solchen Zeit braucht es besonders viel Aufmerksamkeit und Fürsorge.

**1. Karte: Orange/Koralle**
**2. Karte: Magenta/Hellmagenta**

**Motto**
Ich bitte um Hilfe und Unterstützung,
wenn ich sie benötige.

**Farbe, die heute gut tut**
Rot/Rosa

**Für den heutigen Tag**
Sie brauchen eine Auszeit – eine Phase, in der Ihr Verstand sich von seinen Krisengedanken loslöst und Sie aus dem Zustand der inneren Panik in den der inneren Ruhe gelangen. Erst dann werden Sie klarer denken können und erkennen, dass es auch für Sie Hilfe und Unterstützung gibt. Versuchen Sie also heute, sich Rückzugsmöglichkeiten zu schaffen. Manchmal reicht nur eine einzige Stunde, in der Sie sich ohne Ablenkung auf sich selbst besinnen können.
Haben Sie schon einmal meditiert? Probieren Sie es heute. Setzen Sie sich an einem ungestörten Platz aufrecht hin. Legen Sie die Hände locker auf die Oberschenkel, und schlie-

ßen Sie die Augen. Atmen Sie nun tief ein und aus – in langsamen Zügen, ohne Hast. Bringen Sie sich Ihr derzeitiges Problem ins Bewusstsein, und bitten Sie darum, dass Ihre Intuition Ihnen Bilder oder Zeichen geben möge, die Ihnen den Weg weisen. Warten Sie einige Momente, und lassen Sie die inneren Eindrücke fließen. Merken Sie sich diese Eindrücke. Wenn Sie anfangen, an alltägliche Dinge zu denken, ist es Zeit, sich aus dieser inneren Einkehr zu lösen. Atmen Sie dann bewusst tief durch, öffnen Sie die Augen, und strecken Sie sich.

Nehmen Sie die in der Meditation empfangenen Bilder ernst, auch wenn sie vielleicht banal erscheinen. Es kann sich eine tiefere Botschaft dahinter verbergen, die Sie erst mit der Zeit verstehen lernen. Häufig ist etwas Übung notwendig, um von innen heraus den Lösungsweg zu erkennen.

### Ihre Stärken

Sie können hinter die Fassade blicken und die Realität der Dinge erkennen. Sie sehen sofort, ob es sich um Schein oder um Sein handelt. Menschen, die Ihnen etwas vorgaukeln wollen, werden Sie problemlos durchschauen. Diese Fähigkeit beruht auf Lebenserfahrung. Sie sind in Ihrem Leben durch verschiedene Hochs und Tiefs gegangen und haben daraus gelernt. In Ihnen entstand ein Gottvertrauen, denn Sie haben erfahren, dass es in einer scheinbar ausweglosen Situation immer irgendwie weiterging und jedes Geschehen seinen Sinn hatte, selbst wenn Sie dies oft erst viel später im Leben einsehen konnten.

Nichts kann Sie so leicht erschüttern, denn Sie bemühen sich stets, die höhere Ordnung der Dinge einzubeziehen. Sie lassen sich nicht in Dramen verwickeln, sondern erkennen, wann und wo es wirklich brennt. Sie besitzen ein ausgeprägtes Mitgefühl, ohne sich allerdings im Mitleiden zu verlieren. Das ermöglicht es Ihnen, Ratsuchenden liebevoll und sachlich Ihre Hilfe anzubieten.

## Ihre Schwächen

Sie fühlen sich vollkommen im Stich gelassen – sowohl von Ihren Mitmenschen als auch von Gott. Sie meinen fast, sich im falschen Leben zu befinden. So haben Sie sich Ihr Schicksal nicht vorgestellt. Ihr Leben ist für Sie immer mehr zu einem Alptraum geworden. Auf eine Katastrophe scheint gleich die nächste zu folgen. Keiner ist da, der Ihnen hilfreich zur Seite steht oder Sie aus dem Schlamassel herauszieht.

Sie haben das Gefühl, sich ganz allein durchkämpfen zu müssen. Diese Vorstellung zermürbt Sie. Sie fühlen sich vollkommen erschöpft. Sie sehen keinerlei Ausweg und wissen auch nicht, wie Sie jemals wieder auf einen grünen Zweig kommen sollen. Ihnen fehlt es an Kraft und Motivation, um eine Wendung zum Besseren herbeizuführen. Sie sind blind für die zur Verfügung stehende Hilfe oder lehnen sie bewusst ab, weil Sie insgeheim meinen, alles allein meistern zu müssen. Der falsche Stolz, der sich dahinter verbirgt, wird Sie jedoch nicht weiterbringen.

## Tipps für Ihr Wohlbefinden

Wenn Sie nachts Probleme wälzen und Ihr Schlaf dadurch gestört ist, dann werden Sie morgens noch weniger im Stande sein, Ihren Alltag zu bewältigen. Führen Sie abends Rituale ein, die Sie in einen Zustand der Ruhe versetzen. Eine Tasse »Gute-Nacht-Tee« aus beruhigenden Kräutern signalisiert Ihrem Körper, dass er nun abschalten kann. Lesen Sie keine spannenden Krimis vor dem Schlafengehen. Schauen

Sie sich abends keine nervenaufreibenden Filme im Fernsehen an.

Geben Sie bedrückende Probleme an eine höhere Instanz ab, und beten Sie um Hilfe. Lassen Sie dann, nur für diese eine Nacht, Ihre Sorgen los – in dem Vertrauen, dass für Sie gesorgt wird. Falls Sie selbst keine besonderen Sorgen haben, können Sie für eine Person beten, der es gerade nicht gut geht. Danken Sie in Ihrem Gebet auch für die positiven Dinge, die Sie derzeit im Leben erfahren. Gebete, die von Herzen kommen, können Wunder bewirken.

### Für Kinder

Lassen Sie Ihr Kind an Wunder glauben, an Engel und an Gott, denn Ihr Kind hat eine stark ausgeprägte spirituelle Neigung. Die Vorstellung, dass es einen Himmel gibt, ist wichtig für Ihr Kind. Auch wenn Sie selbst an so etwas nicht glauben können, sollten Sie die spirituellen Bedürfnisse Ihres Kindes ernst nehmen und sie nicht ins Lächerliche ziehen. Sie verschließen sonst eine Tür, die im Interesse des Kindes unbedingt offen bleiben sollte. Die Überzeugung, dass es beispielsweise Schutzengel gibt, vermittelt ihm ein tiefes Gefühl von Geborgenheit und Sicherheit. Falls Ihre Familie gerade eine schwierige Zeit durchleben sollte, wird sich Ihr Kind dennoch in guten Händen aufgehoben fühlen und kann die Situation mit größerer Gelassenheit verarbeiten.

Wenn Ihr Kind noch im Vorlesealter ist, dann suchen Sie Geschichten aus, die spirituelle Themen aufgreifen und sie für das Kind auf ganz natürliche und selbstverständliche Weise lebendig werden lassen.

1. Karte: Orange/Koralle
2. Karte: Regenbogen

## Motto

Das Alte lasse ich los, damit Neues in mein Leben
treten kann.

## Farbe, die heute gut tut

Türkis

## Für den heutigen Tag

Versuchen Sie, sich von alten Sorgen zu befreien und das
unnötige seelische Gepäck, das Sie seit so langer Zeit mit
sich herumtragen, einmal abzulegen. Die Vergangenheit
liegt hinter Ihnen und kann Sie höchstens daran hindern,
dass Sie in der Gegenwart Ihr Bestes geben. Erwachen Sie
also heute aus Ihrer Erstarrung, um einen neuen Lebens-
abschnitt zu beginnen. Jeder Tag bietet die Möglichkeit, neu
anzufangen oder die Dinge anders anzugehen. Gerade diese
Freiheit macht das Leben so aufregend. Denken Sie auch
daran, dass Krisenzeiten starke innere Kräfte mobilisieren
und Ihnen die Chance eines Neuanfangs geben.
Vielleicht sind Sie auch in einer Lebensroutine gefangen, die
einengend ist und Sie demotiviert. Wenn Sie beispielsweise
seit vielen Jahren immer in denselben Urlaubsort und in das-
selbe Hotel fahren, ist es jetzt an der Zeit, für neue Eindrücke
zu sorgen.

## Ihre Stärken

In Krisenzeiten verweilen Sie nicht lange in der bedrängen-
den Situation, sondern registrieren das Geschehen und gehen dann weiter. Sie können den Tatsachen ins Auge bli-

cken, die notwendigen Einsichten gewinnen und sie konsequent in die Tat umsetzen. Sie verschwenden keine Zeit damit, wehmütig die Vergangenheit zu verklären, sondern setzen Ihre Energie für die Aufgaben ein, die aktuell auf Sie warten. Sie gehören zu den Menschen, die ihr gesamtes Hab und Gut verlieren könnten und trotzdem einen erfolgreichen Neuanfang schaffen würden.

Ihr Lebensmut ist unerschütterlich. Wie Phönix aus der Asche können Sie sich aufschwingen und Ihre Umwelt in Staunen versetzen. Ihre ungebrochene Freude am Leben überträgt sich auf jedermann. Wo es trüb und dunkel ist, bringen Sie einen Lichtstrahl hinein. Auch in der Liebe erweisen Sie sich als Optimist. Ihr grundsätzlicher Glaube an die Liebe wird auch durch Enttäuschungen nicht in Frage gestellt.

### Ihre Schwächen

Sie haben einen Kummer nicht verarbeitet, sondern tief in sich begraben. Wahrscheinlich hatte dieser Verdrängungsmechanismus früher einmal einen Sinn, da Sie sonst zusammengebrochen wären. Doch jetzt ist daraus ein Knoten entstanden, der Sie an der Entfaltung Ihres Potenzials hindert. Vielleicht haben Sie auch irrationale Schuldgefühle aufgebaut und bestrafen sich nun indirekt, indem Sie sich selbst oft ein Bein stellen, zum Beispiel durch ständige Verzögerungstaktiken. In der Folge haben Sie ein schlechtes Gewissen. Sie wissen, dass Sie nicht das tun, wozu Sie eigentlich berufen sind. Oder Sie wissen, dass Sie nicht so viel leisten, wie es Ihren Fähigkeiten entspräche.

Eventuell haben Sie sich den Kummer nie von der Seele geredet, und die vielen ungeweinten Tränen machen Sie schwermütig. Sie schneiden sich von Ihren Gefühlen ab, auch von den positiven, um nichts zu spüren. Sie haben daher auch Probleme, die schönen Momente des Lebens wirklich wahrzunehmen und zu genießen.

## Tipps für Ihr Wohlbefinden

Trinken Sie morgens immer nur Kaffee, um auf die Beine zu kommen? Dann probieren Sie doch einmal aus, ob nicht eine Tasse Tee eine Abwechslung bringt. Ändern Sie auch Ihre Essgewohnheiten einmal für kurze Zeit. Versuchen Sie es beispielsweise mit einem Obsttag pro Woche.

Überfordern Sie sich nicht, wenn Sie gerade eine schwierige Zeit hinter sich haben. Eine Pause tut jetzt gut. Ruhen Sie sich aus, um dann gestärkt an neue Aufgaben heranzugehen.

Ein Vollbad mit Meersalz, das Ihnen jetzt gut tun würde, hat eine große reinigende und regenerierende Wirkung auf den Körper. Danach unbedingt im Bett ruhen – oder sich zum Nachtschlaf hinlegen –, damit sich die Wirkung optimal entfalten kann.

## Für Kinder

Fördern Sie die ausgeprägte innere Phantasiewelt Ihres Kindes durch kreative Spiele. Damit sind jedoch keine Computerspiele gemeint. Sie liefern fertige Bilder und schreiben Abläufe vor. Zwar wird durch Computerspiele die Reaktionsfähigkeit angeregt, aber das Kind hat keine Möglichkeit, sich eigene Szenarien auszudenken. Seine Vorstellungskraft wird nicht genügend stimuliert.

Für lebendige, die Phantasie anregende Spiele braucht Ihr Kind keine teure Ausrüstung. Ihr Kind kann sich mit ganz einfachen Mitteln in seine Phantasiewelten versetzen, in denen es ihm niemals langweilig wird. Ein Besuch in Disneyland ist ein Erlebnis, aber um später kreativ denken zu können, muss Ihr Kind lernen, seine eigenen inneren Bilder zu entwickeln.

## Wenn Sie als erste Karte die Farbspirale *Gold/Gelb* ziehen

### 1. Karte: Gold/Gelb
### 2. Karte: Rot/Rosa

### Motto
Mit Freude begebe ich mich in die Schule des Lebens.

### Farbe, die heute gut tut
Magenta

### Für den heutigen Tag
Bringen Sie Bewegung in Ihren gewohnten Tagesablauf. Brechen Sie aus der Routine Ihres Lebens aus, und erledigen Sie Ihre Aufgaben nach Möglichkeit einmal anders. Stehen Sie eine halbe Stunde früher auf, und nutzen Sie die Zeit, um ein Buch oder die Tageszeitung zu lesen. Oder üben Sie ein paar Vokabeln, falls Sie gerade eine Fremdsprache lernen. Vielleicht ist es schon lange her, dass Sie überhaupt ein Buch zur Hand genommen und bis zur letzten Seite gelesen haben oder dass Sie in einem Museum waren. Besorgen Sie sich heute ein Buch, das Sie schon immer interessiert hat. Besuchen Sie eine interessante Ausstellung. Lassen Sie Ihren Fernseher heute ausgeschaltet, und beschäftigen Sie sich mit Lesen, Schreiben oder Handarbeiten.

Wenn Sie wenig Selbstvertrauen haben und dadurch leicht in Lethargie verfallen, hilft es, wenn Sie sich kleine Vorhaben wählen und die Disziplin aufbringen, sie auch wirklich durchzuführen. Gehen Sie schrittweise vor. Einen einzigen Brief zu schreiben ist eher durchführbar, als die gesamte Post zu erledigen, die sich seit Monaten auf Ihrem Schreibtisch häuft.

## Ihre Stärken

Sie haben einen großen Wissensdurst und sehen das Leben als eine Möglichkeit, vielfältige Erfahrungen zu sammeln und daraus zu lernen. Sie greifen gern neue Themen auf und können sich konzentriert mit ihnen beschäftigen. Wenn Sie beispielsweise vorhaben, in den Aktienmarkt einzusteigen, so werden Sie sich vorher detailliert über Börsenkurse und wirtschaftliche Entwicklungen erkundigen, bevor Sie kaufen. Oder eine Urlaubsplanung mit einer ausgedehnten Recherche in Reiseführern und historischer Literatur macht Ihnen genauso viel Freude wie der eigentliche Urlaub. Wenn Sie etwas in Ihrem Leben anpacken, so sind Sie in der Regel gut vorbereitet und haben alles Nötige sorgfältig zusammengetragen, um Ihre Schritte effizient zu planen. Auf diese Weise sind Sie meistens vor bösen Überraschungen geschützt.

Es ist Ihnen wichtig, nicht nur Wissen zu sammeln, sondern es auch praktisch anzuwenden. Sie haben eine optimistische Einstellung und meistern Ihr Leben mit Engagement und Freude.

## Ihre Schwächen

Sie erleben sich als leistungsschwach und reagieren übernervös auf unvorhergesehene Ereignisse. Eventuell haben Sie als Kind schlechte Erfahrungen in der Schule gemacht, und die Freude am Lernen ist Ihnen in frühen Jahren gründlich verdorben worden. Vielleicht sind die Lebensumstände auch so schwierig gewesen, dass Sie keine Mittel hatten, Ihren Wissensdurst zu stillen. Oder Sie sind in einer Umgebung aufgewachsen, in der intellektuelle Bedürfnisse nicht gefördert oder sogar missbilligt wurden. Sie trauen sich daher viel weniger zu, als es Ihren Fähigkeiten entsprechen würde, und tasten sich sehr vorsichtig an das Leben heran. Sie scheuen Risiken. Der Spatz in der Hand ist Ihnen weitaus lieber als die Taube auf dem Dach. Dadurch kann Ihnen jedoch viel Lebensfreude entgehen, und Sie erleben nur selten die Glücksmomente, die mit dem Gelingen von etwas Neuem verbunden sind.

Sie neigen möglicherweise dazu, jedes Jahr in denselben Urlaubsort zu fahren und niemals eine neue Umgebung zu erkunden. Die Konfrontation mit etwas Ungewohntem kann Sie in Panik versetzen und Sie innerlich lähmen.

### Tipps für Ihr Wohlbefinden

Wenn Sie im Winter an chronischer Müdigkeit leiden oder sogar depressiv werden, kann ein regelmäßiger Mittagsspaziergang Sie wieder in Schwung bringen. Die Lichtstrahlen helfen bei der Assimilation von Vitamin D, das Ihr Immunsystem braucht. Wenn Sie viel in geschlossenen Räumen arbeiten, sollten Sie auf eine gute Beleuchtung achten. Es gibt Leuchtröhren, die das volle Lichtspektrum enthalten und dem natürlichen Tageslicht nahe kommen.

Wenn Sie derzeit nervös oder überreizt sind, kann Bewegung helfen, bei der Sie einmal richtig außer Atem kommen. Toben Sie sich aus, damit das überschüssige Adrenalin, das der Körper in Stresssituationen erzeugt, wieder abgebaut wird.

Sie werden sich daraufhin ruhiger fühlen. Kohlenhydratreiche Kost beruhigt ebenfalls die Nerven. Nudelgerichte oder Aufläufe mit Hirse, Hafer oder Buchweizen geben dem Körper viel Energie, und ein anhaltendes Sättigungsgefühl sorgt für gute Laune und Durchhaltevermögen. Schwere Mahlzeiten mit viel Fett und tierischem Eiweiß machen hingegen müde und erschweren die Konzentrationsfähigkeit.

### Für Kinder

Ihr Kind hat Spaß am Lernen und geht gern in die Schule. Für Ihr Kind ist es wichtig, dass seine Lehrer den Stoff anschaulich und in einem größeren Kontext vermitteln. Bei Spielen, die das strategische Denken anregen und für die Lösungsvorschläge erarbeitet werden müssen, wird Ihr Kind voller Freude mitmachen.

Fangen Sie früh an, Ihr Kind in die spannende Welt der Bücher einzuführen. Unternehmen Sie auch Ausflüge in Naturkundemuseen oder ins Planetarium. Zeigen Sie Ihrem Kind, wie aufregend und vielseitig unsere Welt ist.

Das Wissen sollte spielerisch vermittelt werden. Ermuntern Sie Ihr Kind, seine Umgebung zu entdecken, und gehen Sie dabei mit gutem Beispiel voran, denn Sie dienen ihm als Vorbild.

### 1. Karte: Gold/Gelb
### 2. Karte: Orange/Koralle

### Motto
Ich habe die nötige Disziplin, um mein Leben zu meistern.

### Farbe, die heute gut tut
Blau

## Für den heutigen Tag

Schieben Sie wichtige Erledigungen nicht mehr auf die lange Bank. Es gibt nichts Frustrierenderes als eine Menge Arbeit, die längst hätte erledigt werden müssen. Nehmen Sie Ihr Verhalten einmal genauer unter die Lupe, und machen Sie sich bewusst, welche Vermeidungsstrategien Sie entwickelt haben. Wenn Sie sich häufig gelähmt und handlungsunfähig fühlen, weil Sie nicht mehr wissen, was Sie zuerst erledigen sollen, dann stellen Sie eine Prioritätenliste zusammen. Setzen Sie sich einen Zeitrahmen, in dem es möglich ist, die anstehenden Dinge aufzuarbeiten. Doch nehmen Sie sich nicht zu viel in zu kurzer Zeit vor. Die Gefahr, dass Sie sich überfordern und dann aufgeben, ist groß. Gönnen Sie sich also kleine Erfolgserlebnisse, die Sie dann zu größeren Taten anspornen.

Disziplin ist eine Tugend, die mit etwas Übung und Ausdauer zu einem normalen Bestandteil Ihres Lebens werden kann. Diszipliniert vorzugehen kostet zwar anfangs Überwindung, aber Sie können nach der Arbeit stolz auf sich sein und sich über Ihre Leistungen freuen.

## Ihre Stärken

Ihre alltäglichen Aufgaben erledigen Sie zuverlässig, auch wenn es um unangenehme Dinge geht. Am Ende eines Tages wissen Sie, was Sie geleistet haben, und fühlen sich dadurch erfüllt und zufrieden. Sie genießen Ihr Leben und erleben die Glücksmomente bewusst und intensiv. Negative Ereignisse können Sie ohne Verbitterung loslassen. Sie sind in der Lage, aus Ihren Erfahrungen zu lernen, und wissen, dass alle Geschehnisse in Ihrem Leben ihren Sinn und Zweck haben. Sie strahlen daher Gelassenheit aus, selbst wenn die Lage ernst sein sollte.

Sie meistern Ihr Leben mit Leichtigkeit, denn Sie haben die Fähigkeit, das Beste aus einer Situation zu machen. Durch Ihre rasche Auffassungsgabe und hohe Anpassungsfähigkeit können Sie schnell reagieren und notwendige Veränderungen vornehmen. Wenn Sie sich für etwas begeistern, laufen Sie zur Hochform auf. Ihr Enthusiasmus wirkt ansteckend.

## Ihre Schwächen

Wenn Sie sich überfordert fühlen oder meinen, den Leistungserwartungen nicht gerecht werden zu können, neigen Sie dazu, in Panik zu geraten. Plötzlich glauben Sie, vor einem Berg von Anforderungen zu stehen, und es übermannt Sie das subjektive Gefühl, es nie zu schaffen. Vieles probieren Sie gar nicht erst aus, da Sie überzeugt sind, das Ziel sowieso nicht zu erreichen. Es kann auch sein, dass Sie bei der kleinsten Hürde, die sich Ihnen in den Weg stellt, vorschnell aufgeben. Sie könnten viel leisten, aber durch Ihr negatives Denken blockieren Sie Ihren eigenen Erfolg.

Aus Frustration über Ihre scheinbaren Misserfolge verfallen Sie in Depressionen. Sie fühlen sich völlig gelähmt und am Ende Ihrer geistigen und körperlichen Kräfte. Sie denken viel an Ereignisse aus der Vergangenheit und verpassen dadurch die positiven Momente, die in der Gegenwart auf Sie warten. Sie sind davon überzeugt, im Leben kein Glück verdient zu haben, und so erkennen Sie Ihr Glück auch nicht, selbst wenn es zum Greifen nahe ist.

## Tipps für Ihr Wohlbefinden

Bringen Sie Sonne in Ihr Leben, auch wenn es draußen gerade in Strömen regnen sollte oder Wolken den Himmel verdüstern. Setzen Sie sich mit Buntstiften und einem Blatt Papier hin, und malen Sie eine große, strahlende Sonne. Dann listen Sie daneben all die Dinge auf, die in Ihrem Leben einen Sonnenstrahl bedeuten. Vergessen Sie dabei nicht, Ihre eigenen leuchtenden Eigenschaften aufzuschreiben. Hängen Sie Ihr Sonnenbild in Sichtweite auf, oder falten Sie es zusammen, um es bei sich zu tragen. Schauen Sie oft darauf, vor allem wenn Sie gerade wieder einmal dabei sind, sich selbst oder Ihr Leben negativ zu bewerten. Tanken Sie sich durch Ihr Sonnenbild mit Energie und Freude auf, um die Aufgaben zu bewältigen, die der Tag Ihnen gestellt hat. Machen Sie sich bewusst, wie wertvoll und liebenswert Sie sind.

### Für Kinder

Hat Ihr Kind raffinierte Methoden entwickelt, um den Zeitpunkt, an seine Hausaufgaben zu gehen, so weit wie möglich hinauszuzögern? Die Hausaufgaben werden dann wahrscheinlich nur flüchtig und mehr schlecht als recht erledigt. Für Prüfungen wird von Ihrem Kind erst in letzter Minute gebüffelt. Bei längerer Vorbereitung würden jedoch seine Noten besser ausfallen.

Versuchen Sie Ihrem Kind zu vermitteln, dass es ein tolles Gefühl ist, wenn man sein Bestes gegeben und seine Fähigkeiten voll zur Geltung gebracht hat. Sagen Sie ihm, wie gut es sich anfühlt, stolz auf sich sein zu können.

Es ist möglich, dass Ihr Kind leicht ablenkbar ist und seine Begeisterung einem Strohfeuer gleicht. Übung und Ausdauer würden ihm helfen, ans Ziel zu kommen. Motivieren Sie Ihr Kind zum Durchhalten, damit es das Gefühl aufbauen kann, aus eigener Kraft etwas Gutes vollbracht zu haben.

1. Karte: Gold/Gelb
2. Karte: Grün/Hellgrün

## Motto
Mit Herz und Verstand treffe ich die richtigen
Entscheidungen.

## Farbe, die heute gut tut
Grün

### Für den heutigen Tag
Üben Sie sich heute darin, keine spontanen Entscheidungen
zu treffen, sondern stets die möglichen Konsequenzen vorher abzuklären. Sagen Sie nicht sofort zu, wenn man Sie um
einen Gefallen bittet, sondern nehmen Sie sich Zeit für die
Antwort. Falls Ihnen voreilig ein Ja über die Lippen gekommen ist und Sie wenig später merken, dass ein Nein richtig
wäre, dann bringen Sie den Mut auf abzusagen – aber ohne
auf Notlügen zurückzugreifen. Seien Sie heute so offen und
ehrlich, wie Sie können. Leben Sie Ihre eigene Wahrheit
ohne Angst vor Ablehnung. Lassen Sie sich nicht von den
Emotionen anderer überwältigen, sondern bleiben Sie ganz
klar bei sich.
Sie brauchen sich nicht in die emotionalen Dramen Drit-
ter hineinziehenlassen. Behalten Sie einen kühlen Kopf. Nur
so sind Sie auch in der Lage, einem anderen zu helfen.
Sehen Sie sich einmal einen sentimentalen Film an, bei dem
Sie normalerweise in Tränen ausbrechen würden, und versuchen Sie, eine distanzierte Einstellung zu bewahren und sich
vom Geschehen auf der Leinwand oder dem Bildschirm abzugrenzen.
Lernen Sie zu hinterfragen, ob Ihre heftigen Emotionen

wirklich angebracht sind oder ob Sie womöglich überreagieren.

## Ihre Stärken

Sie haben eine offene und herzliche Ausstrahlung und gehen gern auf Menschen zu. Sie engagieren sich für soziale Belange und unterstützen Projekte, die dem Wohl anderer dienen. Ihre innere Haltung ist von Nächstenliebe geprägt, wobei Sie in der Lage sind, Grenzen zu setzen und sich nicht ausnutzen zu lassen. Sie erkennen deutlich, wann Ihre Hilfe angebracht ist und wann es besser ist, sich zurückzuhalten.

Sie sind großzügig und können sehr spendabel sein. Sie werden jedoch nicht einfach Geld an wohltätige Organisationen überweisen, sondern sich zuerst genau informieren, was mit der Spende passiert und wem sie zugute kommt. Ihr klarer Verstand hilft Ihnen, die richtige Entscheidung zu treffen, und verhindert, dass Sie zu emotional reagieren.

Sie haben sowohl einen scharfen Verstand als auch Gefühlstiefe – eine Kombination, die auf der beruflichen Ebene viel Erfolg verspricht. In der Liebe laufen Sie nie Gefahr, auf beiden Augen blind zu sein. Sie engagieren sich, wahren aber Ihre eigenen Interessen und verlieren sich nicht vollständig in der Partnerschaft. Wichtige Veränderungen in Ihrem Leben nehmen Sie erst nach sorgfältigem Abwägen und gründlicher Vorbereitung vor.

## Ihre Schwächen

Ihre emotionale Seite ist stark ausgeprägt, so dass Sie oft Entscheidungen treffen, gegen die der Verstand rebelliert. Sie verrennen sich dann in Situationen, die sich für Sie nicht auszahlen oder die Ihnen schaden. Sie haben Angst davor, nicht geliebt zu werden, und tun eine Menge für andere

Menschen in der Hoffnung, auf diese Weise Zuneigung und Liebe zu erhalten. Dabei kann es sein, dass Sie ausgenutzt werden und am Ende mit leeren Händen dastehen.

Die Angst, von einer geliebten Person verlassen zu werden, bringt Sie dazu, sich stark anzuklammern. Sie engen dadurch den Freiraum des anderen sehr ein. Auch Eifersucht kann dann schnell in Ihnen aufkeimen und auf die Beziehung zerstörerisch wirken.

Sie nehmen es mit der Wahrheit nicht so genau und lügen bedenkenlos, wenn Sie sich dadurch einen Vorteil erhoffen. Es kann auch die Tendenz bestehen, sich immer in einem besseren Licht darzustellen, um Fürsprache zu erhalten. Sie sind abhängig von der Gunst anderer und verraten sogar Ihre eigenen Interessen, nur um jemandem zu gefallen.

## Tipps für Ihr Wohlbefinden

Nachdem Sie sich unnötig in eine Situation emotional hineingesteigert haben, reagieren Sie wahrscheinlich nur noch unüberlegt, hektisch und aufgebracht. Holen Sie jetzt einige Male tief Luft, und stellen Sie sich vor, wie Sie mit jedem Ausatmen die hochgepeitschten Gefühle besänftigen. Stellen Sie sich vor, wie Sie mit jedem Atemzug ruhiger werden. Wenn Sie Zeit haben, sollten Sie einen kurzen Spaziergang machen und versuchen, dabei wieder einen klaren Kopf zu bekommen.

Wenn Sie in letzter Zeit ständig für andere im Einsatz waren, sollten Sie jetzt eine Ruhepause einlegen. Gönnen Sie sich selbst etwas Gutes. Denken Sie nicht darüber nach, was andere davon halten, sondern erfüllen Sie sich jetzt einen Wunsch. Versuchen Sie, sich von bedrückenden Gedanken, von Sorgen und Ängsten frei zu machen und liebevoll mit sich selbst umzugehen. Verwöhnen Sie sich selbst, anstatt immer nur andere zu verwöhnen oder darauf zu hoffen, dass man Sie eines Tages einmal verwöhnt.

### Für Kinder

Ihr Kind hat ein starkes Verantwortungsgefühl und kümmert sich viel um andere. Es tröstet seine Geschwister oder Spielkameraden, wenn sie sich verletzt haben oder traurig sind. Eventuell hat es schon immer auf die jüngeren Geschwister aufpassen müssen, oder es musste schnell selbständig werden, weil beide Eltern beruflich stark eingebunden sind.

Wenn Ihr Kind überfürsorglich ist und sich sehr angepasst verhält, dann achten Sie darauf, dass es lernt, ausgelassen zu spielen und seine eigenen Wünsche auszusprechen. Es sollte nicht nur darauf bedacht sein, anderen zu gefallen und sich selbst zurückzustellen, sondern sich auch trauen, seine eigenen Vorstellungen durchzusetzen. Bei Eifersucht auf die anderen Geschwister sollten Sie prüfen, ob Ihr Kind nicht zu kurz kommt und von Ihnen mehr Aufmerksamkeit braucht.

### 1. Karte: Gold/Gelb
### 2. Karte: Türkis/Helltürkis

### Motto
Gemeinsam erforschen wir die Zusammenhänge des Lebens.

### Farbe, die heute gut tut
Gold/Gelb

### Für den heutigen Tag
Wenn Sie die Antwort auf etwas haben und sich ziemlich sicher sind, dass Sie sich auf dem richtigen Weg befinden,

dann ist es jetzt an der Zeit, dieses auch ganz deutlich zu artikulieren – selbst auf die Gefahr hin, dass im Rückblick nicht alles vollkommen richtig war. Wichtig ist jetzt, Ihre Überzeugung zum Ausdruck zu bringen.

Zu allen Zeiten hat es Vordenker und Querdenker gegeben, die von ihrer Umgebung missverstanden oder sogar verfolgt wurden. Sie hatten aber dennoch den Mut, ihre Meinung darzulegen und ihr Wissen weiterzugeben. Die Welt ist deswegen um viele Erkenntnisse und Erfindungen reicher geworden.

Bleiben auch Sie Ihren Überzeugungen treu. Glauben Sie daran, dass Sie Ihre Ideen eines Tages realisieren können. Verlassen Sie sich auf Ihre Intuition und Ihren analytischen Verstand, die Ihnen klar und deutlich vermitteln, dass Sie zwar auf dem richtigen Weg, aber vielleicht nur Ihrer Zeit ein wenig voraus sind.

## Ihre Stärken

Sie haben die Fähigkeit, Informationen in einer leicht verständlichen Form zu vermitteln. Sie sind dabei in Ihrer Ausdrucksweise sehr kreativ und haben viele Einfälle, wie Sie andere mit Ihrer Botschaft am besten erreichen können. Sie verfügen über die Gabe, viel Wissen zusammenzutragen und die Essenz daraus weiterzugeben. Indem Sie Ihr Wissen an andere weitergeben, bringen Sie neue Impulse und Ideen in die Welt.

Im Austausch mit anderen sind Sie offen und herzlich. Sie können Menschen positiv beeinflussen und sind beliebt. Sie haben eine Forschernatur und gehen den Dingen gern auf den Grund. Dabei ist es für Sie wichtig, nicht als Einzelkämpfer aufzutreten. Sie arbeiten gern im Team und erhalten durch den Gedankenaustausch neue Anregungen. Diese

Arbeitsweise erleben Sie als sehr beglückend. Am liebsten erforschen Sie universelle Zusammenhänge, um das Leben tiefer zu begreifen.

## Ihre Schwächen

Sie trauen sich zu wenig zu und haben oft das Gefühl, dass andere viel mehr leisten als Sie. Es passiert Ihnen oft, dass eine Frage gestellt wird und Sie sofort die Antwort kennen, sich aber nicht trauen, etwas zu sagen. Sie schweigen aus Angst, vielleicht doch nicht richtig zu liegen. Dann beantwortet jemand anders die Frage, und Sie sind frustriert, weil Sie den Mund nicht aufbekommen haben.

Sie sind voll guter Einfälle, wie Sie etwas präsentieren könnten, zweifeln aber an der Durchführbarkeit. Falls Sie doch den Mut aufbringen und in die Öffentlichkeit treten, ziehen Sie sich schon im nächsten Moment wieder zurück. Sie glauben nicht an Ihre eigenen Fähigkeiten und erleben daher des Öfteren, wie andere, die weitaus weniger begabt sind, Sie durch geschicktes Taktieren und selbstbewusstes Auftreten ausbooten.

Sie fühlen sich häufig missverstanden und haben den Eindruck, Ihr Potenzial nicht richtig leben zu können. Ihre Gedankengänge können so neuartig sein, dass Ihre Umwelt Sie deswegen nicht ernst nimmt. Sie leiden dann darunter, kein Gehör zu finden, denn intuitiv wissen Sie, dass Sie auf dem richtigen Weg sind.

## Tipps für Ihr Wohlbefinden

Sie überfordern sich durch Ihre perfektionistischen Ansprüche. Sie sind einerseits davon überzeugt, alles allein bewältigen zu müssen, meinen aber andererseits, dass Ihre Umgebung Sie im Stich lässt. Wenn Sie sich daraufhin schlapp und unmotiviert fühlen, ist es höchste Zeit, Gegenmaßnahmen zu ergreifen. Vertrauen Sie sich jemandem an. Sicher gibt es eine Person in Ihrer näheren Umgebung, der Sie von Ihren Träumen, Vorstellungen und Wünschen erzählen können.

Sie brauchen nicht alles allein zu machen. Es gibt Menschen, die an Ihre Fähigkeiten glauben und Sie unterstützen. Verbinden Sie sich mit diesen Menschen, und schöpfen Sie aus diesem Kontakt Zuversicht und Kraft. Lassen Sie sich auf gar keinen Fall von Ihren Vorhaben und Einsichten abbringen. Vertrauen Sie Ihrer inneren Stimme.

### Für Kinder

Ihr Kind hat außergewöhnliche Begabungen. Es besitzt ein deutliches Gespür für die wesentlichen Dinge im Leben und wird immer zu begreifen versuchen, warum etwas so ist, wie es ist. Ihr Kind wird in der Schule mit Begeisterung an naturkundlichen oder wissenschaftlich-technischen Projekten teilnehmen. Machen Sie sich darauf gefasst, dass Ihr Kind Sie mit seinem Forscherdrang herausfordern wird, denn diese so aufregenden schulischen Projekte werden von Ihrem Kind zu Hause fortgesetzt und ausgebaut.

Die Ergebnisse seiner Recherchen wird Ihr wissbegieriges Kind in bildhafter, anschaulicher Weise darstellen. Wenn Sie also ein kleines Kunstwerk präsentiert bekommen, dann sehen Sie sich dieses genau an. Es könnte viel mehr darin enthalten sein, als auf den ersten Blick zu erfassen ist. Nehmen Sie es auf jeden Fall ernst.

1. Karte: Gold/Gelb
2. Karte: Blau/Hellblau

## Motto
Ich teile meine Lebensfreude mit anderen.

## Farbe, die heute gut tut
Grün

## Für den heutigen Tag
Üben Sie sich heute darin, Ihre Meinung zu sagen und sich in eigener Sache durchzusetzen. Nehmen Sie Gedanken ernst, die Sie bezüglich einer wichtigen Angelegenheit haben. Es sind wichtige Hinweise. Verwerfen Sie diese Impulse nicht gleich, weil vielleicht von außen Gegenstimmen laut werden. Glauben Sie an sich selbst, und vertrauen Sie Ihrer Intuition. Haben Sie heute einmal keine Angst, gegen den Strom zu schwimmen. Seien Sie Individualist – jemand, der mutig seinen Weg geht, unabhängig von der Zustimmung anderer.

Heute ist ein guter Tag, um sich mit der Familie oder mit Freunden zu treffen. Im Gesprächsaustausch können Sie Ideen für die weitere Gestaltung Ihres Lebens erhalten. Wenn Sie seit längerem eine Entscheidung hinauszögern, wäre heute ein guter Zeitpunkt, um endlich zu einem Ergebnis zu kommen.

Heute bietet sich auch die Gelegenheit, eine Botschaft oder Mitteilung loszuwerden, die Sie sich lange nicht getraut haben auszusprechen. Fassen Sie Mut, und erklären Sie voller Selbstvertrauen, was Ihnen am Herzen liegt.

Wenn Sie sich überarbeitet und abgespannt fühlen, wäre es jetzt gut, alle Sorgen und Verpflichtungen gedanklich loszulassen und sich etwas Ruhe zu gönnen. Auch wenn der Alltag Sie hinterher wieder einholt, haben Sie sich selbst etwas Gutes gegönnt und sich damit gestärkt.

## Ihre Stärken

Sie haben ein ausgeprägtes Gespür für die wesentlichen Dinge des Lebens. In der Regel wissen Sie, was für Sie sinnvoll ist. Sie hören bei Entscheidungen auf Ihre innere Stimme und haben die Erfahrung gemacht, dass Ihr Leben sich positiv entfaltet, wenn Sie sich an innere Überzeugungen halten. Sie stellen sich Herausforderungen, aus dem festen Glauben heraus, dass es für alles eine Lösung gibt. Ihr Organisationstalent zeigt sich sowohl im häuslichen als auch im beruflichen Bereich, und da Sie Ihre Zeit gut einteilen, können Sie ein großes Arbeitspensum erledigen, ohne in Stress zu geraten. Auch unter hoher Arbeitsbelastung verstehen Sie es, sich zu entspannen und Ihre Freizeit zur Erholung zu nutzen. Sie sind ausgeglichen und geraten selten aus der Fassung. Ihr klarer Kopf und Ihre Zuversicht wirken positiv auf andere, und Sie vermitteln Hoffnung in scheinbar ausweglosen Situationen. Sie sind gern mit anderen Menschen zusammen, und der gedankliche Austausch in der Gruppe macht Ihnen Freude. Kommunikation ist eine Ihrer Stärken, und Sie haben eine klare Ausdrucksweise, mit der Sie auch komplizierte Sachverhalte schnell vermitteln können.

## Ihre Schwächen

Sie stehen sich selbst kritisch gegenüber und setzen sich hohe Ziele, die kaum erreichbar sind. Deswegen sind Sie oft mit sich selbst unzufrieden. Eine innere Kontrollinstanz ist ständig am Nörgeln und verdirbt Ihnen die gute Laune. Sie blockieren sich dadurch häufig selbst und schränken Ihre

Lebensfreude ein. Diese kritische Haltung verhindert auch, dass Sie zu einer klaren Entscheidung kommen. Sie wägen ständig ab und gelangen zu keinem Ergebnis.

Auf Grund einer ängstlichen Grundhaltung haben Sie ein großes Sicherheitsbedürfnis. Sie wollen sich nach allen Seiten hin absichern und fühlen sich hilflos, wenn dies nicht möglich ist. Sie geraten leicht in Panik, wenn die Dinge nicht so laufen, wie Sie es sich vorstellen. Sie verlieren dann den Überblick.

Sie erkennen nur schwer, wie Sie Ihr Leben gestalten sollen, und benötigen Anweisungen von außen, die Sie brav befolgen. Ihre Empfindungen und Gedanken können Sie nicht so gut ausdrücken, und in einer Gesprächsrunde sind Sie eher zurückhaltend. Sie übernehmen scheinbar die gängige Meinung, während Sie eigentlich etwas anderes denken.

### Tipps für Ihr Wohlbefinden

Nehmen Sie sich Zeit, um in Ruhe die Mahlzeiten zu genießen. Vermeiden Sie es, stehend oder hastig zu essen. Erledigen Sie nebenbei keine anderen Tätigkeiten, sondern konzentrieren sich ganz auf die Mahlzeit. Kauen Sie gründlich, bevor Sie einen Bissen hinunterschlucken, denn damit entlasten Sie die Verdauungsorgane.

Naschen Sie ganz bewusst, wenn Sie Appetit auf Süßes haben. Kaufen Sie sich beispielsweise eine Tafel Schokolade von bester Qualität, um sie Stück für Stück lustvoll auf der Zunge zergehen zu lassen. Oft reicht eine kleine Menge aus, um den süßen Hunger zu stillen. Hören Sie auf die Signale Ihres Körpers, die Ihnen zeigen, wann genug ist. Lassen Sie sich nicht von einer inneren Gier dominieren.

## Für Kinder

Ihr Kind ist ausgeglichen und ganz zufrieden mit seinem Leben. Es ist in der Lage, auch einen größeren Wechsel, zum Beispiel von Wohnort oder Schule, gut zu verkraften. Es schließt schnell Kontakt zu anderen Kindern und hat deswegen keine Probleme, als Neuankömmling in die Gruppe aufgenommen zu werden. Ihr Kind besitzt Humor und hat dadurch das Talent, andere für sich zu gewinnen. Es kann seinen Charme gezielt einsetzen, um etwas zu erreichen.

Sind diese Eigenschaften nicht ausgeprägt, dann ist es möglich, dass Ihr Kind Schwierigkeiten hat, sich zu integrieren. Es bringt Unruhe und Disharmonie in eine bestehende Gruppe. Ihr Kind fühlt sich dann als Außenseiter und ist unglücklich. Es braucht lange, bis es Freunde findet und Vertrauen zu anderen fasst.

Vielleicht neigt Ihr Kind auch dazu, stur seinen Willen durchzusetzen und große Szenen zu machen, falls dies nicht gelingt. Mannschaftssportarten sind für Ihr Kind empfehlenswert, denn sie geben ihm ein Gefühl der Zugehörigkeit.

### 1. Karte: Gold/Gelb
### 2. Karte: Violett/Hellviolett

### Motto
So wie ich bin, bin ich.

### Farbe, die heute gut tut
Weiß (Regenbogen)

## Für den heutigen Tag

Verheimlichen Sie Gewohnheiten aus Scham- und Schuldgefühlen heraus oder weil Sie meinen, vor den anderen gut dastehen zu müssen? Lüften Sie heute Ihr Geheimnis, und legen Sie die Karten offen auf den Tisch. Beziehen Sie ganz offen Stellung.

Verzichten Sie lieber auf Ihre permanenten Schwindeleien. Es ist auf Dauer enorm anstrengend, ein Lügennetz aufzubauen, und die Angst, entlarvt zu werden, nimmt von Tag zu Tag zu. Versuchen Sie jetzt, von Ihren heimlichen Lastern loszukommen. Die frei gewordene Energie können Sie für Dinge einsetzen, die Ihnen wirklich Erfüllung geben. Scheuen Sie sich nicht, für diesen Klärungsprozess Hilfe und Unterstützung zu erbitten.

Machen Sie Situationen, die für Sie letztlich schmerzhaft und verletzend sind, jetzt ein Ende, oder suchen Sie zumindest bewusst nach einem Ausweg. Heute könnte sich in Ihrem Leben eine neue Tür öffnen, nachdem Sie mit einer alten Sache abgeschlossen haben. Lassen Sie die Veränderung zu.

Wenn Sie in einer harmonischen Liebesbeziehung leben, sollten Sie sich Ihr Glück bewusst machen und Ihre Freude und Zufriedenheit Ihrem Partner auch deutlich zeigen.

## Ihre Stärken

Trotz möglicher harter Schicksalsschläge haben Sie sich Ihre Lebensfreude und positive Einstellung bewahrt. Sie lassen sich nicht unterkriegen, selbst wenn die Lage verzweifelt ist und Sie im Moment keine Besserung erwarten. Sie gehören zu den wenigen Menschen, die aus Fehlern oder Schwierigkeiten lernen und dadurch nicht in einen Teufelskreis immer gleicher Probleme geraten. Sie ziehen die nötigen Rückschlüsse und versuchen, das Beste aus einer leidvollen Sache zu machen. Während andere jammern und klagen, betrachten Sie das Leben aus philosophischer Sicht und sind sich darüber im Klaren, dass es sowohl helle als auch dunkle Seiten besitzt.

Ein Leben in streng geregelten Bahnen und mit immer wiederkehrenden Inhalten wäre nichts für Sie. Sie brauchen Abwechslung und vielfältige Erfahrungen. Sowohl positive als auch negative Ereignisse erleben Sie mit gleicher Intensität. Sie sind gesellig und laufen in einer Partnerschaft zur Hochform auf. Sie können sich und anderen Fehler verzeihen.

### Ihre Schwächen

Sie neigen dazu, bestimmte Aspekte Ihres Selbst zu verheimlichen, und haben Angst, dass andere Ihre vermeintlichen Fehler und Schwächen erkennen könnten. Sie haben hohe Ideale und verfallen schnell in vernichtende Selbstvorwürfe, wenn Sie diese nicht einlösen können. Sie urteilen streng und können sich durch Ihre Tendenz zur Selbstbestrafung lähmen.

Veränderungen werfen Sie schnell aus der Bahn, so dass Sie häufig neue Erfahrungen aus Angst vor möglichen negativen Folgen bewusst vermeiden. Sie halten an Situationen oder Personen fest, auch wenn diese einen schlechten Einfluss auf Sie ausüben oder Sie sogar verletzen. Es besteht vielleicht sogar die Tendenz, zu Suchtmitteln zu greifen, um sich vor realen Herausforderungen in eine Scheinwelt zu flüchten.

Sie neigen zu einem selbstzerstörerischen Verhalten, das sich auch auf eine bestehende Beziehung negativ auswirken kann. Sie senden keinen Hilferuf aus, wenn es Ihnen schlecht geht, sondern täuschen nach außen hin eine heile Welt vor. Man wird Ihnen Ihre eigentliche Misere nicht anmerken, selbst wenn Sie dabei sind unterzugehen. Manchmal wünschen Sie sich, gar nicht mehr hier zu sein.

### Tipps für Ihr Wohlbefinden

Angespannte Nerven oder Ängste durch Alkohol, Zigaretten, Drogen oder übermäßiges Essen zu beruhigen bringt keine wirkliche Linderung und bietet auch keine dauerhafte Lösung. Diese »Fluchtmittel« verhindern, dass Sie die eigentlich anstehenden Entwicklungsschritte in Ihrem Leben tun. Sie treten folglich auf der Stelle. Nehmen Sie sich vor, zunächst für nur einen Tag darauf zu verzichten. Ist der erste Tag geschafft, probieren Sie, ob Sie nicht ganz ohne diese Krücken auskommen können. Das Gleiche gilt auch, wenn Sie dazu neigen, sich durch Krankheit vor unliebsamen Situationen zu drücken.

Fangen Sie an, Ihre Wunden von innen heraus zu heilen und nicht durch Pflaster zu verdecken. Beweisen Sie sich selbst, dass Sie in der Lage sind, Ihre Gewohnheiten zu ändern. Akzeptieren Sie für sich, dass es etwa drei Wochen dauert, bis eine neue Handlungsweise zur Gewohnheit werden kann. Gehen Sie in jeglicher Hinsicht liebevoll mit sich selbst um.

### Für Kinder

Es ist möglich, dass Ihr Kind sich manchmal vor unangenehmen Aufgaben durch Kranksein drückt. Kurz vor der Mathematikarbeit bekommt es beispielsweise eine Erkältung, oder es hat starke Kopfschmerzen, wenn es darum geht, Lateinvokabeln zu büffeln.

Überhaupt kann es sein, dass Ihr Kind vorzugsweise in seiner Phantasiewelt lebt und so die alltäglichen Geschehnisse kaum wahrnimmt. In der Schule träumt es vor sich hin, statt dem Unterricht zu folgen. Seine Phantasie birgt jedoch auch

Aspekte der Selbstheilung in sich. Das kommt zum Tragen, wenn die äußere Welt hart oder lieblos ist und eine Situation Ihrem Kind als hoffnungslos erscheint.

Eventuell hat Ihr Kind auch Probleme, sich zu konzentrieren. Aus Angst vor Bestrafung wird es aus Konzentrationsmangel entstandene Missgeschicke verheimlichen oder ableugnen. Gehen Sie vor allem auch in dieser Situation sanft mit Ihrem Kind um; es hat eine zarte und empfindsame Seele.

### 1. Karte: Gold/Gelb
### 2. Karte: Magenta/Hellmagenta

**Motto**
Ich erkenne das Wesentliche und richte mein Handeln danach aus.

**Farbe, die heute gut tut**
Grün

**Für den heutigen Tag**
Haben Sie auf Ihrem Schreibtisch ein heilloses Durcheinander? Stapeln sich die unbeantworteten Briefe, unausgefüllten Formulare oder nicht abgehefteten Belege? Versuchen Sie heute, Ordnung zu schaffen und mehr Struktur in Ihren Alltag zu bringen, damit Sie wieder Klarheit und Überblick gewinnen. Ein gewisses kreatives Chaos mag für Sie wichtig sein, aber zu viel Unordnung ist kontraproduktiv.

Achten Sie darauf, dass Sie nicht zu viele Aufgaben übernehmen und dadurch Wesentliches verpassen. Wenn also heute Menschen auf Sie zukommen und Sie um Gefälligkeiten bitten – etwa um die Erledigung von etwas, das eigentlich nicht Ihre Sache ist –, dann sagen Sie klar und deutlich nein.

Wenn Sie von etwas fest überzeugt sind, wollen Sie nichts vom Gegenteil hören. Sie sollten jedoch den Mut aufbringen und entschlossen einen neuen Weg beschreiten, auch wenn es noch keine diesbezüglichen Erfahrungswerte gibt.

## Ihre Stärken

Sie sind ein Vordenker, jemand der das Potenzial hat, bahnbrechende Einsichten zum Wohl der Menschheit zu erlangen und weiterzugeben. Sie forschen, hinterfragen und gewinnen Erkenntnisse, die helfen, den Dingen auf den Grund zu gehen. Sie kennen das Gefühl, durch einen Geistesblitz inspiriert zu werden. Durch solche intuitiven Eingebungen haben Sie schon viel erreichen können und auch die Gewissheit bekommen, dass Sie auf dem richtigen Weg sind.

Sie durchschauen selbst verwickelte Abläufe und erkennen die größeren Zusammenhänge. Sie sehen nicht nur die Marionetten, sondern auch den Spieler, der die Fäden zieht.

Wenn Sie etwas begreifen wollen, dann gehen Sie in die Tiefe und geben so lange keine Ruhe, bis Ihre Neugierde und Ihr Wissensdrang befriedigt sind. Der oberflächliche Blick ist nichts für Sie. Solange Sie vom Nutzen einer Sache überzeugt sind und meinen, dass sie der Allgemeinheit dient, geben Sie sich ihr ganz und gar hin, sogar bis zur Selbstaufgabe.

## Ihre Schwächen

Sie haben Probleme damit, Ihre Gedanken und Handlungen sinnvoll zu ordnen, und versinken dadurch häufig im Chaos. Sie verlieren dann Ihre eigentlichen Vorhaben aus den Augen und beginnen, sich im Kreis zu drehen. Sie fangen etwas an, wissen aber irgendwann nicht mehr, warum und wozu Sie sich an die Arbeit gemacht haben. Sie sehen also den Wald vor lauter Bäume nicht mehr.

Sie neigen dazu, sich zu verlieren und nicht rechtzeitig in neue Richtungen zu denken, wenn Sie merken, dass etwas falsch läuft. Sie beharren dann um jeden Preis auf Ihrem Standpunkt und manövrieren sich dadurch eventuell in eine aussichtslose Situation.

Sie haben eigentlich gute Ideen, sind aber von vornherein davon überzeugt, dass sie nicht realisierbar sind oder dass Sie dafür ausgelacht werden. Sie haben den Eindruck, von Ihrer Umwelt nicht wirklich verstanden zu werden, und verfallen daraufhin oft in tiefe Selbstzweifel. Sie brauchen dringend Anerkennung. Wenn sie Ihnen versagt wird, neigen Sie dazu, Dinge vorzeitig abzubrechen. Oft stehen Sie kurz vor dem Ziel, lassen sich aber durch äußere Faktoren verunsichern und davon abbringen.

### Tipps für Ihr Wohlbefinden

Räumen Sie auf. Weg mit dem Staub und dem Gerümpel, das den Platz für Neues versperrt. Verschenken Sie Kleidung und Gegenstände, die Sie seit Jahren nicht benutzt haben und die nur unnötig Platz wegnehmen. Wenn etwas Neues in Ihr Leben Eingang finden soll, müssen Sie sich vielleicht auch von Dingen verabschieden, die Sie sehr lieb gewonnen haben.

Bemühen Sie sich sowohl im beruflichen als auch im privaten Bereich um ein klares Umfeld. Schaffen Sie Raum für die wirklich wichtigen Dinge in Ihrem Leben.

### Für Kinder

Unterstützen Sie Ihr Kind, wenn es schon in frühen Jahren einen ausgeprägten Forscherdrang zeigt. Ein Zauberkasten oder ein Mikroskop werden ihm viel Freude bereiten. Oder machen Sie eine Nachtwanderung, und zeigen Sie Ihrem Kind die einzelnen Sternenbilder. Oder gehen Sie in ein Planetarium, und vermitteln Sie Ihrem Kind ein Gefühl für die Unendlichkeit und Schönheit des Universums.

Indem Sie Ihr Kind mit seinen Vorstellungen und Gedanken ernst nehmen, unterstützen Sie es darin, diese auch selbständig weiterzuentwickeln. Doch achten Sie darauf, dass Ihr Kind sich nicht verzettelt und vor lauter spannender Hobbys vergisst, die Hausaufgaben zu erledigen. Bei allem Ideenreichtum muss es lernen, zuerst die Pflichten zu erledigen und die Anforderungen des Alltags zu bewältigen. Auf diese Weise schafft es sich dann viel Freiraum für seine Liebhabereien.

### 1. Karte: Gold/Gelb
### 2. Karte: Regenbogen

### Motto
Ich arbeite mit Konzentration und Durchhaltevermögen.

### Farbe, die heute gut tut
Türkis

### Für den heutigen Tag
Falls Sie ein größeres Problem zu lösen haben, dann machen Sie jetzt ein Brainstorming. Nehmen Sie einen Notizblock zur Hand, und schreiben Sie das Problem auf. Überlegen Sie kurz, und notieren Sie dann alle Lösungsmöglichkeiten, die Ihnen in den Sinn kommen – auch die verrücktesten. Ihre Intuition wird Ihnen Antworten geben und zeigen, was als Nächstes getan werden muss.

Heute ist Ihre Aufnahmefähigkeit besonders gut, so dass Sie die Gelegenheit zum Lernen nutzen sollten. Oder arbeiten Sie sich in ein neues Wissensgebiet ein. Trainieren Sie Ihre mentalen Fähigkeiten durch Denkspiele. Das fernöstliche Legespiel Tangram bietet beispielsweise eine gute Gelegenheit, auf unterhaltsame Weise Ihre Konzentrationsfähigkeit zu üben.

## Ihre Stärken

Das Leben ist für Sie wie ein leeres Blatt Papier – es bietet die verschiedensten Möglichkeiten, etwas zu gestalten. Sie lassen die Dinge auf sich zukommen und entscheiden dann, was Sie tun wollen. Ihr wacher Verstand lässt Sie in unerwarteten Situationen schnell reagieren. Im Berufsleben sind Sie in der Lage, verschiedene Bereiche so miteinander zu verknüpfen, dass eine optimale Zusammenarbeit gelingt. Sie sorgen für einen guten Informationsfluss zwischen allen Beteiligten. Sie erkennen eventuelle Schwachstellen oder Problembereiche und sind mit Lösungsvorschlägen schnell bei der Hand.

Sie haben sich im Lauf Ihres Lebens viel Wissen angeeignet, denn Ihre Interessen sind breit gefächert. Dank Ihres guten Gedächtnisses können Sie mühelos Daten und Fakten abrufen. Ohne Vorbehalte geben Sie Ihr Wissen an andere weiter, damit auch diese davon profitieren. Sie sind aber zudem flexibel genug, um überholte Thesen über Bord zu werfen. Auch in späteren Lebensjahren bleiben Sie geistig fit und ein interessanter Gesprächspartner.

## Ihre Schwächen

Sie lassen sich schnell von etwas begeistern und sind dann enthusiastisch bei der Sache. Ihr Interesse ebbt aber genauso schnell wieder ab, und Sie wenden sich etwas Neuem zu. Sie sind zwar dadurch sehr vielseitig, aber Ihr Wissen geht nicht tief genug. Durch Ihre Sprunghaftigkeit haben Sie Probleme, Ihre Identität zu finden.

Sie sind in der Lage, anderen Kompetenz vorzugaukeln, doch würde Ihr Wissen einer näheren Prüfung nicht standhalten. So gesehen neigen Sie dazu, sich durch das Leben hindurchzumogeln. Dabei sitzt Ihnen ständig die Angst im Nacken, dass Sie durchschaut werden und damit die Wertschätzung der anderen verlieren.

Sie brauchen Bestätigung von außen und tun viel, um in einem guten Licht dazustehen. Wenn Sie eine Machtposition erlangt haben, werden Sie versuchen, die Konkurrenz aus dem Feld zu schlagen. Durch die Zurückhaltung von wichtigen Informationen verschaffen Sie sich einen Wissensvorsprung. Sie können die eigenen Interessen manchmal mit Hilfe von Manipulation durchsetzen. Sie zeigen auf die Fehler und Schwächen der Mitmenschen, um sich dadurch selbst aufzuwerten.

### Tipps für Ihr Wohlbefinden

Um mit voller Konzentration eine Aufgabe zu lösen, ist es wichtig, den Kopf frei zu haben. Versuchen Sie mit Hilfe von ein paar kleinen Übungen, lockerzulassen und Abstand zu nehmen: Stehen Sie auf, und schütteln Sie Ihren Körper für mehrere Minuten durch – nacheinander Hände, Arme, Füße und Beine. Stellen Sie sich dabei vor, wie jegliche Anspannung von Ihnen abfällt. Danach strecken und recken Sie sich ausgiebig.

Bessern Sie die Koordination Ihrer linken und rechten Gehirnhälfte, indem Sie die Arme anwinkeln und abwechselnd das linke Knie hochbringen und damit den rechten Ellenbogen berühren beziehungsweise das rechte Knie anziehen und es mit dem linken Ellenbogen berühren. Wiederholen Sie diese Bewegung einige Male. Oder zeichnen Sie mit der einen Hand in der Luft einen Kreis, während die andere Hand einen Strich zeichnet. Dieses Gehirnjogging unterstützt Sie darin, Ihr geistiges Potenzial zu entfalten.

### Für Kinder

Ihr Kind ist sehr aufnahmefähig. Möglicherweise wird es sich ganz in seine Lieblingsthemen vertiefen und sich übermäßig stark mit Ihnen beschäftigen. Es geht gern in die Schule. Allerdings ist es möglich, dass es auf Grund seiner Intelligenz von anderen Kindern als Besserwisser und Musterschüler gehänselt und ausgegrenzt wird.

Andererseits kann es auch sein, dass Ihr Kind gar keine Lust auf Schule und Lernen hat. Eventuell ist es sehr quengelig und unzufrieden. Es leidet vielleicht an Konzentrationsstörungen und ist sehr leicht ablenkbar. Ihr Kind langweilt sich schnell und spielt selten ein Spiel zu Ende. Es fängt etwas an und bricht dann nach einer gewissen Zeit die Sache ab. Ermuntern Sie Ihr Kind, Dinge zu erledigen und nicht halb fertig liegen zu lassen.

Bei Ihrem Kind kann auch eine grundsätzlich ängstliche Haltung vorhanden sein, so dass es beim kleinsten Anlass sofort in Tränen ausbricht. Reichen Sie ihm die Hand, und sprechen Sie ihm immer wieder Mut zu.

# Wenn Sie als erste Karte die Farbspirale
## *Grün/Hellgrün* ziehen


1. Karte: Grün/Hellgrün
2. Karte: Rot/Rosa


### Motto
Ich stehe zu mir und meinem Leben.


### Farbe, die heute gut tut
Magenta


### Für den heutigen Tag

Stehen Sie heute zu sich selbst in all den funkelnden Facetten Ihrer Persönlichkeit. Versuchen Sie, wenigstens einen einzigen Tag lang sich selbst bedingungslos zu lieben. Schauen Sie morgens in den Spiegel, und sagen Sie zu sich selbst: »Ich liebe mich.«

Betrachten Sie Ihren Körper, und lieben Sie ihn so, wie er ist.

Seien Sie heute gut zu sich selbst. Das bedeutet, die Dinge, die Sie sich vorgenommen haben, auch tatsächlich zu erledigen und nicht in einem Akt der Selbstsabotage immer wieder hinauszuschieben. Sie verfallen sonst nur erneut in Selbstvorwürfe, was Sie keinen Schritt weiterbringt.

Sind Sie möglicherweise in eine lieblose Beziehung verstrickt und haben schon lange das Gefühl, dass eine Trennung der einzig richtige Schritt wäre? Heute könnten Sie es wagen, die Initiative zu ergreifen, und sich aus der bedrückenden Situation lösen. Oder Sie finden Wege, um wieder Freude und Schwung in Ihre Liebesbeziehung zu bringen.

Auf jeden Fall sollten Sie jetzt für Ihr Wohlbefinden sorgen. Sie sind in Ihrem Leben die Nummer eins.

## Ihre Stärken

Sie sind praktisch veranlagt und arbeiten gern. Wenn andere noch überlegen, was zu tun ist, haben Sie längst die Ärmel hochgekrempelt und angepackt. Sie gehen offen und ehrlich auf andere zu. Aufrichtigkeit ist Ihnen wichtig, sowohl sich selbst als auch anderen gegenüber. Sie versuchen immer wieder, mit sich selbst ins Reine zu kommen. Wenn Sie spüren, dass Sie etwas in Ihrem Leben verändern sollten, dann ziehen Sie bereitwillig die Konsequenzen. Indem Sie sich wandeln und erneuern, sind Sie frei von Schuldgefühlen und können Ihre Energie in die Vorhaben lenken, die Ihnen am Herzen liegen.

Intuitiv erspüren Sie Unstimmigkeiten und sprechen Ihre Beobachtungen und Gefühle offen aus. Dabei können Sie durchaus kämpferisch werden und viel Mut beweisen, vor allem wenn es um die Wahrheit geht.

In der Liebe sind Sie sehr leidenschaftlich und gefühlsbetont. Wenn Sie jemanden in Ihr Herz geschlossen haben, stehen Sie ihm vorbehaltlos zur Seite. Sie helfen dann, wo Sie können. Ihre Liebe und Ihr Engagement gelten nicht nur den Menschen, sondern auch der Natur.

## Ihre Schwächen

Ihre Emotionen stehen Ihnen oft im Weg, wenn es darum geht, in einer schwierigen Situation Sachverhalte zu klären. Sie können dann so in Rage geraten, dass Sie verletzend wirken. Ihre unkontrollierte Wut hat etwas Zerstörerisches. Wenn Sie wieder zur Besinnung gekommen sind, fühlen Sie sich schuldig.

Sie haben Probleme, sich selbst anzuerkennen und zu lieben. Daher fordern Sie es oft geradezu heraus, dass man Sie gering schätzt. Daraufhin verfallen Sie in die Opferrolle. Sie verlieren Ihren Antrieb und haben Schwierigkeiten, sich für irgendetwas zu begeistern. Sie laufen Gefahr, in einem Teufelskreis aus Selbsthass und Antriebslosigkeit gefangen zu werden.

Sie verleugnen sich selbst und neigen zu selbstzerstörerischem Verhalten. Sie sabotieren Ihre eigene Kraft. Sie fühlen sich ungeliebt und haben doch eine große Sehnsucht nach der Liebe.

### Tipps für Ihr Wohlbefinden

Schreiben Sie am Ende des Tages auf, was Sie erreicht haben. Was haben Sie an diesem Tag alles erledigt? Viel zu oft geht es nur darum, was *nicht* getan wurde. Jetzt ist es an der Zeit, dass Sie sich für Ihre Taten loben. Seien Sie zufrieden mit sich selbst und Ihrer Arbeit – auch wenn etwas einmal nicht ganz so gelungen ist, wie Sie es sich vorgenommen hatten. Sie haben wenigstens den Versuch unternommen.

Fangen Sie an, sich mit anderen Augen zu betrachten. Was brauchen Sie, damit es Ihnen gut geht? Verwöhnen Sie sich mit einer guten Portion echter Eigenliebe. Genießen Sie es, sich einen Wunsch zu erfüllen.

### Für Kinder

Ihr Kind sollte so viel wie möglich draußen spielen. Beim Toben und Spielen an der frischen Luft kann es seine Energien richtig entfalten. Es wird sich innerhalb seiner vier Wände leicht eingeengt fühlen und stets Wege suchen, um möglichst oft ins Freie zu gelangen.

Natürlich braucht Ihr Kind auch viel Liebe, und zwar in Form von direkten, konkreten Gesten der Zuneigung. Es wird selbst viel Liebe weitergeben, so dass es auch fremde Menschen durch seine natürliche Wärme und Zärtlichkeit beeindruckt.

Möglicherweise gab es gerade eine Trennung oder einen Todesfall in der Familie, und Ihr Kind erlebte den Weggang einer geliebten Person. Ihr Kind sucht daraufhin womöglich die Schuld bei sich selbst und verhält sich plötzlich auffällig. Die Schule wird beispielsweise vernachlässigt, und die Noten verschlechtern sich. Sollte dies der Fall sein, ist es wichtig, Ihrem Kind klarzumachen, dass es keine Verantwortung für die Ereignisse trägt. Außerdem benötigt es viel Zuspruch. Nehmen Sie sich Zeit für Ihr Kind, und zeigen Sie ihm, welch wichtige Rolle es in Ihrem Leben spielt.

### 1. Karte: Grün/Hellgrün
### 2. Karte: Orange/Koralle

### Motto
Ich lasse Ärger und Wut los und öffne mein Herz
für die Liebe.

### Farbe, die heute gut tut
Koralle

### Für den heutigen Tag
Versuchen Sie heute, den Tag konstruktiv zu gestalten, um durch Erfolgserlebnisse neuen Schwung zu erhalten und ein positives Lebensgefühl aufzubauen. Hegen Sie schon seit langem einen tiefen Groll gegen eine Person, die Sie verletzt, belogen oder betrogen hat? Dann machen Sie sich jetzt be-

wusst, dass Sie mit dieser Haltung niemandem helfen, sondern sich nur selbst blockieren. Der Platz in Ihrem Herzen ist nicht frei für die Liebe oder für Lebensfreude. Versuchen Sie, Ihren Ärger loszuwerden, indem Sie einen Brief an die Person schreiben, die Sie so wütend oder traurig macht. Bringen Sie all Ihre negativen Gedanken zu Papier. Am Ende schreiben Sie den Satz: »Ich verabschiede mich von diesen negativen Gefühlen und lasse die Liebe wieder in mein Herz fließen.« Dann zerreißen Sie den Brief und verbrennen ihn.

Halten Sie inne, wenn Sie merken, dass Sie heute Ihren Unmut an jemandem auslassen, der eigentlich nichts mit der Sache zu tun hat, die Sie ärgerlich macht.

### Ihre Stärken

Sie haben einen starken Überlebenswillen, der Ihnen hilft, selbst schwierigste Situationen durchzustehen. Auch wenn Sie vielleicht zeitweilig das Gefühl haben, dass die äußeren Umstände Sie in die Knie zwingen, so lassen Sie sich dennoch nicht unterkriegen. Sie wissen, was Sie wollen, und setzen sich auch mit Ihren Vorhaben durch. Sie geben nicht so schnell auf, selbst wenn die Lage aussichtslos erscheint.

Sie sind ein gefühlsbetonter Mensch, der dies auch zeigt. Sie verlieren sich jedoch nicht in Ihren Emotionen, sondern lassen Ihren klaren Verstand mitsprechen. Es ist Ihnen wichtig, warmherzige Beziehungen aufzubauen, wobei Sie in der Lage sind, andere sehr zu beglücken. Überhaupt liegt Ihnen das Glück Ihrer Mitmenschen am Herzen, und Sie sind großzügig, wenn es darum geht, sich für jemanden einzusetzen oder ihn zu unterstützen. Sie handeln dann selbstlos.

Mit Ihrer positiven Ausstrahlung verbreiten Sie gute Laune. Sie haben ein gutes Gespür für die Wahrheit und lassen sich nicht so schnell täuschen. In der Natur können Sie Kraft schöpfen und Inspirationen erhalten.

## Ihre Schwächen

Vielleicht haben Sie eine schwierige Kindheit erlebt oder sind in der Vergangenheit mit traumatischen Situationen konfrontiert worden. Sie haben sich bis heute nicht von diesen Schrecken erholt. Eventuell wurden Sie in Bezug auf eine geliebte Person sehr getäuscht und verletzt. Sie haben daraufhin Ihren Lebensmut verloren und verschließen sich nun auf der Herzensebene, um weiteren Verletzungen vorzubeugen. Dabei verbergen Sie auch Ihre wahren Gefühle. Aber in Ihnen stauen sich die Emotionen an.

Sie fühlen sich verraten und betrogen und sind wütend, dass man Ihre Gutmütigkeit so ausgenutzt hat. Sie würden dem anderen nur zu gern zeigen, wie sehr Sie leiden, doch bestrafen Sie sich durch diese Opferhaltung selbst am meisten. Ihre Energie wird in den Angst- und Rachegedanken gebunden. Ihre Lebensfreude schwindet, und Ihnen bleibt wenig Kraft für den notwendigen Neubeginn.

## Tipps für Ihr Wohlbefinden

Beginnen Sie den Tag, indem Sie vor das offene Fenster treten und einige Male tief durchatmen. Stehen Sie früh genug auf, um den Tag entspannt anzugehen. Stimmen Sie sich positiv auf die kommenden Stunden ein, und versuchen Sie, ein Gefühl von Lebensfreude aufzubauen.

Nicht ausgedrückte Wut verwandelt sich oft in eine Depression. Wenn Sie depressive Tendenzen haben, dann werden Sie sich auch weniger bewegen. Aktivität und Bewegung können jedoch helfen, aufgestaute negative Gefühle abzubauen.

Überwinden Sie Ihre Lethargie, und tummeln Sie sich heute im Freien. Fahren Sie Rad oder laufen Sie. Mit vermehrter Bewegung kommt auch mehr Sauerstoff in Ihre Zellen, und Sie fühlen sich dadurch automatisch wacher. Dies hilft auch bei Schlafstörungen.

### Für Kinder

Sollten Sie viel Wut in sich tragen, kann es sein, dass sich die Spannung auf Ihr Kind überträgt und es Ihre Emotionen auslebt. Es ist dann häufig trotzig und unausgeglichen. Gesten der Liebe oder Fürsorge will es nicht annehmen, obwohl es doch eine so tiefe Sehnsucht danach hat. Vielleicht zeigt Ihr Kind auch eine destruktive Tendenz und neigt dazu, Spielzeug kaputt zu machen oder andere Kinder durch Worte oder Taten zu verletzen.

Es besteht eine tiefe Bindung zwischen Ihnen und Ihrem Kind, und Ihr Kind wird wie ein Seismograf auf Ihren Gemütszustand reagieren. Je besser Sie sich fühlen, desto besser geht es Ihrem Kind. Sie haben dadurch die Gelegenheit, viel über sich selbst zu lernen. Eventuell ist Ihre momentane Lebenssituation schwierig, und Ihr Kind ist voll von Kummer und Angst, ohne dies zeigen zu können. Achten Sie darauf, dass Sie vor so vielen Sorgen nicht die Bedürfnisse Ihres Kindes vernachlässigen.

### 1. Karte: Grün/Hellgrün
### 2. Karte: Gold/Gelb

### Motto
Ich fühle mich frei und leicht wie eine Feder.

## Farbe, die heute gut tut
Weiß (Regenbogen)

### Für den heutigen Tag

Stellen Sie den heutigen Tag in das Zeichen der Lebensfreude, und betrachten Sie die Welt mit neuen Augen. Entdecken Sie das Schöne unmittelbar in Ihrer Nähe. Vielleicht nehmen Sie eine Blume wahr, die am Straßenrand wächst und Ihr Herz erfreut. Oder Sie genießen die warmen Sonnenstrahlen. Es geht dabei nicht darum, die vorhandenen Sorgen unter den Teppich zu kehren, sondern den Blick dafür zu schärfen, dass es auch Gutes im Leben gibt.

Konzentrieren Sie sich heute mehr auf das Angenehme und Schöne, so unspektakulär und banal es auch sein mag. Dadurch entziehen Sie einer pessimistischen Weltsicht die Energie. Mit Blick auf die positiven Seiten des Lebens spüren Sie, dass Sie viel leichter durch den Tag kommen.

Seien Sie heute einmal nicht misstrauisch. Zeigen Sie absolutes Vertrauen in die Personen, mit denen Sie zu tun haben – und in sich selbst.

### Ihre Stärken

Wenn es an der Zeit ist, werfen Sie mühelos Ballast ab. Sie klammern sich an nichts, weder an Personen noch an Dinge, selbst wenn sie Ihnen wichtig sind. Gerade diese unverkrampfte Haltung bringt es mit sich, dass Sie nie Mangel leiden. Weder auf der materiellen Ebene noch in der Liebe stehen Sie je mit leeren Händen da.

Sie haben einen unerschütterlichen Glauben daran, dass das Leben von sich aus seinen richtigen Gang geht und alles seine innere Ordnung besitzt. Sie können genau dann loslassen, wenn das Leben es von Ihnen verlangt. Sie erkennen tiefere

Zusammenhänge und fühlen sich als Teil eines größeren Ganzen.

Ihr starkes Selbstvertrauen beruht auf innerer Stabilität. Sie haben in Ihrer Kindheit Geborgenheit und Liebe erfahren und stehen daher mit sicheren Beinen im Leben. Im Alltag üben Sie sich in Gelassenheit und können abwarten. Sie haben einen Blick für die schönen Seiten des Lebens und verstehen es daher, aus ganzem Herzen zu genießen.

### Ihre Schwächen

Sie haben große Verlustängste, vor allem in Bezug auf geliebte Personen. Sollten Sie Kinder haben, wird es Ihnen schwer fallen, sie in die Unabhängigkeit zu entlassen. Es kann bei Ihnen auch eine Tendenz bestehen, alles unter Kontrolle halten zu wollen. Ihre ständigen Sorgen und Ängste um das Wohlergehen Ihrer Nächsten überreizen Sie.

Sie sind häufig frustriert, weil die anderen Ihre übermäßige, erstickende Fürsorge ablehnen und gegen sie rebellieren. In einer Liebesbeziehung neigen Sie dazu, den Partner ständig zu überwachen. Trotz gegenteiliger Beweise haben Sie Angst, dass Ihre Liebe zerstört werden könnte. Diese Überängstlichkeit wird jede Beziehung belasten, denn Sie schränken den Freiraum des anderen ein. Es fehlt Ihnen an Vertrauen.

Sie können das Leiden anderer nicht mit ansehen und sind auch in Bereichen, die Sie nicht direkt betreffen, voller Sorgen und Ängste. Sie geraten auf diese Weise in einen Zustand chronischer Überreizung. Sie tragen zu viel Kummer mit sich herum und machen dadurch auch anderen das Leben schwer.

## Tipps für Ihr Wohlbefinden

Gönnen Sie sich heute Ihr Lieblingsgericht oder den schon so lange aufgeschobenen Kinobesuch. Nehmen Sie sich Zeit für Ihr Hobby. Freude und Genuss ist die Devise.

Gehen Sie in die Natur, um sich an den Farben, Düften und Formen zu erfreuen. Setzen Sie sich auf eine Parkbank, und lassen Sie das Grün auf sich wirken.

Der Anblick von harmonischer Landschaft hilft Ihnen auch, aus Angstzuständen herauszukommen. Angst engt Ihr Herz ein. Versuchen Sie, tief durchzuatmen, und zwar bis in den Bauch hinein. Beim Ausatmen sagen Sie sich: »Ich lasse meine Angst jetzt los.«

## Für Kinder

Ein überbehütetes Kind wird Schwierigkeiten haben, ein gesundes Selbstvertrauen zu entwickeln. Es ist übervorsichtig in seinen Handlungen und wird dadurch nicht lernen, seine eigenen Grenzen auszuloten. Es braucht Gelegenheiten, seine Fähigkeiten zu erproben. Es muss eigene Erfahrungen sammeln, die manchmal auch schmerzhaft sein können.

Im positiven Sinn hat Ihr Kind viel Mut und ist experimentierfreudig. Unterstützen Sie es, damit es entdeckt, was es mag und was nicht. Achten Sie darauf, dass es offen für Unbekanntes ist und nicht nur bei dem bleibt, was es am liebsten hat. Das fängt bereits beim Essen an.

Ihr Kind ist wahrscheinlich sehr tierlieb und spielt gern im Freien. Durch Pfützen trampeln oder sich einen Hügel herunterrollen lassen, solche Spiele werden ihm viel Spaß bringen. Abenteuerspielplätze bieten ihm die Möglichkeit, zu toben und seine Geschicklichkeit auszutesten.

1. Karte: Grün/Hellgrün
2. Karte: Türkis/Helltürkis

## Motto
In mir steckt ein kreativer Geist.

## Farbe, die heute gut tut
Blau

## Für den heutigen Tag
Der freie Ausdruck Ihrer Kreativität ist heute gefragt. Haben Sie zuletzt als Kind gemalt und gebastelt? Hätten Sie eigentlich auch jetzt noch Lust dazu, aber wissen nicht, wie Sie damit anfangen sollen? Kaufen Sie sich heute Buntstifte, Wasserfarben, buntes Papier und einen Malblock, um gleich loszulegen.

Wie wäre es, wenn Sie versuchten, ein Gedicht oder eine kurze Geschichte als Bild oder Collage darzustellen? Und wenn Ihnen kein Motiv einfällt, ist ein Regenbogen ein guter Anfang. Vielleicht entschließen Sie sich heute zu einem Malkurs an der Volkshochschule oder lassen sich von einem Lehrer anleiten.

Dieser Vorschlag bezieht sich auch auf alle anderen Begabungen, die möglicherweise bei Ihnen im Verborgenen schlummern. Egal, ob Sie gern fotografieren, singen, tanzen, schauspielern, handarbeiten oder kochen – finden Sie (wieder) Ausdrucksformen dafür.

Seien Sie stolz auf Ihre Kreationen, statt sich immer gleich zu kritisieren, wenn nicht auf Anhieb ein Meisterstück daraus geworden ist. Und falls sich jemand beschwert, dass Sie nicht singen könnten und lieber still sein sollten, dann singen Sie jetzt erst recht. Hauptsache, es macht Ihnen selbst Spaß.

## Ihre Stärken

Sie sind sehr einfallsreich. Wenn Engpässe auftreten oder Sie vor einem plötzlichen Problem stehen und es nicht weitergeht, finden Sie meistens eine Lösung. Ihr Erfindungsgeist kennt keine Grenzen, und Sie werden dabei oft ungewöhnliche Wege einschlagen.

Überhaupt haben Sie eine Menge Ideen, wie Sie Ihr Leben gestalten können. Sie sind sehr kreativ und besitzen eine gewisse künstlerische Begabung. Sie hätten die Fähigkeit, sich auf künstlerischem Weg so ausdrücken, dass andere tief berührt sind. Ihre Botschaften werden verstanden und verinnerlicht, da Sie sie von Herz zu Herz übermitteln.

Es ist Ihnen sehr wichtig, Ihre eigene Wahrheit und Ihr persönliches Verständnis einer Sache darzustellen. Sie lassen sich nicht durch andere beeinflussen, es sei denn, Sie sind wirklich davon überzeugt, dass eine Korrektur Ihrer Position sinnvoll ist. So sind Sie in der Lage, einen ganz eigenen, individuellen Weg zu gehen, der möglicherweise nicht der Norm entspricht. Sie sind unabhängig von den Meinungen anderer und dadurch in Ihrer Ausdrucksweise sehr frei.

## Ihre Schwächen

Sie haben so viele Ideen, die Sie sich verwirklichen könnten, dass Sie nicht wissen, was für Sie das Richtige ist. Sie reagieren sehr unentschlossen und sind daher auch stark beeinflussbar. Sie haben Probleme, sich mit Ihren Gefühlen zu verbinden und zu spüren, was Sie tun sollten. Sie zweifeln ständig an sich selbst und brauchen Bestätigung von außen.

Möglicherweise sind Sie in der Kindheit für Ihren kreativen Ausdruck, für Ihre Zeichnungen oder Bastelarbeiten, ausgelacht worden. Oder man hat Sie gezwungen, nach einem bestimmten Schema vorzugehen. Für Ihre originellen Einfälle war kein Platz. Sie haben resigniert, und eine Tür ist zugefallen. Nun trauen Sie sich nichts mehr zu.

Aus Angst vor Ablehnung neigen Sie dazu, nichts von Ihren Vorstellungen oder Träumen preiszugeben. Sie sind dadurch schwer zu durchschauen. Sie tragen viele Geheimnisse in Ihrem Herzen, die Sie eigentlich gern mitteilen würden. Vielleicht sind Sie auch innerhalb einer Beziehung in Ihrer Ausdrucksweise stark gebremst worden und haben dadurch einen Teil Ihrer Persönlichkeit nicht entfaltet.

### Tipps für Ihr Wohlbefinden

Versuchen Sie, sich heute so richtig zu entspannen und alle Verkrampfungen des Körpers und des Geistes loszulassen. Sie sind gedanklich blockiert und erbringen keine kreative Leistung, wenn Sie sich zu sehr anstrengen.

Legen Sie sich hin, und stellen Sie sich vor, wie sich die Muskeln in Ihren Beinen entspannen. Wandern Sie dann in Ihrem Körper weiter hinauf, und entspannen Sie den Bauch, den Brustbereich, die Schulter und Arme. Bleiben Sie ganz entspannt für einige Minuten liegen, bevor Sie aufstehen und Ihre Arme nach oben strecken und recken, um wieder ganz wach zu sein.

Passen Sie aber bei dieser Übung auf, dass Sie sich nicht zu sehr entspannen und einschlafen! Die Übung hilft Ihnen, ein wenig Abstand vom Alltag zu gewinnen, und sie wirkt erfrischend.

### Für Kinder

In jedem Kind steckt ein potenzieller Künstler, der leider oft unentdeckt bleibt oder nicht gefördert wird. Helfen Sie Ihrem Kind, seine Talente frei zu entwickeln.

Ihr Kind hat eine starke Resonanz zu Klängen und Farben. In

welcher Form es diese Vorliebe zum Ausdruck bringt, ist nicht so sehr wichtig. Es darf nur nicht den Eindruck gewinnen, zu besonderen künstlerischen Leistungen gezwungen zu werden. Stellen Sie es also nicht unter einen Erwartungsdruck. Eventuell tritt Ihr Kind gern vor Publikum auf und zeigt seine Fähigkeiten ganz unbefangen. Drängen Sie es aber nicht, etwas gegen seinen Willen zu tun, sonst verliert es alle Freude an seinem Talent.

Falls Ihr Kind schlechte Schulnoten in den musischen, kreativen Fächern nach Hause bringt, sollten Sie es ermutigen und unterstützen. Ihr Kind darf sich nicht als unfähig oder untalentiert abgestempelt fühlen, nur weil es den Vorstellungen seines Lehrers nicht entspricht. Halten Sie ihm den Zugang zu seinen individuellen künstlerischen Ausdrucksmöglichkeiten offen.

### 1. Karte: Grün/Hellgrün
### 2. Karte: Blau/Hellblau

### Motto
Ich kümmere mich um meine wahren inneren Bedürfnisse.

### Farbe, die heute gut tut
Grün

### Für den heutigen Tag
Wenn der Tag für Sie voller Verpflichtungen ist und Sie dabei sind, den Überblick zu verlieren, dann halten Sie kurz inne. Sie brauchen jetzt eine Pause. Nehmen Sie sich eine halbe Stunde Zeit, egal wie dicht gefüllt, Ihr Terminplan ist. Gehen Sie kurz an die frische Luft. Machen Sie lieber einen

kleinen Spaziergang, als sich beispielsweise mittags in die Kantine zu setzen.

Nutzen Sie diese Pause, um Ihre Gedanken zu ordnen. Versuchen Sie, wenigsten etwas zur Ruhe zu kommen. Sie werden hinterher konzentrierter arbeiten können und die halbe Stunde Pause ganz schnell durch verbesserte Leistung wettmachen.

Stehen Sie zu Ihren Gefühlen der Liebe, und verdrängen Sie diese nicht. Ihr rationales Denken würde Ihnen solche »Abschweifungen« am liebsten verbieten. Aber die Liebe ist keine Ablenkung, sondern für Sie so grundlegend wichtig wie die Luft zum Atmen. Kommen Sie also zur Ruhe und erkennen Sie, was wirklich Priorität hat.

### Ihre Stärken

Ihre Verbindung zur Natur ist sehr stark. Draußen fühlen Sie sich eins mit den Elementen. In der freien Natur bekommen Sie Klarheit und Inspiration. Sie atmen auf und tanken frische Energie. Blockaden können sich lösen; die Gedanken kommen wieder in Fluss.

In der Einsamkeit der Natur können Sie neue Impulse erhalten, die sich Ihnen einprägen. Im Getümmel der Stadt sind für Sie die Ablenkungen zu groß, um sich auf das Wesentliche zu besinnen. In der freien Natur fällt es Ihnen auch leichter, sich auszudrücken.

Sie reisen gern und schöpfen daraus Kraft. Sie sind rundum mit sich und Ihrem Leben zufrieden. Von Ihnen gehen Ruhe und Zuversicht aus. Im Gegensatz zum nervösen Verhalten der vielen stressgeplagten Menschen um Sie herum reagieren Sie besonnen.

## Ihre Schwächen

Sie durften Ihre Verbundenheit mit der Natur wahrscheinlich nicht ausleben, sondern sind stattdessen von Kindesbeinen an zu Leistung und strenger Disziplin angehalten worden. Es war Ihren Eltern oder sonstigen Betreuern wichtiger, dass Sie am Schreibtisch saßen und lernten. Es war Ihnen gar nicht oder nur wenig erlaubt, draußen in der Natur umherzustreifen. Als Folge davon haben Sie nach und nach den Zugang zur Natur verloren und sich ganz auf einen beruflichen Erfolgskurs getrimmt, der Ihre Zeit und Energie vollständig in Anspruch nimmt.

Sie konzentrieren sich auf Ihren Intellekt und überhören dabei wesentliche Herzensbedürfnisse. Das macht Sie auch in gewisser Weise zu einem einsamen Krieger, denn auch für die tiefere Verbindung zu Familie oder Freunden fehlt Ihnen die Zeit. Sie wollen Erfolg, und zwar um jeden Preis. Sie hetzen von einem Termin zum nächsten und bürden sich ein riesengroßes Arbeitspensum auf.

Doch der Anteil in Ihnen, der eigentlich so viel Liebe, Gefühl und Sehnsucht in sich trägt, wird dabei völlig vernachlässigt.

## Tipps für Ihr Wohlbefinden

Wenn Sie sich ständig überfordern, treiben Sie auf Dauer Raubbau mit Ihrem Körper. Wahrscheinlich leiden Sie unter Symptomen von Überarbeitung und einem Schlafdefizit. Versuchen Sie erst einmal, wieder auf den natürlichen Rhythmus Ihres Körpers zu hören und Ihrem Organismus die Ruhe zu gönnen, die er dringend braucht.

Wenn Sie unter einer verspannten Schulter- und Nackenpartie leiden, weil Sie zu viel am Schreibtisch sitzen und sich nicht genug bewegen, so gönnen Sie sich eine wöchentliche

Rückenmassage, um wenigstens auf dieser Art und Weise Ihre verhärtete Muskulatur etwas zu lockern.

Achten Sie auch darauf, dass Sie Ihre Mahlzeiten nicht immer nur hastig in sich hineinschlingen. Die Nahrung nicht in Ruhe kauen bedeutet Mehrarbeit für die Verdauungsorgane und folglich Müdigkeit.

### Für Kinder

Sorgen Sie dafür, dass Ihr Kind neben seinen Schulaufgaben und Pflichten in der Familie genügend Zeit zum Spielen hat. Auch darf kein zu hoher Leistungsdruck auf dem Kind lasten; es soll nicht ständig in dem Gefühl leben müssen, zu versagen oder nicht gut genug zu sein.

Vielleicht gibt es Probleme mit dem Vater oder mit männlichen Autoritätspersonen. Zu viel Strenge kann Angst auslösen und dann die vorhandenen Fähigkeiten blockieren. Ihr Kind fühlt sich durch die zu harte Disziplin permanent überfordert und wird um seine Kindheit betrogen. Reagieren Sie sofort, wenn Ihr Kind erste Anzeichen von Stresssymptomen wie Schlafstörungen oder Unruhe zeigen sollte.

Bringen Sie Ihr Kind unbedingt in Kontakt mit der Natur, zum Beispiel durch so einfache Dinge wie im Herbst Kastanien sammeln und bunte Blätter pressen. Vor allem Stadtkinder brauchen viel Gelegenheit, draußen in der Natur zu spielen.

1. Karte: Grün/Hellgrün
2. Karte: Violett/Hellviolett

### Motto
Ich suche die Verbindung von Herz zu Herz.

## Farbe, die heute gut tut
Rot

### Für den heutigen Tag

Tragen Sie es jemandem immer noch nach, dass er Sie unfair behandelt hat? Dann versuchen Sie heute, die Angelegenheit zu klären, damit Sie sich konstruktiven Vorhaben und Gedanken widmen können. Fassen Sie sich ein Herz, und melden Sie sich bei der betreffenden Person. Verabreden Sie sich telefonisch oder schreiben Sie. Überlegen Sie sich, ob es wirklich richtig war, dass Sie sich schmollend zurückzogen – oder ob Sie nicht überempfindlich reagiert haben. Wagen Sie einen Neuanfang, und gehen Sie auf den anderen zu. Es ist immer besser, Dinge zu klären, als den Kontakt plötzlich abzubrechen. Überwinden Sie falschen Stolz, der es Ihnen schwer macht, zu verzeihen oder um Verzeihung zu bitten.

Mit wem haben Sie sich ganz allgemein schon lange nicht mehr ausgetauscht, obwohl Sie es immer vorhatten? Nehmen Sie heute endlich wieder einmal Verbindung auf, und erneuern Sie den Kontakt. Vielleicht braucht ein Freund oder Familienmitglied jetzt Ihre Unterstützung und traut sich nicht, sich bei Ihnen zu melden. Und seien Sie selbst ehrlich, und signalisieren Sie es den anderen, wenn es Ihnen derzeit nicht so gut geht und Sie gern Hilfe in Anspruch nehmen würden.

### Ihre Stärken

Sie sind ein Botschafter und ein Vermittler. Sie verbinden Dinge und Menschen miteinander, die zusammengehören, aber aus irgendwelchen Gründen voneinander getrennt wurden. Sie bringen Ausgleich und Frieden in eine disharmonische Situation. Sie erkennen, wo es an etwas mangelt, und wissen, wie Abhilfe geschafft werden kann.

Ihnen geht es bei Ihrem Engagement immer um übergeordnete Ziele und nicht um egoistische Pläne. Sie wünschen sich eine bessere, lichtvollere Welt, und Sie setzen sich aktiv für ein friedliches Miteinander ein. Sie selbst haben leidvolle Situationen erlebt und viele Schwierigkeiten überwinden müssen. Sie haben Lieblosigkeit am eigenen Leib erfahren und daraus Konsequenzen gezogen. Sie setzen sich nun für andere ein und helfen ihnen, ihre Lebensprüfungen mit Klugheit zu absolvieren. Sie sind ein Helfer in der Not und bringen Wärme, Liebe und Zuversicht.

## Ihre Schwächen

Sie haben in Ihrem Leben immer wieder Trennungen erlebt, ob durch Tod oder Scheidung. Sie haben daher eine große Sehnsucht nach Eintracht und Harmonie, die sich in der Realität aber kaum jemals erfüllt. Immer wieder suchen Sie sich Personen aus, sei es in privaten oder in beruflichen Beziehungen, die Ihnen das Leben schwer machen und die vor allem Ihre hohen Erwartungen enttäuschen. Sie werden dabei immer wieder verletzt. Sie erleben, wie andere Ihre Großzügigkeit und Fürsorge ausnutzen und missbrauchen. Sie fühlen sich dadurch im Stich gelassen und sehr gekränkt. Sie reagieren dann nachtragend.

Es fällt Ihnen schwer, zu verzeihen, einen Neuanfang zu machen und künftig bewusst Grenzen zu setzen. Schnell fallen Sie in Ihr altes Verhalten zurück und müssen erneut erleben, dass man Sie ausnutzt. Schließlich ziehen Sie sich innerlich zurück und lassen niemanden mehr an sich heran. Sie wirken sehr desillusioniert: Obwohl Sie doch so viel für andere getan haben, kommt anscheinend nichts zurück. Sie sind verzweifelt, dass Sie scheinbar nicht in Frieden mit anderen leben können, und fühlen sich vom Schicksal betrogen.

### Tipps für Ihr Wohlbefinden

Warten Sie nicht darauf, bis jemand Sie verwöhnt und liebt, sondern schenken Sie sich selbst die Liebe und Zuwendung, nach der Sie sich so sehnen.

Bekämpfen Sie Ihre Neigung, sich selbst zu vernachlässigen. Schaffen Sie sich eine gemütliche Atmosphäre in den eigenen vier Wänden. Halten Sie Ihre Wohnung in Ordnung. Falls Sie Ihr Äußeres in letzter Zeit vernachlässigt haben, dann ist jetzt eine Kurskorrektur fällig. Machen Sie sich die Mühe, Ihren Körper zu pflegen und sich gut zu kleiden. Durchstöbern Sie Ihren Kleiderschrank, und trennen Sie sich endlich von abgetragenen Dingen. Es ist an der Zeit, sich ein neues Outfit zu gönnen.

Wenn Sie in letzter Zeit sehr zurückgezogen gelebt haben, tut es nun gut, wieder mehr zu unternehmen und unter Leute zu gehen.

### Für Kinder

Ihr Kind wird ein großes Bedürfnis nach Harmonie haben. Streitereien innerhalb der Familie belasten es. Ihr Kind wird die Schuld für die Zwietracht bei sich selbst suchen und immer wieder Anstrengungen unternehmen, die Situation zu entschärfen. Dabei opfert es sich auf und stellt seine eigenen kindlichen Interessen zurück.

Ihr Kind hat ein Gespür für die Bedürfnisse anderer und wird immer einspringen, wenn es merkt, dass es gebraucht wird. In der Schule kann es sich als Klassensprecher hervortun, da es die Interessen der gesamten Klasse mit außerordentlichem Engagement vertreten kann.

Es interessiert sich für Projekte, die über die eigene Nasen-
spitze hinausreichen, und es sollte auch darin unterstützt
werden. Allerdings darf Ihr Kind sich dabei nicht überfordern oder sich in den Dienst anderer stellen, statt seinen eigenen Interessen und Vorlieben nachzugehen.

### 1. Karte: Grün/Hellgrün
### 2. Karte: Magenta/Hellmagenta

### Motto
Ich bringe Beständigkeit in mein Leben, bleibe aber innerlich offen und flexibel.

### Farbe, die heute gut tut
Türkis

### Für den heutigen Tag
Suchen Sie sich einen Bereich in Ihrem Leben aus, bei dem
Sie häufig Wechsel erleben. Vielleicht schwanken Sie ständig zwischen Dick- und Dünnwerden hin und her, oder Sie
ändern dauernd Ihre Meinung in Bezug auf eine bestimmte
Sache. Vielleicht sind Sie ständig auf der Suche nach einem
neuen Arbeitsbereich, oder Sie halten es nie lange mit einem
Partner aus.
Sicher gibt es jedoch etwas, von dem Sie wissen, dass es auch
langfristig gut für Sie ist und Sie dabeibleiben sollten. Finden Sie heraus, wo Sie sich durch häufiges Wechseln oder
Hinundherschwanken bremsen. Dann nehmen Sie sich heute
fest vor, in dieser Sache eine Zeit lang beständig zu bleiben.
Legen Sie den Zeitraum fest, und überlegen Sie, was Sie dafür tun müssen, um Ihr Ziel zu erreichen. Planen Sie nicht

zu langfristig, denn das Leben hält immer Überraschungen bereit.

Eventuell sind Sie heute gerade an dem Punkt angekommen, dass Sie einmal wieder ein Vorhaben verwerfen wollen. Doch ist es mit Sicherheit zu früh, etwas zu verändern. Halten Sie weiter durch, brechen Sie jetzt besser nichts ab.

### Ihre Stärken

Sie haben Prinzipien, denen Sie treu sind. Sie wissen, was Sie im Leben erreichen wollen, und gehen bei der Umsetzung Ihrer Vorstellungen und Wünsche sehr gezielt vor. Sie können sich in eine Sache vertiefen und dabei die Welt vergessen. Sie verfügen über viel Ausdauer und lassen sich in Ihren Vorhaben nicht ablenken oder stören.

Sie besitzen einen großen Sinn für Schönheit und haben ungewöhnliche Ideen, die von viel Phantasie und kreativem Talent zeugen. Sie können eine karge, ungemütliche Umgebung mit wenigen Mitteln so umgestalten, das sie Fülle und Behaglichkeit ausstrahlt. Sie widmen den Details viel Aufmerksamkeit, und es ist gerade diese Liebe zum Detail, die einen Raum oder einen Garten dann zum Kunstwerk macht.

Sie fühlen sich in Ihrer Haut sehr wohl und sind wunschlos glücklich. Ihr Leben hat Beständigkeit, was aber nicht von Routine oder Langeweile begleitet ist.

### Ihre Schwächen

Sie sind ein unruhiger Geist, der ständig auf der Suche nach mehr Glück ist. Das Gras auf der anderen Seite des Zauns erscheint Ihnen stets grüner. Sie wechseln daher oft den Arbeitsplatz, den Wohnort oder die Wohnung. Kaum haben Sie sich in der neuen Umgebung eingelebt, da fangen Sie auch schon an zu überlegen, wohin es Sie nun treibt.

Der ständige Wechsel, in welchem Bereich auch immer, lenkt Sie jedoch von wesentlichen Aufgaben ab, die Ihre mentalen und geistigen Fähigkeiten mehr fordern würden. Da Ihnen aber die notwendige Disziplin fehlt, beschäftigen Sie sich lieber mit einfachen praktischen statt mit anspruchsvollen intellektuellen Aufgaben.

Unter Ihrem häufigen Orts- oder Berufswechsel leiden Ihre Beziehungen. Da Sie nach kurzer Zeit wieder Ihre Zelte abbrechen, kommt es zu keinen tieferen Bindungen. Stets sind Sie dabei, etwas aufzubauen, statt auch einmal die Früchte Ihrer Arbeit zu genießen. Es fehlt Ihnen an größeren Erfolgserlebnissen.

### Tipps für Ihr Wohlbefinden

Nehmen Sie sich etwas vor, das Sie künftig fest in Ihren Tagesablauf einbauen. Machen Sie ab sofort beispielsweise täglich zehn Minuten lang Gymnastik oder einen kurzen Spaziergang. Lesen Sie täglich eine bestimmte Anzahl von Seiten in einem Buch.

Wenn Sie sich vorgenommen haben, morgens früher aufzustehen, dann stellen Sie den Wecker tatsächlich um eine Viertelstunde zurück. Um bei Ihrem Vorsatz bleiben zu können, ist es wichtig, mit kleinen Schritten anzufangen. Es fällt Ihnen dann leichter, konsequent durchzuhalten, bis das Neue zur Gewohnheit geworden ist.

Überwinden Sie die Unlustgefühle, die Sie dazu verführen könnten, Ihr Vorhaben gleich wieder abzubrechen. Lassen Sie sich nicht von Ihren guten Vorsätzen abbringen; Sie werden hinterher auf Ihre Leistung stolz sein.

## Für Kinder

Ihr Kind braucht in seinem Leben Beständigkeit, um sich wirklich entfalten zu können. Ein allzu häufiger Wechsel, beispielsweise des Zuhauses oder der Schule, macht ihm zu schaffen. Es fällt Ihrem Kind schwer, sich in eine neue Umgebung einzuleben und neue Freunde zu finden. Zu viele Veränderungen wirken verunsichernd und beängstigend.

Es ist möglich, dass Ihr Kind auf Veränderungen mit nächtlichen Albträumen reagiert oder Ihnen Vorwürfe macht. Vielleicht widersetzt es sich und nimmt eine sture Verweigerungshaltung ein. Wenn es sich um äußere Veränderungen handelt, ist es hilfreich, die gewohnten Abläufe des Tages und die alltäglichen kleinen Rituale auch in der neuen Umgebung konsequent beizubehalten.

Im positiven Sinn kann sich Ihr Kind nach einer Veränderung sehr schnell sein eigenes, geliebtes Reich wieder erschaffen, sich problemlos in eine neue Situation einfügen und sich wohl fühlen.

### 1. Karte: Grün/Hellgrün
### 2. Karte: Regenbogen

### Motto
Ich sehe meinen Weg klar vor mir.

### Farbe, die heute gut tut
Violett

### Für den heutigen Tag
Haben Sie keine Ahnung, wie es in Ihrem Leben weitergehen soll? Stecken Sie in einer unbefriedigenden Situation fest

und wissen keinen Ausweg? Blicken Sie heute einmal auf Ihr Leben zurück, um herauszufinden, ob Sie irgendwann von einem wichtigen Vorhaben abgekommen sind. Vielleicht wollten Sie studieren und haben das Abitur nicht geschafft. Sie haben zwar einen Beruf gefunden, aber der Traum vom Studium ist noch da.

Denken Sie darüber nach, ob es sich nicht doch lohnt, Anstrengungen auf sich zu nehmen und das Versäumte nachzuholen. Das Abitur können Sie an der Abendschule erreichen. Das verlangt harte Arbeit und Durchhaltevermögen, aber es wäre zu schaffen. Wenn es Träume gibt, die nicht mehr verwirklicht werden können, weil schon zu viel Zeit vergangen ist und Sie zu alt für dieses Vorhaben sind, dann überlegen Sie, ob es nicht einen ganz neuen, ähnlich interessanten Bereich gibt, der Sie fesseln würde.

Beschäftigen Sie sich heute mit Visionen für Ihren künftigen Lebensweg. Seien Sie dabei nicht bescheiden. Sehen Sie sich als jemanden, der Außergewöhnliches erreichen kann. Halten Sie dieses Bild ganz klar in Ihrer Vorstellungskraft fest, und denken Sie immer wieder daran. Mit der Zeit werden neue Chancen auf Sie zukommen.

### Ihre Stärken

Sie kennen Ihre Stärken und Schwächen und wissen, welche Richtung Sie im Leben einschlagen wollen. Schon früh haben Sie erkannt, wo Sie Ihre Fähigkeiten am besten einsetzen können und wo Sie nur Zeit und Energie vergeuden. Sie haben eine klare innere Zielvorstellung und sind deshalb in der Lage, Ihre ganze Kraft zu mobilisieren. Sie sind bereit, Strapazen auf sich zu nehmen, und scheuen vor Hindernissen nicht zurück. Ihre Entschlossenheit verleiht Ihnen Ausdauer.

Sie gehen Ihren Weg ohne Kompromisse, denn Sie wissen in Ihrem Herzen um die Richtigkeit Ihres Tuns. Sie dienen dadurch anderen, die weniger Mut und Durchhaltevermögen besitzen, als Vorbild.

Auch in der Liebe weist Ihnen Ihr Herz den Weg zum richtigen Partner. Obwohl Sie seine Schwächen klar erkennen, verbinden Sie Liebe, Verständnis und gegenseitiger Respekt.

### Ihre Schwächen

Sie haben womöglich bereits in jungen Jahren unter schwierigen Lebensumständen gelitten und waren froh, jeden Tag irgendwie über die Runden zu kommen. Gerade in wichtigen Phasen, wenn es darum ging, die Weichen für Ihr weiteres Leben zu stellen, hat das Schicksal zugeschlagen. Vielleicht konnten Sie die Schule oder Lehrstelle nicht frei wählen. Oder Sie waren in einer Prüfungssituation durch schwierige äußere Umstände so abgelenkt, dass Ihre Noten nicht ausreichen, um sich den Berufswunsch zu erfüllen. Möglicherweise litten Sie auch unter großem Liebeskummer.

Etwas hat Sie in der Vergangenheit aus der Bahn geworfen, und seitdem fehlt es Ihnen an einem Gespür dafür, was Sie eigentlich mit Ihrem Leben anfangen möchten. Sie fühlen eine tiefe Enttäuschung über das, was Sie versäumt haben. Sie schaffen es aber nicht, nach Alternativen, die Ihnen auch Freude bringen würden, zu suchen. Sie wollen um keinen Preis einen Kompromiss eingehen und verpassen dadurch die Chance zu erleben, dass ein anderer Weg auch Vorteile zu bieten hat.

### Tipps für Ihr Wohlbefinden

Gehen Sie in den Supermarkt zum Einkaufen, ohne sich vorher genau zu überlegen, was Sie besorgen wollen? Lassen

Sie sich dann leicht von Angeboten verführen und haben am Ende viel mehr im Einkaufskorb, als eigentlich gebraucht wurde? Schlendern Sie am Wochenende gern durch die Kaufhäuser und kommen mit vielen Dingen zurück, die Ihnen dann doch nicht gefallen, sondern eher für Streit und schlechte Laune sorgen?

Sie werden sich wohler fühlen – und nebenbei viel Geld sparen –, wenn Sie Einkaufslisten schreiben. Für Sie wäre es auch entlastend, ein Wochenprogramm an Aktivitäten aufzustellen und einen genauen Terminplan zu führen. Belohnen Sie sich, wenn alles nach Plan geklappt hat, weil Sie die nötige Disziplin aufgebracht haben. Ihre Energie kann nun viel besser in die Dinge fließen, die Ihnen wirklich am Herzen liegen.

### Für Kinder

Achten Sie darauf, dass Ihr Kind nicht durch Eingriffe von außen in seinem Freiraum eingeschränkt wird. Wenn sich Ihr Kind für etwas begeistert hat und dieses Vorhaben dann aus heiterem Himmel fallen lässt, sollten Sie nach den Gründen forschen. Ist irgendetwas passiert, das zu dieser Kehrtwendung oder plötzlichen Passivität geführt hat?

Es kann sein, dass das Kind durch familiäre Probleme wie Scheidung, Arbeitslosigkeit oder finanzielle Engpässe von so großem Kummer erfüllt ist, dass es sich selbst und seine Träume aus den Augen verliert. Wenn Ihr Kind still und angepasst ist und dabei größere Familienkonflikte scheinbar reibungslos verarbeitet, dann sollten Sie ebenfalls genau hinschauen und Ihrem Kind helfen, sich auszudrücken.

Im positiven Sinn weiß Ihr Kind schon früh, was es will, und verfolgt zielstrebig seine Pläne.

# Wenn Sie als erste Karte die Farbspirale
## *Türkis/Helltürkis* ziehen

1. Karte: Türkis/Helltürkis
2. Karte: Rot/Rosa

### Motto
Ich bestimme selbst über mein Leben.

### Farbe, die heute gut tut
Rot

### Für den heutigen Tag
Achten Sie heute auf genügend Abgrenzung. Wenn Sie nach einem Gespräch merken, dass Ihre vorherige gute Laune plötzlich ins Gegenteil gekippt ist, oder sich plötzlich ganz müde fühlen, dann überlegen Sie, was diesen Umschwung verursacht hat. Lag es am Thema, oder haben Sie womöglich die schlechte Stimmung Ihres Gesprächspartners übernommen?

Versuchen Sie, sich von der negativen Ausstrahlung und von den negativen Gedanken Ihres Gegenübers zu distanzieren. Bleiben Sie mitfühlend, aber übernehmen Sie nicht die Schwierigkeiten Ihrer Mitmenschen. Sie verlieren sich sonst in einem emotionalen Durcheinander aus Wut, Trotz oder Verzweiflung, das nichts mit Ihnen zu tun hat.

Vielleicht ist Ihr Leben in letzter Zeit auch etwas chaotisch verlaufen. Sie haben zu viele Aufgaben, die gleichzeitig erledigt werden müssen, und verlieren dabei den Überblick. Konzentrieren Sie sich heute auf die wichtigen Punkte, ohne sich von jedem ablenken zu lassen. Holen Sie sich notfalls

Unterstützung, um ganz bei Ihren Vorhaben bleiben zu können.

## Ihre Stärken

Sie sind ein idealistischer Mensch, der global denkt. Sie sind bereit, für Ihre Ideale zu kämpfen und viel Zeit und Geld in die Umsetzung Ihrer Visionen zu investieren. Sie wirken in Ihrem Auftreten überzeugend und schaffen es deswegen, andere für Ihre Vorhaben zu gewinnen. Ihr Anliegen bringen Sie dynamisch und kraftvoll vor. Dadurch springt der Funke der Begeisterung leicht auf Ihr Publikum über. Mit Ihrer leidenschaftlichen Art ziehen Sie die Menschen in Ihren Bann. Eine Begegnung mit Ihnen wird man nicht so leicht vergessen. Sie genießen eine gewisse Popularität.

Sie sind in der Lage, sich Ihren Zuhörern oder Gesprächspartnern anzupassen. Sie wissen, was Sie sagen und tun müssen, um mit Ihrer Botschaft anzukommen. Sie knüpfen schnell Kontakte zu Menschen verschiedenster Herkunft. Es fällt Ihnen daher leicht, Ideen in die Tat umzusetzen. Sie können in kürzester Zeit die erforderlichen Hilfsmittel herbeischaffen, um etwas in Bewegung zu setzen. Sie bringen Liebe und Unterstützung dorthin, wo Not herrscht.

## Ihre Schwächen

Sie verlieren sich in Träumereien. Sie haben zahlreiche gute Ideen, doch es fehlt Ihnen an der notwendigen Energie zur Realisierung. So verbringen Sie viel Zeit damit, sich vorzustellen, was Sie alles erschaffen könnten, ohne dass Sie sich jedoch auch nur ein Stück vorwärts bewegen. Sie entwickeln sich dadurch nicht weiter.

Andererseits könnte es sein, dass Sie so viel arbeiten und so viele Verpflichtungen erfüllen müssen, dass Sie gar nicht dazu kommen, Ihre Bedürfnisse und Wünsche auszuleben. Das Alltagsgeschäft lenkt Sie zu sehr ab.

Da Sie sehr gefühlsbetont sind, ist es denkbar, dass es Ihnen schwer fällt, sich abzugrenzen. Sie nehmen unbewusst die Emotionen anderer auf und geraten dadurch aus dem Gleichgewicht. Sie können dann in negative Gemützustände hineinschliddern, die gar nichts mit Ihnen selbst zu tun haben und von denen Sie sich erst nach einer Weile befreien können. Auf Grund Ihrer leichten Beeinflussbarkeit ändern Sie Ihre eigenen Pläne schnell zu Gunsten anderer.

In einer Liebesbeziehung verlieren Sie leicht Ihre Eigenständigkeit. Ihre Sehnsucht nach einem Verschmelzen mit dem Partner kann zeitweilig erdrückend wirken.

### Tipps für Ihr Wohlbefinden

Sie sind aufgefordert, aufzuräumen und sich von Überflüssigem zu trennen. Ist Ihr Kleiderschrank voller Sachen, in die Sie schon lange nicht mehr hineinpassen oder die Sie seit Jahren nicht mehr getragen haben? Dann sortieren Sie aus, was Sie nicht mehr anziehen, und geben Sie die Kleidung an eine Wohltätigkeitsorganisation.

Schaffen Sie Platz für Neues. Wenn Sie auch sonst dazu neigen, Dinge zu sammeln und zu horten, sollten Sie sich jetzt entschlossen von Ihren »Schätzen« trennen: zum Beispiel von den Zeitschriften, die Sie nie wieder anschauen werden, von Unterlagen, die Sie nicht mehr brauchen, von Briefen, die nur negative Gefühle in Ihnen wachrufen.

Auch wenn beim Ordnen und Wegwerfen vielleicht etwas Wehmut hochkommen sollte, wird das Gefühl der Erleichterung überwiegen. Indem Sie sich von Überflüssigem trennen, gewinnen Sie an Klarheit und an Offenheit für das Neue.

## Für Kinder

Beim Spielen entwickelt Ihr Kind viel Phantasie, vor allem im Zusammensein mit anderen Kindern. Dabei wird es seine Vorstellungen durchsetzen, und es gibt in der Spielgruppe oft den Ton an.

Mit viel Elan setzt es seine Einfälle um und spornt die anderen Kinder zum Mitmachen an. Wie ein Regisseur teilt es jedem seiner Mitspieler eine Rolle zu und bestimmt, was gemacht werden soll. Dabei kann es dazu neigen, schwächere Kinder herumzukommandieren und etwaige Proteste oder Gegenvorschläge abzublocken.

Es kann auch sein, dass Ihr Kind auf Grund schwieriger Lebensumstände dazu neigt, in seine eigene innere Phantasiewelt zu flüchten. In diesem Fall kommen Sie nur schwer mit ihm in Kontakt. Sie wissen dann gar nicht, was wirklich in ihm vorgeht. Ihr Kind erschafft sich eine heile Traumwelt, um der harten Realität zu entkommen. Versuchen Sie, Ihrem Kind unbeschwerte und zärtliche Momente zu schenken. Nehmen Sie sich nach Möglichkeit viel Zeit, um ihm ungeteilte Aufmerksamkeit zu schenken.

1. Karte: Türkis/Helltürkis
2. Karte: Orange/Koralle

### Motto
Aus innerer Freude gebe ich.

### Farbe, die heute gut tut
Magenta

### Für den heutigen Tag

Wenn Sie heute etwas für jemanden tun, dann von Herzen und nicht aus dem Gefühl heraus, dass es von Ihnen erwartet wird. Fühlen Sie sich nicht für alles verantwortlich, und lassen Sie sich heute auch einmal von anderen verwöhnen.

Schlucken Sie Ihren Frust nicht mit fettem oder süßem Essen oder mit Alkohol herunter, sondern ringen Sie sich zu einem klaren und deutlichen Nein durch, wenn Sie insgeheim Nein meinen. Tun Sie nichts, was Ihnen gegen den Strich geht. Überlegen Sie sich, wo Sie Grenzen ziehen wollen, und halten Sie sich daran.

Sie sollten das Leben heute mit etwas mehr Frohsinn angehen. Genießen Sie den Tag, und lassen Sie es sich und Ihren Liebsten gut gehen.

Falls Sie sich gerade in einer schwierigen Situation befinden, sollten Sie sich heute für Lösungsmöglichkeiten öffnen. Jetzt könnte etwas passieren, das Ihnen aus den Schwierigkeiten heraushilft oder eine bessere Perspektive bietet. Nehmen Sie Hilfe an, statt alles im Alleingang bewältigen zu wollen.

### Ihre Stärken

Sie haben die Fähigkeit, allumfassend zu lieben. Ihre Liebe beschränkt sich nicht nur auf einzelne Personen, sondern erstreckt sich auf viele Aspekte Ihres Lebens. In grenzenlosem Vertrauen an das Gute erleben Sie eine Welt der Schönheit. Wie ein Kind staunen Sie über die großen und kleinen Wunder in Ihrem eigenen Leben und dem Ihrer Nächsten. Doch trotz Ihrer kindlichen Fähigkeit zu staunen sind Sie keineswegs verträumt oder abgehoben. Sie besitzen einen gesunden Sinn für das Praktische.

Auf Grund Ihrer sensiblen Wahrnehmung erkennen Sie die

Bedürfnisse der anderen intuitiv. In Liebe und Partnerschaft sind Sie sehr feinsinnig, zärtlich und phantasievoll. Sie haben eine romantische Ader und verwöhnen Ihren Partner. Überhaupt verwöhnen Sie gern andere Menschen und lassen sich dabei außergewöhnliche Dinge einfallen, um sie zu beglücken. Das tun Sie ganz uneigennützig aus reiner Freude. Geht es den Menschen und Lebewesen in Ihrer Umgebung gut, dann freuen auch Sie sich darüber. Sie erkennen aber auch, dass Leid und Schmerz zum Leben dazugehören. Gelassen akzeptieren Sie die Hochs und Tiefs im Leben und verdrängen die dunkleren Momente nicht.

### Ihre Schwächen

Sie tendieren dazu, sehr viel für andere zu tun und sehr wenig für sich selbst. Auf diese Weise kommen Ihre eigenen Bedürfnisse stets zu kurz. Das macht Sie zwar wütend, aber Sie beißen die Zähne zusammen, unterdrücken Ihren Zorn und nehmen weiterhin eine dienende Haltung ein. Sie helfen und geben allerdings nicht aus freudiger Überzeugung, sondern weil Sie meinen, dass von Ihnen Aufopferung verlangt wird. Sie sehen keinen Ausweg aus dieser Rolle. Auch in der Sexualität neigen Sie dazu, sich selbst zu verleugnen und die eigenen Wünsche zurückzustellen oder gar nicht erst zu äußern.

Ihre Frustration kann mit der Zeit ins Unermessliche wachsen. Sie stecken in einer Aschenputtelmentalität fest. Durch die Stagnation in Ihrer persönlichen Entwicklung empfinden Sie keine Lebensfreude mehr. Eventuell versuchen Sie, die innere Unzufriedenheit zu kompensieren, indem Sie zu Genussmitteln greifen.

### Tipps für Ihr Wohlbefinden

Genießen Sie ein romantisches Abendessen bei Kerzenschein. Legen Sie Musik auf, und feiern Sie ein Fest der Sinne. Auch wenn Sie allein sind, sollten Sie sich heute die Mühe machen, den Tisch schön zu decken und sich etwas Leckeres zu kochen. Oder verabreden Sie sich zum Essengehen, und genießen Sie es, bedient zu werden. Wählen Sie das Restaurant aus, statt sich dem Wunsch Ihrer Begleitung unterzuordnen.

Wenn Sie umgekehrt feststellen, dass Sie sich gern und oft bedienen lassen und dies zur Selbstverständlichkeit geworden ist, dann wäre jetzt eine gute Gelegenheit, Ihrerseits jemandem etwas Gutes zu tun.

### Für Kinder

Ihr Kind ist ein Leckermaul. Sie sollten darauf achten, dass es dabei nicht übertreibt und sich zu viel Süßes und Fettes einverleibt. Das gilt auch für den Fall, dass Ihr Kind sich aus schulischem oder familiärem Kummer mit Essen trösten und beruhigen will. Die Gefahr ist zu groß, dass dadurch der Keim für mögliche spätere Essstörungen oder ein Suchtverhalten gelegt wird.

Ihr Kind macht anderen gern eine Freude, indem es ihnen ein selbst gemaltes Bild schenkt oder ein Lied vorsingt. Achten Sie darauf, dass es dies spontan tut und nicht nur, weil es dadurch Lob oder Anerkennung bekommen möchte.

Im Element Wasser fühlt sich Ihr Kind zu Hause. Es liebt das Plantschen, Schwimmen und Schnorcheln. Am Meer geht es ihm immer gut. Umgekehrt hat Ihr Kind vielleicht Angst vor Wasser und kommt nur ungern damit in Berührung. Versuchen Sie nach Möglichkeiten, diese Ängste ganz sanft, ohne jeden Druck, abzubauen.

1. Karte: Türkis/Helltürkis
2. Karte: Gold/Gelb

## Motto
Meine verborgenen kreativen Talente bringe ich jetzt
zum Ausdruck.

## Farbe, die heute gut tut
Violett

## Für den heutigen Tag
Sind Sie eigentlich ein kreativ denkender Mensch, der aber
seine Geistesblitze nicht ernst nimmt und sich in falscher Be-
scheidenheit übt? Dann ist es heute an der Zeit, umzudenken
und erste Schritte – wie unsicher sie auch sein mögen – zu
tun, um Ihre Ideen oder Werke einem größeren Publikum zu
präsentieren.

Vielleicht sind Sie nur in Ihrem stillen Kämmerlein schöpferisch tätig, arbeiten im Verborgenen und zeigen niemandem,
was Sie erschaffen haben. Sie sollten jetzt ins Rampenlicht
treten und der Welt beweisen, was Sie können. Und wenn
nicht gleich der ganzen Welt, dann doch zumindest Ihrer näheren Umgebung. Stehen Sie zu Ihren Gaben, und verstecken Sie Ihre Fähigkeiten nicht länger. Machen Sie sich
selbst nicht kleiner, als Sie sind, indem Sie überkritisch Ihre
Arbeit als unbedeutend abstempeln, und lassen Sie sich
nicht von der Meinung anderer einschüchtern.

## Ihre Stärken
Es war ein langer und harter Lernprozess für Sie, bis Sie ei-
nen Weg gefunden haben, Ihre inneren Empfindungen und
Eindrücke in kreativer Art und Weise auszudrücken. Man

hat Sie nicht ernst genommen und Sie für Ihre Bemühungen häufig ausgelacht. Aber Sie haben sich davon nicht beirren lassen und unverdrossen nach Ihrer eigenen, ganz individuellen schöpferischen Ausdrucksweise gesucht. Nun ernten Sie die Früchte dieser Anstrengungen.

Sie erhalten oft aus unerwarteten Quellen und in letzter Minute Unterstützung. Auf diese Weise haben Sie schon mehrfach erfahren, dass Sie sich um Ihre Existenz keine Sorgen machen müssen. Sie kommen mit wenigen Mitteln aus. Die Hauptsache ist, dass Sie weiterhin das tun können, was Ihnen so viel Freude bereitet.

Vielleicht haben Sie bereits grenzüberschreitende Erfahrungen gemacht – in der Meditation, in einer Extremsituation oder auch nur während eines Ausflugs in die freie Natur. Sie sind ein Wanderer und nirgendwo fest zu Hause. Sie lassen sich durch das Leben führen und folgen Ihrer inneren Stimme, die Ihnen sagt, wo Sie zu einem bestimmten Zeitpunkt am besten aufgehoben sind.

### Ihre Schwächen

Sie sind so sehr darauf bedacht, Ihren eigenen Weg zu gehen, dass Sie die Bedürfnisse Ihrer nächsten Angehörigen oder Kollegen missachten. Sie wollen sich um jeden Preis mit Ihrem Vorhaben durchsetzen. Dadurch verlangen Sie direkt oder indirekt von den anderen, dass sie zurückstecken und die Bahn für Sie frei machen. In Ihrem Eifer erkennen Sie nicht, wann es wichtig wäre, die anderen auch einmal zu unterstützen oder ihnen den Vortritt zu lassen. Sie überschreiten oft die Grenze des Zumutbaren und wundern sich, wenn Sie heftige Kritik ernten.

Andererseits kann es sein, dass Sie keine Möglichkeiten sehen, Ihre kreativen Ideen umzusetzen, und dann das Gefühl haben, vom Weg abgekommen zu sein. Andere setzen sich mit ihren Vorhaben durch, und Sie selbst kommen nicht zum Zug. Dadurch kann es sein, dass Sie eine große innere Trauer verspüren, die Ihnen unüberwindlich erscheint. Sie resignieren, und geben Ihre Pläne und Wünsche auf. Ein Stück Vitalität und Freude am Leben geht Ihnen dadurch verloren.

### Tipps für Ihr Wohlbefinden

Wenn Sie sich selbst noch nicht als kreativen Menschen sehen, dann beschäftigen Sie sich jetzt einmal mit Kunst. Gehen Sie in eine Kunstausstellung oder in eine Bildergalerie, und lassen Sie sich inspirieren. Oder Sie besuchen ein Konzert, ein Theaterstück oder eine Tanz-Performance. Öffnen Sie sich für die Kreativität dieser Musiker, Schauspieler, Tänzer, Schriftsteller, Maler oder Zeichner, denen Sie Applaus spenden.

Machen Sie sich klar, dass es nicht immer die großen Kreationen sein müssen, die für Sie zählen. Auch auf ein selbst genähtes Kleid, einen leckeren selbst gebackenen Kuchen oder ein von Ihnen originell dekoriertes Zimmer können Sie sehr stolz sein. Sitzen Sie nicht untätig da, und sagen Sie sich nicht, dass Sie zwei linke Hände hätten. Machen Sie sich daran, für sich etwas Wunderbares und Einzigartiges zu kreieren. Sie tragen viel künstlerische Begabung in sich.

### Für Kinder

Achten Sie darauf, dass Ihr Kind nicht durch überkritische Stimmen von seiner Ausdrucksfreude abgebracht wird. Es mag etwas ganz Einzigartiges erschaffen, das aber nicht in die gängige Form passt. Wenn es dann Ausgrenzung erfährt, übernimmt es diese vernichtenden Urteile und hält sich für schlecht oder unfähig.

Aus der Enttäuschung und Verletzung heraus kann es dann mutwillig zerstören. Oder es traut sich nicht mehr, etwas zu zeigen. Da es sich zurückzieht und den Mund nicht mehr aufmacht, könnte man es für dumm und verstockt halten.

Andererseits wird Ihr Kind von einem großen Schaffensdrang beflügelt. Jedes Blatt Papier wird bemalt, eine Schachtel in kürzester Zeit beklebt und als wundersame Schatztruhe deklariert, oder aus Lego-Steinen werden die großartigsten Burgen erbaut, in denen sich haarsträubende Abenteuer abspielen. Dieser kreativer Ausdruck ist wichtig für das Wohlbefinden Ihres Kindes.

### 1. Karte: Türkis/Helltürkis
### 2. Karte: Grün/Hellgrün

### Motto
Ich liebe mich mit meinen Stärken und meinen Schwächen.

### Farbe, die heute gut tut
Rosa

### Für den heutigen Tag
Üben Sie sich heute in bedingungsloser Eigenliebe. Schauen Sie morgens nicht kritisch in den Spiegel, sondern nehmen Sie Ihren Körper so an, wie er jetzt ist. Akzeptieren Sie Ihr Aussehen einmal ohne alle Vorbehalte. Lassen Sie keine Gegenstimme in Ihrem Kopf laut werden. Sind Sie mit sich selbst zufrieden, wird auch Ihre Umgebung zufrieden mit Ihnen sein. Negative Reaktionen von anderen sind oft nur ein Spiegelbild der eigenen inneren Urteile.

Haben Sie in letzter Zeit geschwindelt, weil Sie sich nicht getraut haben, die Wahrheit zu sagen? Dann ist heute der richtige Tag, um ehrlich zu sein und falsche Vorstellungen beiseite zu räumen. Stehen Sie zu Ihrer momentanen Verfassung, auch wenn Sie dadurch womöglich in der Gunst der anderen sinken. Das wird nur vorübergehend sein. Sie werden sich besser fühlen, wenn Sie Ihr wahres Gesicht zeigen, als wenn Sie eine große Mogelpackung aus sich selbst machen, wobei Sie immer Angst haben müssen, durchschaut zu werden.

### Ihre Stärken

Sie haben eine starke Persönlichkeit, die aber nicht dominant wirkt. Ihre Ausstrahlung ist sehr warmherzig, so dass man sich Ihnen gern anvertraut. Sie können Menschen in Not auffangen und trösten. Sie geben Rat, zeigen Auswege aus schwierigen Situationen und stehen dann weiterhin unterstützend zur Verfügung. Es ist Verlass auf Sie. Wenn Sie einmal Ihr Wort gegeben haben, halten Sie es auch.

Wo Trennungen stattgefunden oder wo Streitereien Menschen entzweit haben, können Sie wieder Verbindungen herstellen. Mit Ihrer neutralen und fairen Haltung sind Sie ein idealer Vermittler. Es ist Ihnen wichtig, dass Menschen den Weg wieder in Liebe zueinander finden. Ein Leben in Harmonie liegt Ihnen sehr am Herzen, wobei Sie dies nicht um jeden Preis anstreben. Sie formulieren Ihre Anliegen sehr klar und bemühen sich stets um Ehrlichkeit gegenüber anderen. Sie legen Ihre Karten auf den Tisch und mögen es nicht, wenn Dinge, die eigentlich ausgesprochen werden sollten, unter den Teppich gekehrt werden. Deshalb haben Sie den Mut, auch unangenehme Themen anzupacken, die andere um jeden Preis vermeiden. Notfalls stehen Sie auch allein mit Ihrer Meinung da, wobei Ihnen dies nichts ausmacht.

## Ihre Schwächen

Sie trauen sich nicht zu, Ihre eigenen Wünsche und Bedürfnisse zu formulieren. Sie passen sich Ihrer Umgebung an und folgen anderen, statt Ihren eigenen Weg zu gehen. Sie sind ständig zu Kompromissen bereit, auch wenn es nicht nötig wäre und Sie sich mit Ihrer Meinung durchsetzen könnten. So gehen Sie viele Umwege in Ihrem Leben, die Sie sich hätten ersparen können, wenn Sie Ihrer inneren Stimme gefolgt wären.

Vielleicht verdecken Sie auch Ihre Unsicherheit durch forsches Auftreten und vermitteln so den falschen Eindruck, Sie hätten ein starkes Selbstbewusstsein. Sie geraten häufig in Schwierigkeiten, weil Sie zu Angebereien neigen und dann nicht halten können, was Sie versprochen haben.

Sie versuchen, sich interessanter zu machen, weil Sie glauben, dann beliebter zu sein. Sie halten sich nicht für liebenswert, so wie Sie sind. Sie setzen sich dadurch unter den Druck, ein möglichst glanzvolles Leben zu führen. Sie sind nie zufrieden mit Ihren eigenen Leistungen, und selbst wenn Sie ein Lob erhalten, neigen Sie dazu, es durch negative Kommentare zu entwerten. Tief in Ihrem Herzen sehnen Sie sich nach einer Liebe, die keine Bedingungen kennt.

## Tipps für Ihr Wohlbefinden

Kaufen Sie sich heute einen Rosenstrauß oder auch nur eine einzelne Rose. Schenken Sie sich diese Blume als Zeichen dafür, dass Sie sich selbst lieben. Stellen Sie die Blume oder den Strauß an einen Platz, auf den häufig Ihr Blick fällt. Erinnern Sie sich dabei jedes Mal daran, dass Sie sich so lieben und annehmen, wie Sie sind. Sagen Sie sich selbst, wie wertvoll und einzigartig Sie sind – immer und immer wieder, auch wenn Sie es albern finden. Sprechen Sie die Worte »Ich bin wundervoll, und ich liebe mich aus ganzem Herzen« laut in den Raum. Schauen Sie sich im Spiegel an, während Sie diese Worte sagen. Nehmen Sie sich dabei ernst, und werten Sie Ihre Aussage nicht hinterher durch eine zynische Bemerkung ab.

Vielleicht finden Sie diese Übung peinlich und überflüssig. Dann sollten Sie erst recht daran arbeiten und sie so lange täglich wiederholen, bis Sie das Gefühl haben, dass Sie auch wirklich von Ihrer Liebenswürdigkeit überzeugt sind und an Ihren Eigenwert glauben.

### Für Kinder

Ihr Kind könnte leicht aus Angst vor Ablehnung damit anfangen, Lügengeschichten zu erzählen und sich dabei zu einem großen Helden zu machen. Ihr Kind braucht dann dringend Beachtung und Anerkennung. Am Anfang mögen solche Märchengeschichten ganz amüsant sein, aber wenn Ihr Kind merkt, dass es dadurch die ersehnte Aufmerksamkeit erhält, wird es nicht mehr damit aufhören können. Dann vermischen sich mit der Zeit Lüge und Wahrheit, und es kann nicht mehr zwischen beidem unterscheiden. Vielleicht sind die Erwachsenen gerade sehr mit anderen Dingen beschäftigt, und das Kind wird deshalb etwas vernachlässigt. Das Lügen oder auch Stehlen kann dann ein Hilferuf sein, der Beachtung erzwingt.

Im positiven Sinn steht Ihr Kind zu seinen eigenen Bedürfnissen und lässt sich durch andere nicht davon abbringen oder negativ beeinflussen. Es hat eine gute Verbindung zu den eigenen Herzenswünschen und findet auch Wege, sich diese in aufrichtiger Weise zu erfüllen.

1. Karte: Türkis/Helltürkis
2. Karte: Blau/Hellblau

## Motto
Ich arbeite gern und kann meine Freizeit genießen.

## Farbe, die heute gut tut
Orange

## Für den heutigen Tag
Wenn bei Ihnen in letzter Zeit vor lauter Arbeit das Privatleben zu kurz gekommen ist, dann sollten Sie heute einmal
kürzer treten und sich eine ausgiebige Pause gönnen. Nehmen Sie sich Zeit für Ihre Kinder, für Ihren Partner. Verschieben nicht schon wieder das Treffen mit Freunden.
Verstecken Sie sich nicht länger hinter Ihrem Schreibtisch
und Ihrer Arbeit, sondern drücken Sie Ihre Zuneigung und
Anteilnahme für jemanden aus. Haben Sie den Mut, auch
einmal etwas Außergewöhnliches zu tun. Lassen Sie sich dabei von Ihren Gefühlen leiten, und greifen Sie einmal impul-
siv eine Anregung auf.
Eventuell braucht jetzt ein Freund oder Angehöriger, der
nicht in Ihrer näheren Umgebung wohnt, Ihre Unterstützung. Wenn Sie also beispielsweise plötzlich an einen lieben
Freund in Übersee denken, mit dem Sie schon lange nicht
mehr in Kontakt standen, dann melden Sie sich heute.

## Ihre Stärken
Sie haben einen scharfen Verstand, mit dessen Hilfe Sie sehr
schnell Situationen analysieren und einschätzen können. Sie
lassen sich nicht blenden und erkennen, ob sich Ihr Einsatz
für eine Sache lohnt. Im Alltag gehen Sie sehr diszipliniert

vor. Sie zeigen dabei viel Sinn für Flexibilität und Mobilität. Wenn Ihnen ein gutes Angebot gemacht wird, sind Sie bereit, den Wohnort zu wechseln. Selbst in einer ungemütlichen Umgebung schaffen Sie sich ein Refugium, in dem Sie sich geborgen fühlen.

Sie haben einen guten Orientierungssinn und finden sich überall schnell zurecht. Ihr sechster Sinn sagt Ihnen häufig, wo und wie es für Sie weitergeht oder wie Sie entscheiden müssen.

Sie besitzen Sprachtalent. Außerdem tauschen Sie gern Ihre Gedanken und Ideen mit anderen aus. Vielleicht gehören Ausländer zu Ihrem Freundeskreis, denn fremde Länder und Kulturen üben eine Faszination auf Sie aus. Sie lieben es, sich auf internationalem Parkett zu bewegen.

### Ihre Schwächen

Sie haben ein übermäßiges Pflichtbewusstsein und sind so leistungsorientiert, dass Sie die entspannten, verspielten Momente im Leben verpassen. Sie sind streng mit sich selbst – und mit allen anderen Menschen. Dieses autoritäre Verhalten kann einschüchternd wirken, und Sie erleben, dass man Sie meidet. Sie fühlen sich daraufhin zutiefst missverstanden und zu Unrecht ausgeschlossen.

Sie können sich an einem Thema so stark festbeißen, dass Sie an einem einmal gefassten Plan festhalten, auch wenn Sie merken, dass Sie damit eine falsche Entscheidung getroffen haben. Auf Grund Ihrer »Scheuklappenmentalität« übersehen Sie oft günstige Gelegenheiten oder Alternativen. Sie haben Angst vor Veränderungen und versuchen, sich im Alltag auf die gewohnte Weise durchzuschlängeln.

Möglicherweise stammen Sie aus einem strengen Elternhaus. Als Kind wurde Ihre Unternehmungslust stark kritisiert oder unterdrückt. Sie mussten sich jedes Vergnügen durch Leistung verdienen. So haben Sie selten die Gelegenheit bekommen, ausgelassen zu spielen und zu toben. Loslassen und das Leben genießen fällt Ihnen deshalb sehr schwer.

### Tipps für Ihr Wohlbefinden

Gönnen Sie sich auch einmal eine kleine Unterbrechung Ihrer gewohnten Verpflichtungen. Tun Sie einmal pro Woche nichts, was von praktischen Erfordernissen diktiert wäre. Machen Sie in Ihrer Freizeit mal etwas, das nicht »sinnvoll« ist. Lesen Sie einen Unterhaltungsroman, sehen Sie sich einen Krimi an, sitzen Sie gemütlich auf dem Balkon, und schauen Sie einfach nur den Wolken nach.

Vielleicht empfinden Sie dies als verschwendete Zeit. Sie könnten ja schnell noch bügeln oder Ihre Bankangelegenheiten regeln. Aber es ist jetzt wichtig für Sie, einmal vollkommen zu entspannen. Sie werden sich auf diese Weise regenerieren und wieder ins Gleichgewicht kommen.

### Für Kinder

Ihr Kind braucht einerseits das Gefühl von Sicherheit und Schutz, andererseits benötigt es auch Freiheit, um seine Persönlichkeit zu entfalten. Es ist also wichtig, ihm einerseits Grenzen zu setzen, es zu behüten und seine Leistungen zu kontrollieren und ihm andererseits bedingungslose Liebe zu zeigen.

Scharfe Worte, Vorwürfe oder Drohungen wirken auf die sensible Natur Ihres Kindes sehr verletzend. Es nimmt sich einen Tadel sofort zu Herzen. Wenn Sie zu streng sind, kann es sein, dass Ihr Kind sich immer mehr in seine eigene Welt zurückzieht und sich nicht traut, seine Empfindungen und Träume auszusprechen.

Im positiven Sinn ist Ihr Kind offen für außergewöhnliche Erfahrungen. Auf Reisen wird es viele Eindrücke sammeln und diese dann zu Hause in lebendiger und origineller Weise weitergeben können. Lassen Sie Ihr Kind seine Geschichten erzählen, und hören Sie gut zu. Es wird viele Einzelheiten wahrgenommen haben, die Ihnen entgangen sind!

### 1. Karte: Türkis/Helltürkis
### 2. Karte: Violett/Hellviolett

### Motto
Es herrscht eine gute Balance zwischen Geben und Nehmen.

### Farbe, die heute gut tut
Magenta

### Für den heutigen Tag
Kann es sein, dass Sie oft mit Volldampf an ein Vorhaben herangehen, aber dann allzu schnell merken, dass Ihnen die Puste ausgeht? Schaffen Sie es, an einem Tag unglaublich viel zu erledigen, um am nächsten Tag nur im Schneckentempo voranzukommen? Sie sind dann frustriert und messen Ihren Arbeitserfolg immer nur an den guten Tagen. Sie verachten sich für Ihre Ineffizienz.
Üben Sie jetzt, mehr Balance in Ihr Leben zu bringen. Versuchen Sie, zu einem gleichmäßigen Rhythmus zu kommen. Vermeiden Sie hektische, unüberlegte Handlungen, die unnötig viel Kraft kosten und Sie auslaugen. Bieten Sie nicht zu voreilig Ihre Hilfe an, und machen sich klar, aus welcher Motivation heraus Sie sich so aufopfernd zeigen. Überwinden Sie Ihre Skrupel, selbst um Unterstützung zu bitten,

wenn Sie merken, dass Sie ein Problem nicht allein lösen können.

Wenn eine Ihrer Schwächen der Geiz ist, dann achten Sie jetzt darauf, dass Sie nicht eine günstige Gelegenheit verpassen, nur weil Sie nichts investieren wollen oder im Vorfeld zu viele Sicherheiten verlangen.

### Ihre Stärken

Sie sind ein ausgeglichener Mensch, bei dem sich Gefühl und Verstand optimal ergänzen. Das macht es Ihnen leicht, Ihre Vorhaben zu realisieren. Sie haben ein gutes Gespür für zeitliche Abläufe und arbeiten daher sehr effizient.

Sie sind im weitesten Sinn des Wortes ein Heiler. Sie geben gern: auf der materiellen Ebene, aber auch in Form von Rat und Tat oder durch tröstende Worte und liebevolle Gesten. Ihre Erfahrung stellen Sie anderen zur Verfügung. Sie achten jedoch darauf, dass Sie sich bei Ihren Hilfeleistungen nicht verausgaben.

Sie wissen bei Ihren Hilfsaktionen intuitiv, was jeweils angebracht ist und die meiste Unterstützung bietet. Diese Großzügigkeit ist selbstverständlich für Sie, und Sie erwarten weder überschwänglichen Dank noch ausdrückliches Lob.

Ihr Streben, anderen eine Freude zu bereiten, kann sich auch im Rahmen eines künstlerischen Schaffens zeigen. Vor allem die Schauspielerei und auch der Journalismus passen zu Ihnen. Doch immer werden Sie sich für die Verbreitung von positiven, konstruktiven Botschaften einsetzen.

### Ihre Schwächen

Wegen Ihrer Hilfsbereitschaft werden Sie oft ausgenutzt. Sie verausgaben sich für andere und merken erst zu spät, wie sehr es Sie erschöpft. Ihre Bereitschaft, anderen zu Diensten zu sein, ist allerdings nicht immer uneigennützig. Sie wollen dadurch Pluspunkte sammeln und erwarten Dankbarkeit. Da Sie mit Rat und Tat immer sehr schnell zur Stelle sind, können die Betreffenden rasch in eine Art Abhängigkeit zu Ihnen als »Retter« geraten.

Sie selbst haben die größten Schwierigkeiten, Hilfe anzunehmen. Lieber riskieren Sie einen Misserfolg, als einem anderen für seine Unterstützung danken zu müssen. Sie hassen es, jemandem verpflichtet zu sein. Sie glauben, dass Sie empfangene Wohltaten mehrfach zurückerstatten müssen.

Um der Harmonie willen wollen Sie um jeden Preis Streitereien vermeiden. Dadurch kann sich aber unterschwellig viel Aggression aufstauen, die dann irgendwann zerstörerisch hervorbricht.

Sie haben außerdem Probleme, Ihren Energiepegel balanciert zu halten. So pendeln Sie zwischen Überaktivität und Lethargie hin und her.

### Tipps für Ihr Wohlbefinden

Achten Sie auf Ihren persönlichen Rhythmus. Sind Sie ein Frühaufsteher oder ein Langschläfer, der abends nicht ins Bett findet? Wann erleben Sie am Tag Ihr Leistungshoch, und wann sinkt Ihre Konzentration drastisch ab? Versuchen Sie, in dieser Hinsicht ein Gespür für Ihren Körper zu entwickeln, und machen Sie sich heute einmal bewusst, ob Sie wirklich Ihrem eigenen Rhythmus folgen.

Nutzen Sie gezielt die Zeiten Ihrer höchsten Konzentrationsfähigkeit für wichtige Aufgaben. Sorgen Sie für ausreichend Schlaf. Oder schlafen Sie etwa zu viel? Jetzt ist es wichtig, ein gesundes Gleichgewicht von Aktivität und Ruhepausen zu finden, um innere Harmonie und Leistungsstärke aufzubauen.

## Für Kinder

Ihr Kind braucht klar definierte Tagesabläufe, um sich wohl zu fühlen. Sie sollten daher beispielsweise auf festen Schlafenszeiten bestehen und auch sonst einen einigermaßen geregelten Lebensrhythmus einhalten. Haben Sie jedoch Verständnis, wenn Ihr Kind ein ausgesprochener Morgenmuffel ist und sich deswegen nur im Schneckentempo für die Schule fertig macht. Der persönliche Rhythmus Ihres Kindes sollte stets mit berücksichtigt werden, wenn es darum geht, den Familienalltag zu organisieren.

Eventuell hat Ihr Kind Probleme, mit anderen Kindern zu teilen. Es hütet eifersüchtig seine Schätze aus Angst, nicht genug zu haben. Oder es gibt seine Besitztümer weg, um sich beliebt zu machen.

Achten Sie darauf, dass Ihr Kind lernt, sich durchzusetzen, und nicht von den Geschwistern oder anderen Kindern untergebuttert wird. Ermuntern Sie es, seiner Phantasie Ausdruck zu verleihen, denn es ist reich an inneren Bildern. Eine Kiste mit Kostümen, Stoffen oder alten Kleidern zum Verkleiden dürfte ihm viel Freude bereiten.

**1. Karte: Türkis/Helltürkis**
**2. Karte: Magenta/Hellmagenta**

**Motto**
Ich erkenne die Schönheit dieser Welt und achte sie.

**Farbe, die heute gut tut**
Grün

## Für den heutigen Tag

Falls Sie es heute mit jemandem zu tun bekommen, der das Leben nur von der negativen Seite sieht und erlebt, dann nehmen Sie es sich zur Aufgabe, ihm in irgendeiner Form einen kleinen Lichtblick zu schenken. Holen Sie ihn aus seinem schwarzen Loch, und vermitteln Sie ihm etwas von Ihrer Lebensfreude, ohne dafür eine Gegenleistung zu erwarten. Überzeugen Sie ihn, dass das Leben wunderbar und reich ist. Erinnern Sie ihn daran, dass nach jedem Sturm auch irgendwann die Sonne wieder scheint.

Wenn Sie selbst derzeit eher schwere Zeiten durchmachen, dann halten Sie jetzt Ausschau nach dem Silberstreif am Horizont. Vielleicht ist es ein guter Freund, der einen Lichtstrahl in Ihr Leben lenkt. Durch seine Zuwendung können Sie Kraft schöpfen. Versuchen Sie, wieder ein Gefühl von Liebe in Ihrem Herzen aufleben zu lassen. Vergessen Sie nicht, dass Sie niemals allein sind. Immer gibt es Menschen, die Sie begleiten und für Sie da sind. Vielleicht übersehen Sie das manchmal, aber es ist die Wahrheit: Sie stehen niemals einsam und verlassen in dieser Welt.

Wenn Sie das Gefühl haben, nicht geliebt zu werden, dann überlegen Sie, sich ein Haustier anzuschaffen. Eine Katze, die schnurrend um Ihre Beine streicht, oder ein Hund, der Sie voller Freude begrüßt, kann Ihren Alltag sehr viel heller und freundlicher machen.

### Ihre Stärken

Sie genießen die angenehmen Seiten des Lebens und haben auch ein Auge für das Schöne. Ihr Geschmack ist vielseitig, und Sie sind offen für neue, fremdartige Eindrücke. Ob neue Umgebungen, Arbeitsfelder oder Lebensformen – Sie lassen sich darauf ein und können die für Sie positiven Aspekte in Ihr Leben integrieren.

Sie empfinden sehr tief und tauchen entweder ganz in ein Erlebnis hinein oder gar nicht. Dabei können Sie Glücksmomente erleben, die Sie über den normalen Alltagstrott hinauskatapultieren. Dann erscheint Ihnen die ganze Welt als ein wundervoller Ort.

Tiefes Glück dürften Sie auch erleben, wenn Sie sich einer geliebten Person nahe fühlen. Doch auch der Anblick eines schlafenden Kindes, eines Tierbabys oder eines Liebespaares kann in Ihnen intensive Gefühle der Lebensfreude, Rührung und Liebe wecken. Sie würden dann am liebsten die ganze Welt umarmen.

### Ihre Schwächen

Sie stellen sich nur ungern schwierigen Situationen, da Sie das nicht mit Ihrer sonnigen Lebensart in Einklang bringen können. Deshalb neigen Sie dazu, andere die unschönen Dinge für Sie erledigen zu lassen. Während Sie glänzen, wird Ihr Partner den Schattenbereich ausleben.

Sie gönnen sich gern etwas Gutes und haben keine Skrupel zuzugreifen, auch wenn Sie dadurch einem anderen etwas wegnehmen. »Wer zuerst kommt, mahlt zuerst« ist Ihre Devise, und so versorgen Sie sich mit dem Gewünschten, sobald sich die Gelegenheit dazu bietet. Ihre egozentrische, scheinbar so selbstbewusste Haltung übt eine gewisse Anziehungskraft auf andere aus, da Sie offenbar zu leben verstehen.

Doch spätestens dann, wenn Sie sich wieder einmal auf Kosten eines anderen durchgesetzt haben, kommt Unmut auf. Sie verlieren dadurch Freundschaften, und obwohl Sie zahlreiche flüchtige Bekanntschaften haben, wird es schließlich nicht mehr viele Menschen geben, die Ihnen im Notfall zur Seite stehen.

Sie leben sorglos in den Tag hinein und schöpfen aus dem Vollen, ohne die Zukunft zu bedenken. Diese Kurzsichtigkeit kann Ihnen irgendwann zum Verhängnis werden.

### Tipps für Ihr Wohlbefinden

Je mehr liebevolle Gedanken und Gesten Sie in Ihren Alltag einfließen lassen, desto mehr Liebe erhalten Sie zurück. Mit einem Lächeln, das wirklich von Herzen kommt, heben Sie sich auf eine höhere Ebene von Wohlbefinden und Ausgeglichenheit.

Achten Sie darauf, dass Sie nicht über zu viel Essen oder Trinken versuchen, sich etwas Gutes zu tun. Sie werden nur frustriert und unglücklich, denn Süßigkeiten und Alkohol können kein Ersatz für Zuneigung und Liebe sein. Außerdem bewirkt der so entstehende Kummerspeck nur, dass Sie sich noch einsamer und unglücklicher fühlen. Dem schnellen Hochgefühl folgen dann Verzweiflung und Traurigkeit. Der Ausweg besteht darin, sich auf echte Nähe zu anderen einzulassen.

### Für Kinder

Ihr Kind trägt viel Liebe in sich, die eine Ausdrucksform sucht. Eltern, Geschwister, Freunde und Haustiere werden innigst geliebt und mit Aufmerksamkeit überschüttet. Durch sein liebevolles, niedliches Wesen wird Ihr Kind die Herzen zum Schmelzen bringen und sehr anziehend wirken.

Doch Vorsicht, dass es Sie nicht um den Finger wickelt und alles letztendlich nur nach seiner Pfeife tanzt. Ihr Kind kann sich sehr schnell daran gewöhnen, immer im Mittelpunkt zu stehen – und später sehr darunter leiden, wenn es als Erwachsener einmal nicht mehr so verhätschelt wird.

Achten Sie darauf, dass Ihr Kind auch Pflichten und Verantwortung übernimmt. Beispiel Haustiere: Wenn Ihr Kind Sie überreden konnte, ein Tier anzuschaffen, und alle möglichen Versprechungen in Bezug auf dessen Pflege gemacht hat, dann sollte es auch beim Wort genommen werden. Ihr Kind sollte möglichst nicht in das Verhaltensmuster verfallen, nur die schönen Seiten einer Sache zu genießen, aber die damit zusammenhängenden unliebsamen Pflichten beiseite zu schieben.

### 1. Karte: Türkis/Helltürkis
### 2. Karte: Regenbogen

### Motto
Klarheit und Durchblick prägen heute meinen Tag.

### Farbe, die heute gut tut
Grün

### Für den heutigen Tag
Haben Sie sich in etwas verrannt und dabei den Überblick verloren? Zögern Sie immer wieder wichtige Entscheidungen heraus, weil Sie sich erst hundertprozentig sicher sein wollen? Befinden Sie sich in einer einengenden Beziehung, die Ihnen die Luft abschnürt? Dann wird es heute Zeit, dass Sie sich Freiräume schaffen, und zwar indem Sie eine klare Struktur in Ihr Leben bringen.

Manchmal bringt es keinen Vorteil, sich alle Möglichkeiten offen zu halten. Wenn Sie also das Gefühl haben, sich seit längerem im Kreis zu drehen, ist es jetzt wichtig, innezuhalten und sich Überblick zu verschaffen.

Klären Sie für sich, wo in Ihrem Denken Unklarheit und Durcheinander herrschen, und versuchen Sie, sich konsequent auf die wichtigen Dinge in Ihrem Leben zu konzentrieren. Treffen Sie heute eine Wahl, und halten Sie sich an diese Entscheidung.

Wenn Sie Schwierigkeiten oder Angst haben, sich klar zu artikulieren, könnte Ihnen ein Rhetorikkurs helfen. Sie können lernen, Unsicherheiten abzubauen und die Dinge mit wohlgesetzten Worten auf den Punkt zu bringen.

### Ihre Stärken

Grenzenlose Leichtigkeit des Seins – das könnte Ihre Devise sein. Ihre Phantasie beflügelt Sie zu ungewöhnlichen Taten. Ihre Arbeit zeichnet sich durch Originalität aus. Vor allem die Verständigung mit anderen Menschen ist eine Ihrer Stärken, und Sie haben ein Gespür dafür, wann und mit welchen Mitteln Sie sich mitteilen.

Sie sind abenteuerlustig und wagen sich auch frohen Herzens ins Unbekannte hinein. Dabei vertrauen Sie Ihrem inneren Warnsystem, das Ihnen sagt, wann Sie Risiken auf sich nehmen können und wann nicht.

Sie sind in Ihrem Gefühlsausdruck offen und authentisch und gehen unvoreingenommen auf andere zu. Sie beharren nicht auf Ihrem Standpunkt, sondern sind flexibel genug, Ihre Meinung zu ändern, wenn Sie mit guten Argumenten überzeugt werden. So können sich Ihre Grundsätze im Lauf Ihres Lebens öfter ändern, wobei Sie nie leichtfertig handeln. Sie lernen aus Erfahrungen und Fehlern dazu und sind nicht der Typ, der zweimal in die gleiche Falle tappt. Sie erweitern kontinuierlich Ihren Horizont und spornen dadurch die Menschen in Ihrer näheren Umgebung an, das Gleiche zu tun.

## Ihre Schwächen

Sie sehen überall Möglichkeiten, schaffen es jedoch nicht, die richtige Wahl zu treffen. Ständig schwanken Sie zwischen verschiedenen Optionen und kommen zu keiner Entscheidung. Damit verschwenden Sie viel Zeit. Ihr Zaudern bringt Ihre Mitmenschen fast um den Verstand, denn Ihre Unentschlossenheit schadet auch den anderen.

Sie haben Schwierigkeiten, das Wesentliche vom Unwesentlichen zu unterscheiden, und können sich leicht verzetteln, wenn es darum geht, etwas komplexere Aufgaben zu lösen. Es fällt Ihnen schwer, etwas knapp und deutlich zu formulieren. Sie verlieren beim Reden sehr leicht den Faden, so dass Ihre Zuhörer schnell ermüden und abschweifen. Andererseits kann es auch sein, dass Sie schüchtern sind und unter Lampenfieber leiden, vor allem wenn Sie zu mehr als einem Menschen sprechen sollen.

Wenn Ihre Gefühle einmal verletzt wurden – vor allem in der Liebe –, fallen Sie in ein tiefes Loch der Trauer. Sie verlieren jegliche Lust am Leben, »pflegen« Ihre seelische Wunden und verhindern dadurch, dass sie ausheilen können.

## Tipps für Ihr Wohlbefinden

Wenn Sie in irgendeinem Lebensbereich nicht weiterwissen und Zeit zum Nachdenken brauchen, dann kann ein Ausflug ins Grüne helfen, den Kopf frei zu machen. Suchen Sie sich ein Plätzchen, bei dem Ihr Blick in die Ferne schweifen kann. Oder wandern Sie über Felder und Wiesen. Lassen Sie sich den Wind um die Nase wehen.

Wenn Sie jetzt keine Gelegenheit haben, in die Natur zu gehen, dann legen Sie zu Hause eine Pause ein. Lassen Sie sämtliche Aktivitäten für eine gewisse Zeit ruhen, auch wenn ein Berg Arbeit sich vor Ihnen auftürmt. Halten Sie bewusst für eine Stunde inne, um Kraft zu schöpfen und sich wieder an Prioritäten zu orientieren.

### Für Kinder

Ihr Kind ist sehr vielseitig interessiert und lässt sich schnell für etwas begeistern. Es ist möglich, dass es eine Begabung für Computertechnik hat und sich in den Bereich der Elektronik spielend leicht einarbeiten kann. Sie werden dann als Erwachsener Schwierigkeiten haben mitzuhalten, denn die neuesten Trends und Informationen wird sich Ihr Kind blitzschnell aneignen und sie auch anwenden.

Damit Ihr Kind nicht nur am Bildschirm sitzt und virtuelle Welten erlebt, ist es wichtig, auch das aktive Spielen mit seinen Freunden zu fördern. Sein Horizont wird sonst zu eng. Lesen Sie gemeinsam mit Ihrem Kind ein spannendes Buch, und unterhalten Sie sich danach ausführlich darüber. Das erweitert seinen Wortschatz und übt seinen verbalen Ausdruck. Lassen Sie Ihr Kind, ohne es zu unterbrechen, über das reden, was ihm am Herzen liegt. Auch dadurch wird es im Umgang mit Sprache sicherer.

# Wenn Sie als erste Karte die Farbspirale
## *Blau/Hellblau* ziehen

1. Karte: Blau/Hellblau
2. Karte: Rot/Rosa

### Motto
Ich nehme das ganze Leben mit seinen guten
und schlechten Seiten an.

### Farbe, die heute gut tut
Violett

### Für den heutigen Tag
Vielleicht arbeiten Sie ja nur, um bald wieder Ferien machen
zu können. Sie zählen schon am Montagmorgen die Stunden
bis zum Wochenende. Oder träumen Sie seit langem davon,
was Sie alles tun werden, wenn Sie endlich in Rente gegangen sind? Wenn diese Verhaltensweisen auf Sie zutreffen,
sind Sie ein Mensch, der viel zu sehr in der Zukunft lebt. Dabei können Sie niemals mit Sicherheit wissen, was sie Ihnen bringen wird. Auch in Ihrem Leben können sich blitz-
artig Veränderungen ergeben, die jahrzehntelang gehegte
Wunschvorstellungen in Sekundenschnelle uninteressant
machen.
Überlegen Sie sich doch einmal, was Sie beispielsweise beruflich gern tun würden, wenn Sie frei wählen könnten. Oder
was würden Sie mit Ihrem Tag anfangen, wenn Sie nur noch
drei Jahre zu leben hätten? Vielleicht stellen Sie fest, dass es
jetzt Dinge gibt, die Ihnen wichtig sind und die Sie unter allen Umständen verwirklichen möchten. Wenn davon bislang

zu wenig in Ihr Leben eingeflossen ist, sollten Sie unverzüglich neue Weichen stellen. Sie sind jetzt gefordert, sich ein Lebensumfeld zu schaffen, das Ihren echten Bedürfnissen mehr entspricht.

### Ihre Stärken

Sie können ausgelassen und verspielt sein wie ein Kind und gleichzeitig den notwendigen Ernst aufbringen, wenn es um die wesentlichen Dinge in Ihrem Leben geht. Diese Fähigkeit, die Sonnenseiten des Lebens zu genießen und gleichzeitig die familiären und beruflichen Pflichten gut zu erfüllen, macht Sie zu einem Vorbild für andere. Nur selten gelingt es anderen so wie Ihnen, Spiel und Ernst des Lebens in ein ausgewogenes Verhältnis zu bringen.

Auf Grund Ihrer Ausgeglichenheit besitzen Sie viel Ausdauer und Energie. Wenn einmal die Hektik überhand nimmt, können Sie sich problemlos zurückziehen, um eine neue Strategie zu überlegen. Sie besitzen auch den Mut, Ihre Meinung freimütig zu äußern, und lassen sich von Kritikern nicht einschüchtern.

Wenn Sie davon überzeugt sind, dass Sie den richtigen Weg gefunden haben, kann Sie niemand durch seine ängstliche Reaktion verunsichern. Sie handeln entschlossen und direkt. Dabei haben Sie ein gutes Gespür für kluge Entscheidungen. Es kommt äußerst selten vor, dass Sie in die falsche Richtung laufen.

### Ihre Schwächen

Sie haben gute Ideen und genaue Vorstellungen, wie Sie etwas anpacken könnten. Nur hapert es dann an der Durchführung. Sie verausgaben sich im Pläneschmieden. Sie tüfteln eine Sache bis ins kleinste Detail aus – doch wenn es an die praktische Umsetzung geht, erlahmt Ihre Antriebskraft. Sie haben sich bei all Ihren ausgefeilten Plänen keinen Raum für spontane Eingebungen gelassen. So erhält Ihr Vorgehen etwas Starres. Sobald etwas Unvorhergesehenes geschieht, geraten Sie leicht aus dem Konzept. Sie beharren jedoch darauf, Ihren ursprünglichen Plan weiter durchzuziehen, und verlieren dabei an Leichtigkeit. Ein Erfolg ist Ihnen nun nicht mehr gewiss.

Sie nehmen das Leben zu ernst. Bei einem Streit können Sie sehr viel Wut entwickeln. Sie drücken Ihre Gefühle – ob Ärger oder Liebe – sehr leidenschaftlich aus und verschrecken dadurch so manchen Menschen. Im Zorn können Sie verletzend sein. Ihre stürmischen Liebesbeweise können den anderen hilflos machen. Andererseits trauen Sie sich vielleicht nicht, Ihre wahren Gefühle zu zeigen, und leiden dann darunter, dass Sie verkannt werden.

### Tipps für Ihr Wohlbefinden

Wenn Ihr Leben nach einem genauen Zeitplan verläuft und jeder Tag die gleiche Routine mit sich bringt, sollten Sie jetzt mehr Abwechslung und Spontaneität in Ihr Leben hereinlassen. Kehren Sie nach der Arbeit mal auf einem anderen Weg nach Hause zurück, oder fahren Sie einmal mit dem Fahrrad, statt immer nur das Auto zu benutzen. Sehen Sie sich einen Kinofilm an, den Sie sonst mit Ihrer Familie oder Ihren Freunden nicht auswählen würden. Bestellen Sie im Restaurant mal etwas anderes als Ihr Standardgericht.

Auch innerhalb einer Liebesbeziehung wäre es gut, nicht immer nur im alten Trott weiterzumachen. Erinnern Sie sich daran, wie in der ersten Verliebtheit jeder am anderen immer neue Vorzüge und liebenswerte Eigenschaften entdeckt hat.

Falls Sie jedoch ein Mensch sind, der sich wie eine Feder im Wind treiben lässt, wäre es jetzt an der Zeit, ein paar feste Gewohnheiten anzunehmen.

### Für Kinder

Ihr Kind hat eine reiche Vorstellungskraft. Es braucht sie, um seine innere Welt im Alltag auszudrücken. Reagieren Sie auf die phantasievollen Erzählungen Ihres Kindes mit Anteilnahme und Respekt. Abwertende oder ironische Kommentare würden dazu führen, dass sich in Ihrem Kind eine Menge Wut aufstaut, weil es scheinbar nicht für voll genommen fühlt. Enttäuschung und Zorn können sich durch destruktives Verhalten Luft machen. Das Kind zerstört Gegenstände oder wird handgreiflich. Auch wenn das Ereignis, das diese negativen Gefühle hervorgerufen hat, schon längst vorbei ist, wütet Ihr Kind immer noch.

Diese Überempfindlichkeit ist vor allem ein Resultat der sensiblen Wahrnehmung seiner Außenwelt. Ihr Kind registriert sofort die Empfindungen der anderen, selbst wenn diese unausgesprochen bleiben. Eine solche Sensibilität wird zur Tugend, sobald sie sich konstruktiv entfalten kann.

### 1. Karte: Blau/Hellblau
### 2. Karte: Orange/Koralle

### Motto

Die Welt ist so, wie sie ist, in Ordnung.

### Farbe, die heute gut tut

Gold/Gelb

## Für den heutigen Tag

Ein grundlegendes Vertrauen in Gott und die Welt ist heute von Ihnen gefragt. Wiederholen Sie morgens nach dem Aufstehen mehrmals den Satz: »Ich vertraue darauf, dass alles zu meinem Besten geschieht.« Sprechen Sie diesen Satz laut aus, oder schreiben Sie ihn ein paar Mal hintereinander auf ein Blatt Papier. Verankern Sie diese Worte in Ihrem Bewusstsein.

Wenn Sie sich gerade in einer verzweifelten Situation befinden und Sorgen Sie zermürben, dann konzentrieren Sie sich für eine kurze Zeit auf etwas, das Sie vom Grübeln ablenkt. Vertiefen Sie sich in eine spannende Leselektüre, sehen Sie sich einen Kinofilm an, der nichts mit Ihrem Problemthema zu tun hat, oder widmen Sie sich intensiv Ihrem Hobby. Tun Sie etwas, das Ihnen Freude macht und keine Melancholie aufkommen lässt. Häufig löst sich eine schwierige Situation durch eine entspannte innere Haltung viel leichter.

Das Gleiche gilt auch bei Krankheit. Konzentrieren Sie sich auf das, was Ihnen Genesung bringen kann. Vertrauen Sie auf Ihre Selbstheilungskräfte, und vermeiden Sie es, pausenlos zu wiederholen, wie schlecht es Ihnen doch geht und wie krank Sie sind.

## Ihre Stärken

Sie haben viele Hürden überwunden und schwierige Situationen gemeistert. Sie wissen, dass Sie gerade in Krisenzeiten große Kraftreserven mobilisieren können, um wieder auf die Beine zu kommen. Die Menschen schätzen Ihre Meinung bei Krisenlösungen oder zur Schlichtung von Streit, denn Ihr Einfühlungsvermögen und Ihre Lebenserfahrung verleihen Ihnen Autorität.

Sie nehmen schwierige Aufgaben auf sich – in dem unbeirr-

baren Gefühl, das Richtige zu tun. Obwohl Sie möglicherweise in Ihrem Leben schon oft emotional verletzt worden
sind oder auch schwere Krankheiten überwinden mussten,
haben Sie Ihre warme, kraftvolle und positive Ausstrahlung
nicht verloren. Das Schicksal fordert Sie heraus, und Sie stellen sich ihm mit Ruhe und Gelassenheit.

Sie leben in der Überzeugung, dass letztendlich alles zu Ihrem Besten geschieht und alles in Ihrem Leben seinen Sinn
hat, auch wenn Sie ihn im Augenblick noch nicht erkennen.
So bewahren Sie in guten wie in schlechteren Zeiten Ihre
Liebe zu sich selbst, zu Ihren Mitmenschen und zum Leben
im Allgemeinen.

### Ihre Schwächen

Sie erleben oft unvorhergesehene Ereignisse, die Sie aus Ih-
rem gewohnten Rhythmus bringen und von den Dingen ab-
lenken, die für Sie von wesentlicher Bedeutung sind. Wenn
Sie aus Ihrem inneren Gleichgewicht geraten sind, brauchen
Sie lange, bis Sie sich wieder einigermaßen gefangen haben.
Diese Erschütterungen treffen Sie tief, und Sie fühlen sich als
Pechvogel. Für Sie scheint es so, als ob alle außer Ihnen vom
Schicksal bevorzugt würden.

Über Ihren Kummer vergessen Sie die guten Zeiten, die es für
Sie natürlich auch gab und gibt. Bald finden Sie in jeder
Suppe ein Haar. Sie sind wie in eine schwarze Wolke eingehüllt, und durch Ihre düsteren Gedanken ziehen Sie noch
mehr Negatives an.

Eine Enttäuschung in der Liebe kann Sie dazu bringen,
nichts mehr von Partnerschaft und Beziehung hören zu wollen. Sie bleiben allein, doch Sie fühlen sich dabei auch nicht
wirklich wohl.

Das Alleinsein verstärkt möglicherweise Ihre pessimistische

Weltsicht. Sie könnten dadurch in einen Strudel von Selbstmitleid geraten, der Sie herabzieht.

### Tipps für Ihr Wohlbefinden

Vielleicht neigen Sie dazu, sich in eine Krankheit zu flüchten, wenn Sie nicht mehr weiterwissen. Dadurch schaffen Sie sich eine Rückzugsmöglichkeit. Es werden keine Forderungen an Sie gestellt, da Sie ja krank sind. Dadurch schwächen Sie sich jedoch auf Dauer, und Ihre persönliche Entwicklung beginnt zu stagnieren.

Klopfen Sie heute einmal Ihr Verhalten daraufhin ab, wo Sie zu Ausflüchten neigen. Machen Sie sich diese kleinen und großen, schon bedenklichen Schwächen bewusst, um ihnen entgegensteuern zu können. Manchmal helfen nur eiserne Disziplin und ein starker Wille, um etwas durchzustehen. Glauben Sie an Ihre Fähigkeiten und an Ihre Kraft.

Falls Sie im Augenblick krank sind, sollten Sie die Zeit nutzen, um sich zu regenerieren und in der Ruhe neue innere Impulse wahrzunehmen.

### Für Kinder

Ihr Kind ist recht anpassungsfähig. Vielleicht hat es schon unterschiedliche Lebensumstände erlebt und musste sich schnell in neue Situationen einfügen. Trotz solcher Veränderungen bleibt Ihr Kind stabil und sicher in seinem Ausdruck. Es geht offen auf Erwachsene und Kinder zu und schließt leicht Freundschaften.

Doch vielleicht ist in letzter Zeit bei Ihrem Kind das Gegenteil zu beobachten: Es zieht sich plötzlich zurück oder wirkt ängstlich. Ein negatives Ereignis hat wahrscheinlich diese Veränderung ausgelöst. Eventuell gibt es unterschwellige Spannungen in der Familie oder Ärger in der Schule. Oder

Ihr Kind leidet unter einem zu hohen Leistungsdruck und reagiert mit Unwohlsein. Auch unerklärbare, häufig auftretende Magenschmerzen oder Bettnässen können ein Indikator für zu viel Stress sein. Versuchen Sie, mit Ihrem Kind darüber zu reden. Es sollte seine Gefühle äußern dürfen, damit der starke innere Druck abgebaut werden kann.

### 1. Karte: Blau/Hellblau
### 2. Karte: Gold/Gelb

### Motto
Ich finde die richtigen Antworten auf meine Fragen.

### Farbe die heute gut tut
Türkis

### Für den heutigen Tag
Falls Ihnen seit längerem ein Problem zu schaffen macht, dann sollten Sie sich heute einen Ruck geben und dieses Sorgenpaket beiseite schieben – auch wenn es Ihnen noch so schwierig erscheint. Jedes Mal, wenn Sie merken, dass Sie schon wieder in Grübeleien verfallen, richten Sie Ihre Aufmerksamkeit bewusst auf die gerade vor Ihnen liegende Aufgabe. Lassen Sie auf gar keinen Fall zu, dass Sie von dem belastenden Thema vollkommen beherrscht werden und Sie nur noch mit halber Kraft arbeiten und nicht richtig schlafen können. Anfangs werden Sie nur wenige Minuten von Ihrem »Sorgenkind« frei sein, aber wenn Sie konsequent bleiben, dürften sich diese Phasen schnell verlängern, und plötzlich merken Sie, dass Sie über einen längeren Zeitraum konzentriert bei einer Sache waren.

Benutzen Sie Ihre Probleme nicht als Entschuldigung dafür, dass Sie Ihre Aufgaben nachlässig erledigen. Verschieben Sie wichtige Arbeiten nicht auf morgen, weil es Ihnen heute so schlecht geht und Sie so abgelenkt sind.

## Ihre Stärken

Mit Offenheit, Neugierde und Enthusiasmus gehen Sie auf das Leben zu. Da Sie Ihre Grenzen kennen und gut einschätzen können, wie weit Sie einer Sache nachgehen sollten, haben Sie bei Ihren Vorhaben meistens Erfolg. Wenn Sie bemerken, dass Sie einen Fehler gemacht haben, können Sie das eingestehen und eine andere Richtung einschlagen.

Sie sind sehr integer und kämen nie auf den Gedanken, jemanden zu täuschen oder zu hintergehen. Wenn man Sie um einen Gefallen bittet, brauchen Sie erst Bedenkzeit. Sie sagen nie voreilig zu, sondern prüfen erst, ob Sie sich bedenkenlos darauf einlassen können. Was Sie dann versprechen, halten Sie auch ein. Diese Gabe, Situationen und Gegebenheiten zu analysieren und richtig einzuordnen, ist von einem ausgeprägten Einfühlungsvermögen begleitet. Ihre Sensibilität lässt Sie mitempfinden, ohne dass Sie sich jedoch in den Angelegenheiten anderer verstricken.

## Ihre Schwächen

Sie fühlen sich häufig überfordert. Sie glauben, den Ihnen gestellten Aufgaben nicht gewachsen zu sein. Dadurch geraten Sie schnell in Panik, und Ihre Gedanken beginnen zu rasen. Sie verlieren dabei völlig die Relationen aus den Augen, und eine Sache, die eigentlich nicht so schwierig ist, gewinnt in Ihrem Kopf die Dimensionen eines schaurigen Dramas. Sie finden dann keine Ruhe, und Sie vernachlässigen Ihre Arbeit, weil Sie sich nicht mehr richtig konzentrieren können.

Sie sind dann völlig blind für etwaige Lösungsvorschläge und machen sich das Leben unnötig schwer.

Da sich Ihre Gedanken nur so überschlagen, kommt Ihre gefühlsbetonte Seite gar nicht recht zum Zug. Ihre im Grunde sehr sensible Wahrnehmung ist getrübt, und Sie verschließen sich inneren Impulsen, die Ihnen Klarheit vermitteln könnten. Indem Sie nur Probleme wälzen, entgehen Ihnen die schönen Seiten des Lebens. Sie verlieren an Lebensfreude, und mit der Zeit werden Sie nervös und überreizt. Ihr Bemühen, alles zu kontrollieren und bis ins Letzte vorauszuplanen, schmälert Ihre Spontaneität und Genussfähigkeit.

### Tipps für Ihr Wohlbefinden

Es gibt viele einfache und nützliche Übungen, um die Konzentrationsfähigkeit zu trainieren. Beobachten Sie zum Beispiel drei Minuten lang den Sekundenzeiger einer Uhr, ohne an irgendetwas anderes zu denken. Spätestens nach einer Minute fällt diese Übung schwer, und die ersten Gedankenfetzen schleichen sich in Ihr Bewusstsein, während Sie den Uhrzeiger beobachten.

Üben Sie sich heute darin, alles mit voller Aufmerksamkeit zu erledigen. Putzen Sie beispielsweise Ihre Zähne, und konzentrieren Sie sich ausschließlich darauf, ohne beispielsweise darüber nachzudenken, was Sie kochen oder anziehen wollen. Wenn es Ihnen öfter passiert, dass Sie in ein Zimmer gehen, um etwas zu holen, dort ankommen und vergessen haben, was Sie eigentlich wollten, dann sind Sie mit Ihren Gedanken weit abgeschweift.

Mit ein wenig Übung und Bewusstseinsschulung können Sie mehr und mehr lernen, in den kleinsten Alltagsdingen konzentriert vorzugehen. Sie werden spüren, wie wohltuend das für Körper, Geist und Seele ist.

### Für Kinder

Ihr Kind hat die Tendenz, sich viele Gedanken über Gott und die Welt zu machen. Seine große Sensibilität droht leicht in eine Überempfindlichkeit abzugleiten. Plötzlich hat es dann Angst, Fehler zu machen, und es reagiert verletzt auf die kleinste Kritik oder Zurechtweisung. Es fühlt sich zuletzt missverstanden und ungeliebt. Aus diesem Grund wird es sich bemühen, keine Risiken einzugehen, und seinen Aktionsradius begrenzen, damit ihm nichts Unvorhergesehenes passieren kann.

Wenn Sie es gewohnt sind, Ihr Kind eher streng zu erziehen, wäre es jetzt angebracht, mal alle Fünfe gerade sein zu lassen. Ihr Kind hat von Natur aus ein gutes Gespür für Ge- und Verbote. Wenn Sie ihm zu enge Grenzen setzen, antwortet es mit Trotzanfällen und macht allen Beteiligten das Leben unnötig schwer.

### 1. Karte: Blau/Hellblau
### 2. Karte: Grün/Hellgrün

### Motto
Alles Gute in meinem Leben wächst, blüht und gedeiht.

### Farbe, die heute gut tut
Grün

### Für den heutigen Tag
Verkümmert auf dem Fensterbrett Ihres Büros eine Topfpflanze? Oder gibt es überhaupt nichts Grünes in Ihrer näheren Umgebung? Heute ist ein guter Zeitpunkt, sich mit der Pflanzenwelt zu beschäftigen.

Pflanzen helfen, die Raumluft zu reinigen. Beim Anblick Ihrer satten Farben erhalten Körper und Geist frische Energie. Das gilt aber nur für gesunde, nicht für kümmerliche, welke Pflanzen, die ein trauriges Dasein fristen. Pflanzen reagieren schnell auf Pflege und Fürsorge.

Wenn Sie das Glück haben, einen Garten zu besitzen, sollten Sie sich heute mit Erde und Pflanzen beschäftigen. Daraus ziehen Sie viel Kraft. Oder kümmern Sie sich um Ihre Zimmer- oder Balkonblumen. Auch ein Spaziergang durch den Park oder über freies Feld tut Ihnen jetzt wohl.

### Ihre Stärken

Sie haben eine starke Verbindung zu den Naturelementen, aus denen Ihnen Inspiration und Kraft zufließen. In der Natur können Sie auf- und durchatmen, Anspannungen loslassen und sich regenerieren. Sie haben ein Gespür für Pflanzen und ihre Eigenschaften. Zu der Welt der Heilkräuter und Nutzpflanzen dürften Sie daher leicht Zugang finden. Selbst wenn Sie inmitten einer Großstadt wohnen, brauchen Sie in Ihrer näheren Umgebung viel Grün, um sich wohl zu fühlen. Alles Grüne und Lebendige wächst und gedeiht ganz prachtvoll unter Ihrer liebevollen Pflege. Mit Tieren können Sie gut umgehen. Außerdem haben Sie einen guten Draht zu den Menschen Ihrer Umgebung. Dank Ihrer warmherzigen Ausstrahlung gelingt es Ihnen leicht, Verbindung aufzunehmen. Kinder fühlen sich in Ihrer Gegenwart sehr wohl. Sie vermitteln Freude, Zufriedenheit und Vitalität, die Menschen fühlen sich in Ihrer Nähe geborgen. Aus Ihrem inneren Reichtum heraus haben Sie viel zu geben, und Sie sind tatsächlich sehr großzügig im Weitergeben von Wissen und materiellen Gütern.

## Ihre Schwächen

Sie sind so pflichtbewusst und arbeiten so intensiv, dass Sie Ihre eigentlichen Bedürfnisse übersehen und sich langsam von ihnen entfernen. Es scheint dann, als ob Sie fremdgesteuert lebten, ohne Möglichkeit, einzugreifen und die eigenen Interessen zu vertreten. Das, was Ihnen wichtig und wertvoll ist, wird übersehen, überhört oder übergangen. Aber auch Sie tragen dazu bei, indem Sie passiv bleiben und nicht deutlich machen, was Sie zu Ihrem Glück brauchen.

Vielleicht haben Sie eine große Sehnsucht danach, endlich wieder einmal rauszufahren, aber die Alltagspflichten lenken Sie ab und nehmen einen wichtigeren Platz in Ihrem Leben ein. Doch indem Sie vitale Impulse übergehen, sabotieren Sie sich selbst. Kein Wunder, dass Sie sich irgendwann nur noch saft- und kraftlos fühlen.

Eventuell ist Ihre Warmherzigkeit ausgenutzt worden, und man hat Sie angelogen oder hintergangen. Da Sie selbst so etwas nie tun würden, ist Ihre Enttäuschung entsprechend groß, und Sie kommen nur schwer über den Vertrauensbruch hinweg.

## Tipps für Ihr Wohlbefinden

Besorgen Sie sich ein Buch über Heilpflanzen, und beschäftigen Sie sich mit deren Wirkung. Sollten Sie gerade erkältet sein, dann lesen Sie nach, was die Natur an Arzneien zu bieten hat. Oder beschäftigen Sie sich mit der Bach-Blütentherapie, mit deren Hilfe bestimmte negative Gemütszustände ausgeglichen werden können.

Auf jeden Fall sollten Sie darauf achten, dass Sie nicht den ganzen Tag am Schreibtisch sitzen oder pausenlos am Computer arbeiten. Wenn es für einen Spaziergang nicht reicht, dann öffnen Sie wenigstens das Fenster alle paar Stunden, um tief durchzuatmen.

Sie können sich auch mit Hilfe Ihrer Vorstellungskraft in die Natur hineinversetzen. Wenn Sie viel Hektik erleben, tut es gut, sich hinzusetzen und für einige Momente die Augen zu schließen. Stellen Sie sich vor, dass Sie sich gerade in Ihrer Lieblingslandschaft befinden. Sehen Sie sich beispielsweise auf einer blühenden Wiese in einer Berglandschaft oder am Sandstrand in der warmen Sonne sitzend. Malen Sie sich dieses Wunschszenario so lebendig wie möglich aus, bevor Sie wieder die Augen aufschlagen und in den Alltag zu Ihren Aufgaben zurückkehren.

### Für Kinder

Versuchen Sie Ihrem Kind viele Ausflüge in die Natur zu ermöglichen. Auch der Kontakt zu Tieren, beispielsweise auf einem Bauernhof oder im Zoo, wird ihm viel Freude machen und wertvolle Impulse vermitteln. Weil die meisten Kinder nicht mehr einzelne Bäume oder Pflanzen unterscheiden und benennen können, sollten Sie versuchen, Ihrem Kind dieses Wissen nahe zu bringen.

Wundern Sie sich nicht, wenn sich Ihr Kind für Elfen und Feen interessiert, denn diese Wesen sind eng mit der Tier- und Pflanzenwelt verbunden. Entsprechende Kinderbücher werden Ihren Sprössling begeistern.

Ihr Kind hat ein großes Herz für andere und ist sehr hilfsbereit. Achten Sie darauf, dass es dabei nicht von anderen Kindern ausgenutzt wird oder beim Spielen zu kurz kommt.

Steuern Sie sanft entgegen, wenn sich Ihr Kind am liebsten nur in Phantasiewelten hineinträumt und seine Schulaufgaben oder seine Freunde vernachlässigt.

1. Karte: Blau/Hellblau
2. Karte: Türkis/Helltürkis

### Motto
Ich zeige mich in allen Facetten meiner Persönlichkeit.

### Farbe, die heute gut tut
Magenta

### Für den heutigen Tag
Können Sie sich nach dem Aufwachen an Ihre Träume erinnern? Oder merken Sie sich nur sehr selten einzelne Bruchstücke von Traumsequenzen? Träume kreisen oft um Themen, die uns im Unterbewusstsein beschäftigen. Sie können daher gute Wegweiser sein. Natürlich ist es auch möglich, dass einfach nur das Alltagsgeschehen über Träume verarbeitet wird und sie keine besonderen Aussagen haben.

Probieren Sie, sich heute vor dem Einschlafen geistig darauf zu programmieren, dass Sie sich am nächsten Morgen an einen Traum erinnern. Legen Sie Papier und Stift an Ihr Bett. Sobald Sie aufgewacht sind und die Traumbilder noch im Kopf haben, sollten Sie sie sofort in einigen Stichwörtern festhalten. Es ist wirklich wichtig, unmittelbar nach dem Aufwachen Notizen zu machen. Wenig später am Tag haben Sie schon alles wieder vergessen.

Es kann sein, dass Sie erst ein bisschen Übung brauchen, bis Sie wirklich regelmäßig ein Traumtagebuch führen. Manche Menschen lernen es sogar, in Ihren Träumen die Antwort auf vor dem Einschlafen gezielt gestellte Fragen zu erhalten.

## Ihre Stärken

Sie gehen offen und herzlich auf Menschen zu und können daher schnell Verbindung zu anderen aufnehmen. Sie nehmen Ihre Umgebung bis ins Detail wahr und erkennen rasch, wo Sie eingreifen können. Bei einem Fest wird es Ihnen beispielsweise sofort auffallen, wenn jemand aus Schüchternheit Schwierigkeiten hat, in Kontakt zu den anderen Gästen zu kommen. Ganz natürlich und selbstverständlich schaffen Sie es, diese Person ins Gespräch zu ziehen und sie zu integrieren. In einer geselligen Runde werden Sie oft im Mittelpunkt stehen, denn Ihre Lebendigkeit und Wortgewandtheit ziehen die Menschen an.

Sie besitzen einen sechsten Sinn, und es passiert nicht selten, dass Sie Geschehnisse erahnen. Ihr Innenleben ist reich an phantasievollen Bildern, und Ihre nächtlichen Träume sind bunt und intensiv. Manchmal dienen Ihnen Ihre Träume auch als sehr aufschlussreiche Wegweiser in problematischen Alltagssituationen.

Obwohl Sie kein oberflächlicher Mensch sind und sich gern in philosophische Gedanken vertiefen, genießen Sie trotzdem die leichten und verspielten Momente des Lebens.

## Ihre Schwächen

Sie sehen die Dinge aus einer für durchschnittliche Menschen ungewöhnlichen Perspektive und stoßen durch Ihre originellen Anschauungen oft auf Unverständnis. Ihre Ideen werden belächelt, und Sie fühlen sich daraufhin abgewiesen und nicht ernst genommen. Das treibt Sie in die Isolation, denn Sie vermeiden es auf Grund solcher negativen Erfahrungen, Ihre tieferen Gedanken und Gefühle mitzuteilen. Entweder bleiben Sie lieber für sich allein, oder Sie reden im Beisammensein mit anderen nur von banalen Alltagsdingen.

Sie haben Sehnsucht nach einem Seelenpartner – nach jemandem, der Sie wirklich bis in Ihren innersten Kern versteht und mit dem Sie sich auf einer tiefen Herzensebene verständigen können. Bei der Partnersuche werden Sie oft enttäuscht, denn Ihre Wesenstiefe zieht Menschen an, bei denen diese Eigenschaft fehlt.

Andererseits vermeiden Sie es vielleicht um jeden Preis, zu den tieferen Schichten des Lebens vorzustoßen, und genießen lieber den oberflächlichen Kontakt mit vielen Menschen. Dadurch gehen Sie aber engeren Bindungen aus dem Weg und vermeiden Intimität und Nähe. Auch wenn Sie dabei scheinbar glücklich sind, wird ein Teil von Ihnen diese Form des lockeren Umgangs als sehr unbefriedigend empfinden.

### Tipps für Ihr Wohlbefinden

Schulen Sie heute einmal Ihren Hör-, Geschmacks- und Geruchssinn. Holen Sie sich Unterstützung, um zu testen, wie fein Ihre Wahrnehmung ist: Lassen Sie sich die Augen verbinden, und ertasten Sie dann mit Ihren Händen verschiedene Materialien und Gegenstände. Schmecken Sie mit verbunden Augen den Unterschied zwischen süß, sauer und bitter. Versuchen Sie, Düfte und Gerüche zu definieren.

Lassen Sie heute den Fernseher ausgeschaltet, und hören Sie sich stattdessen im Radio ein Hörspiel an. Nehmen Sie sich heute vor, Ihre Mahlzeiten mit all Ihren Sinnen zu genießen. Richten Sie Ihr Essen so auf dem Teller an, dass die Mahlzeit auch ein Genuss für das Auge ist. Nehmen Sie den Geruch der einzelnen Speisen wahr, und schmecken Sie jeden Bissen sorgfältig.

Diese Übung schult auch Ihre Fähigkeit, konzentriert bei einer Sache zu bleiben. Sie können nicht etwas intensiv schmecken oder erleben und sich gleichzeitig dabei unterhalten.

### Für Kinder

Ihr Kind träumt und träumt und träumt! Lassen Sie ihm seine Träume, und erkundigen Sie sich morgens danach, was es geträumt hat. Sie werden merken, wenn die Träume zu Phantasiegeschichten ausgeschmückt werden, weil Ihr Kind Sie mit seinen ausgedachten Erlebnissen beeindrucken möchte. Bis zu einem gewissen Grad sollten Sie diese Phantasien Ihres Kindes tolerieren. Viel zu schnell geht seine besondere schöpferische Gabe durch die Anforderungen in der Schule, durch einseitige Beschäftigung mit Computer oder Fernseher verloren.

Ermuntern Sie Ihr Kind dazu, seine nächtlichen Träume und seine Tagträumereien durch Malen und Aufschreiben festzuhalten. Mit Puppen oder Kasperlefiguren können Phantasiegeschichten natürlich ebenso gut dargestellt werden. Beglückwünschen Sie Ihr Kind für seinen großen Einfallsreichtum.

### 1. Karte: Blau/Hellblau
### 2. Karte: Violett/Hellviolett

### Motto
Ich habe den Mut und die Fähigkeit, meine Ideen zu verwirklichen.

### Farbe, die heute gut tut
Blau

## Für den heutigen Tag

Hegen Sie seit Jahren tollkühne unternehmerische oder künstlerische Pläne und warten nur auf den günstigsten Moment, sie anzugehen? Sind Sie sich absolut sicher, eine großartige Idee zu haben, wissen aber nicht, wie Sie sie realisieren können? Heute sollten Sie einen ersten Schritt tun, um ein besonderes Vorhaben zu verwirklichen. Das bedeutet zu handeln, und zwar selbständig und eigenverantwortlich.

Ein Projekt selbständig durchzuführen kann viel Überwindung kosten, wenn Sie es gewohnt sind, dass man Ihnen Aufgaben zuweist. Wenn Sie davon träumen, sich selbständig zu machen, gibt es in größeren Städten Beratungsstellen, die dabei helfen, Erfolgschancen von Freiberuflern und Firmenneugründern einzuschätzen. Sie können eventuell finanzielle Starthilfen in Anspruch nehmen.

Es gibt viele Beispiele von ideenreichen Menschen, die den Durchbruch schafften und reich geworden sind – entgegen anfänglicher gegenteiliger Meinungen. Bleiben Sie aber trotzdem vorsichtig und realistisch. Überlegen Sie, was Sie bereit sind, zur Verwirklichung Ihrer Träume und Ideen zu investieren und zu riskieren. Sorgen Sie für einen Ersatzfallschirm, falls Sie doch in Ihrem Vorhaben scheitern. Werden Sie aktiv. Der Zeitpunkt ist dafür sehr günstig.

### Ihre Stärken

Sie haben ein gutes Gespür für aktuelle Trends. Sie sehen etwas und wissen sofort, wo Sie es an anderer Stelle erfolgreich einbringen können. Oft ist es nur eine Kleinigkeit, ein winziger Impuls, der bei Ihnen zu einer zündenden Idee führt. Dabei bleibt es jedoch nicht, sondern Sie sind in der Lage, die notwendige Basisarbeit zu leisten, dass daraus auch ein realisierbares Projekt wird.

Es kann sich dabei um ein künstlerisches Vorhaben handeln wie die Inszenierung eines Theaterstücks oder um ein soziales Engagement wie das Sammeln von Spenden für eine karitative Organisation. Aber auch die Veranstaltung einer Feier oder eine gelungene Essenseinladung unter Freunden erfordert Kreativität und das Talent, die richtigen Menschen miteinander in Kontakt zu bringen.

Es ist Ihnen bei Ihren Vorhaben auch wichtig, dass nicht nur Konsum oder Genuss im Vordergrund steht. Ihre Absicht ist es auch, andere durch das Ereignis zu inspirieren. Sie wollen, dass der Funke überspringt und etwas in Bewegung setzt.

## Ihre Schwächen

Es kann sein, dass Sie zwar gute, realisierbare Ideen hatten, aber von anderen hintergangen worden sind. Man hat Ihr geistiges Eigentum gestohlen. Sie haben den falschen Menschen vertraut, die nur auf ihren eigenen Vorteil bedacht waren.

Es kann auch sein, dass Sie vor Ihrem inneren Auge die Realisierung eines lukrativen Projekts sehen, doch leider nichts dafür tun. Stattdessen erzählen und schwärmen Sie davon, und bis Sie sich endlich dazu bequemen, etwas dafür zu tun, ist die Idee schon längst aufgegriffen und an anderer Stelle verwirklicht worden.

Da Sie es erleben mussten, dass sich bestimmte Menschen nicht als vertrauenswürdig entpuppt haben, neigen Sie jetzt dazu, generell misstrauisch zu sein. Sie behalten Ideen und Informationen für sich, aus Angst wieder übers Ohr gehauen zu werden. Sie verkneifen es sich, um Hilfe und Unterstützung zu bitten, weil Sie dafür etwas von sich preisgeben müssten, das Sie lieber für sich behalten möchten.

## Tipps für Ihr Wohlbefinden

Wenn Sie zu viel arbeiten und Ihre Kreativität zu kurz kommt, sollten Sie jetzt etwas dagegen unternehmen. Besonders viel Spaß könnte Ihnen eine künstlerische Betätigung innerhalb einer Gruppe bringen. Vielleicht möchten Sie sich einer Theater-Laiengruppe anschließen, oder es liegt Ihnen mehr, in einem Chor zu singen. Ihre Lebensfreude können Sie auch genauso gut in einem Tanzkurs entfalten. Oder Sie lernen endlich französische Vokabeln, damit Sie sich im nächsten Urlaub besser verständigen können. Wenn Sie davon träumen, auf Feinschmeckerniveau kochen zu können, um Ihre Freunde einmal groß einzuladen und mit Ihrer kulinarischen Finesse zu überraschen, dann melden Sie sich jetzt zu einem Spezial-Kochkurs an.

Wenn Sie zu viel mit Ihren Kindern allein zu Hause sitzen und gern mehr Kontakt zu anderen bekommen würden, könnten Sie überlegen, eine Spielgruppe ins Leben zu rufen.

Für Sie sind jetzt Gruppenaktivitäten und Anschluss an eine Gruppe von Vorteil, statt alles solo zu unternehmen. Sie werden in der Gruppe mehr Dynamik spüren.

### Für Kinder

Es gibt viele Spiele, die den schöpferischen und auch unternehmerischen Geist von Kindern fördern. Alle Kinder tragen diese beiden Talente in sich. Wundern Sie sich also nicht, wenn Ihr Kind seine ausgedienten Kinderbücher und Spielsachen in eine Kiste packt und damit vor der Haustür einen Second-Hand-Laden aufmacht. Ein Spielzeug-Krämerladen oder ein Spielzeug-Postamt, bei dem Ihr Kind hinter der Theke steht und seine Waren verkauft, wird ihm viel Spaß machen. Aber auch Aktivitäten und Spiele in der Gruppe gefallen ihm.

Es kann demgegenüber auch sein, dass Ihr Kind sich nur schwer allein beschäftigen kann und immer laute Gesellschaft braucht.

Hier könnte beispielsweise Kinder-Yoga helfen, dass sich Ihr Kind mehr auf sich selbst besinnt und innere Ruhe findet. Auch das Gegenteil ist möglich: Ihr Kind taucht in eine innere Welt voll imaginärer Figuren ab und will gar keinen Außenkontakt. Auch hier sollte durch Integration in Kindergruppen, ob beim Sport oder Spiel, für einen Ausgleich gesorgt werden.

### 1. Karte: Blau/Hellblau
### 2. Karte: Magenta/Hellmagenta

### Motto
Was ich säe, das ernte ich auch.

### Farbe, die heute gut tut
Rot

### Für den heutigen Tag
Fühlen Sie sich als Märtyrer, der anderen seine Zeit und Kraft schenkt und am Ende mit leeren Händen dasteht? Machen Sie heute endgültig Schluss mit dieser Opferhaltung. Sie kommen damit in Ihrem Leben kein Stück weiter. Im Gegenteil: Sie riskieren nur Rückschritte.

Es kann sein, dass Sie sich deshalb so stark um die Bedürfnisse anderer kümmern, weil Sie dadurch eine Ausrede haben, Ihre eigenen Aufgaben nicht anzupacken. Dann sind Ihrer Meinung nach immer die anderen daran Schuld, dass

Sie sich keine Wünsche erfüllen können und immer zurückstehen müssen.

Doch letztlich sind Sie allein für Ihr Glück verantwortlich. Hören Sie also sofort auf, immer nur andere vorzuschieben. Wenn Sie gerade viel Pech erlebt haben, liegt es an Ihnen, das Blatt zu wenden. Nehmen Sie sich jetzt vor, einen Neuanfang zu machen und schmerzhafte Konflikte, so gut es geht, loszulassen. Denken Sie nicht immer nur an Ihre Pflichten, sondern auch an Ihr Vergnügen. Tun Sie jetzt etwas, das Ihnen Freude bereitet und Kraft gibt.

### Ihre Stärken

Sie können auf ganz unscheinbare, meist indirekte Weise für gute Laune sorgen und anderen Hilfe anbieten. Nach einer Begegnung mit Ihnen fühlen sich die Menschen einfach besser. Ob Sie in einen Laden gehen und mit einem Lächeln die Tür für den nächsten Kunden aufhalten oder als Krankenschwester Patienten betreuen – Sie setzen sich im Großen und im Kleinen für das Wohl anderer ein und haben damit Erfolg.

Sie schöpfen aus Ihrer Helferrolle viel Kraft, wobei das eher ein Nebeneffekt ist und nicht die Antriebsfeder für Ihr Verhalten. Vielmehr verfügen Sie über ein großes inneres Energiereservoir, und es gibt nur wenige Momente in Ihrem Leben, in denen Sie dieses ganz für sich allein aufgebraucht hätten. Je mehr Sie mit offenen Armen auf andere zugehen, desto mehr Kraft und Lebensfreude fließen Ihnen zu.

Sie wissen, dass es vielen Menschen schwer fällt, den ersten Schritt zu tun und auf andere zuzugehen. Doch dank Ihrer liebevollen Art locken Sie die Menschen aus der Reserve.

Sie haben nur wenige Ansprüche ans Leben und können sehr bescheiden sein. Statussymbole spielen für Sie keine Rolle.

Sie fühlen sich absolut wohl in Ihrer Haut und strahlen Natürlichkeit und Gelassenheit aus.

### Ihre Schwächen

Hilfsbereitschaft zeigen Sie nicht freiwillig und spontan, sondern aus dem Gefühl der Verpflichtung heraus. Sie glauben, dass Sie kein guter Mensch seien, wenn Sie nicht lieb und nett helfen. Nur wer sich für andere aufopfere, so meinen Sie, komme in den Himmel. Diese Einstellung mag Ihnen vielleicht nicht bewusst sein, aber aus einer solchen Motivation heraus leben Sie.

Es ist daher nicht verwunderlich, dass Sie sich oft verausgaben und im Alltag zu kurz kommen. Sie können mit der Zeit in einen chronischen Erschöpfungszustand geraten, so dass jede weitere »gute Tat« nur noch mehr Anstrengung erfordert.

Sie haben häufig das Gefühl, ausgenutzt zu werden und nichts von dem, was Sie geben, zurückzubekommen. Immer sorgen Sie für andere, aber wer sorgt einmal für Sie, wenn es Ihnen nicht gut geht? Dieses Mangelgefühl versuchen Sie durch verstärkten Konsum zu kompensieren. Sie neigen vielleicht dazu, verschwenderisch zu sein, und glauben so, sich etwas zu gönnen. Eventuell treten Sie auch den Rückzug in Form einer Erkrankung oder Depression an, damit Sie in Ruhe gelassen werden und keiner mehr etwas von Ihnen verlangt. Sie fühlen sich oft vom Leben überfordert.

### Tipps für Ihr Wohlbefinden

Es gibt viele Wege, um nach einem Zustand der Erschöpfung wieder auf die Beine zu kommen. Manchmal hilft ein Orts- und Klimawechsel im Rahmen einer Ferienreise, um Abstand vom Alltag zu gewinnen und neue Kraft zu erhalten. Aber auch innerhalb der täglichen Routine ist es möglich, einmal abzuschalten und aufzutanken: beispielsweise durch einen Besuch am Wochenende in einem Badeparadies, bei dem Sie ausgiebig schwimmen, Sauna oder Dampfbad genießen und sich vielleicht auch noch eine entspannende Massage gönnen. Ein Ausflug in die Stille und Einsamkeit der Natur kann Ihnen ebenfalls jetzt sehr gut tun. Oder bleiben Sie einmal ganz gemütlich zu Hause.

Kontemplative Sportarten wie Yoga oder Tai Chi bringen Harmonie in Körper, Geist und Seele. Regelmäßiges Meditieren würde Ihnen helfen, zur Ruhe zu kommen.

### Für Kinder

Es kann sein, dass Ihr Kind gerade eine Phase durchläuft, in der es etwas tollpatschig ist und zu Unfällen neigt. Die Ursache ist Unkonzentriertheit. Ihr Kind wird leicht abgelenkt und übersieht, was vor seinen Füßen liegt.

Sorgen Sie dafür, dass Ihr Kind einen nicht zu vollen Stundenplan hat. Wenn neben Schule, Hausaufgaben noch Nachhilfeunterricht, Sporttraining, Musikstunde oder sonstige Freizeitaktivitäten hinzukommen und Sie mit dem Kind nur noch von einem Termin zum nächsten hetzen, ist das zu viel des Guten. Ihr Kind sollte lernen, sich für etwas zu entscheiden, auch unter Verzicht auf eine andere Sache.

Ihr Kind kann auch dazu neigen, zu viel Zeit vor dem Fernseher zu verbringen und wahllos Sendungen zu konsumieren. Auf Dauer wird dadurch der sehr wache und sensible Geist Ihres Kindes verkümmern. Für Ihr Kind ist weniger mehr.

1. Karte: Blau/Hellblau
2. Karte: Regenbogen

## Motto
In diesem Augenblick der Gegenwart finde ich Erfüllung
in meinem Leben.

## Farbe, die heute gut tut
Orange/Koralle

## Für den heutigen Tag
Vermeiden Sie es durch häufigen Wechsel – des Partners,
des Wohnortes, des Arbeitsplatzes –, Verantwortung zu
übernehmen? Oder glauben Sie, vor Problemen weglaufen
zu können? Sehnen Sie sich nach einer glücklichen Liebesbeziehung, haben aber gleichzeitig Angst vor Nähe? Ertappen Sie sich immer wieder dabei, dass Sie nicht in der Gegenwart leben, sondern stets nach hinten oder weit nach
vorn schauen?

Wenn Ihr Leben bisher sehr wechselhaft verlaufen ist und
Sie nirgends für längere Zeit richtig Wurzeln schlagen konnten, dann sollten Sie jetzt versuchen herauszufinden, warum
Sie ein so ruheloser Geist sind und was Ihnen echte Erfüllung
bringen könnte.

Sie neigen dazu, die vielen positiven Dinge, die Ihnen in diesem Augenblick zur Verfügung stehen oder die Ihnen jetzt
gegeben werden, zu übersehen. Um dieses für Sie so kraft-
raubende Verhalten abzubauen und langfristig zu verändern, sollten Sie sich darin üben, ganz in der Gegenwart zu
leben. Planen Sie nicht schon am Montag, was Sie am
nächsten Wochenende tun werden. Schwelgen Sie nicht zu
oft in den guten alten Zeiten, oder durchleben Sie nicht im-

mer wieder den letzten Streit mit Ihrer verflossenen Liebe. Ganz im Hier und Jetzt zu leben erfordert viel Konzentration und Disziplin. Sie werden Ihre Gedanken oft zur Ordnung rufen müssen. Die Mühe lohnt sich jedoch.

## Ihre Stärken

Sie können sich ohne Probleme auf die Bedürfnisse anderer Menschen einstellen. Dies gelingt Ihnen, indem Sie sich für den Moment von Ihren eigenen Erwartungen und Bedürfnissen frei machen und sich ganz auf den anderen einlassen.

Sie können intensiv zuhören, wenn jemand Ihnen seine Lebensgeschichte anvertraut. Ihre Gedanken schweifen dabei nicht ab, und Sie ziehen keine voreiligen Schlüsse, bevor der andere nicht ausgeredet hat.

Die Gabe der Anteilnahme und des konzentrierten Zuhörens ist heutzutage selten; die meisten Menschen sind hauptsächlich mit Ihren eigenen Angelegenheiten beschäftigt. Weil Sie sich jedoch auf Ihr Gegenüber einlassen können, erhalten Sie oft erstaunliche Eingebungen und Antworten.

Sie denken und handeln unkonventionell. Dabei ruhen Sie stabil in Ihrer Mitte; nichts kann Sie so schnell erschüttern. Ihr freies, unabhängiges Wesen ist sehr mitfühlend, ohne aber mitzuleiden.

## Ihre Schwächen

Vielleicht haben Sie in Ihrem Leben etliche Katastrophen und persönliche Niederlagen erlebt, bei denen Ihnen das Lachen vergangen ist. In Ihnen steckt viel Kummer und Leid. Nur durch eiserne Kontrolle und viel Ablenkung, vor allem durch Arbeit, schaffen Sie es, diese Flut von ungeweinten Tränen zu unterdrücken. Es ist auch möglich, dass Ihnen eine sehr pessimistische Grundeinstellung zu eigen ist und

Sie schon immer zum Unglücklichsein neigten, obwohl es dafür keinen besonderen äußeren Anlass gibt.

Es fehlt Ihnen an Ausgeglichenheit. Ihr Geist ist unruhig und launenhaft, und Sie wissen nicht, wohin Ihr Weg Sie führen soll. Wenn Sie zum Beispiel eine neue Arbeitsstelle angetreten haben, schleicht sich bei Ihnen schnell Unzufriedenheit ein, und Sie müssen sich wieder nach etwas Neuem umschauen.

Eventuell überdecken Sie Ihr Unerfülltsein durch ein scheinbar zufriedenes, sonniges Gemüt, wobei Sie selten Ihre wahren Gefühle zeigen, sondern meistens sehr verstandesbetont auftreten. Sie ähneln dann einem lachenden Clown, dem eigentlich zum Weinen zu Mute ist.

### Tipps für Ihr Wohlbefinden

Sie kennen ja Ihre Schwächen: alles auf morgen verschieben, gute Vorsätze immer wieder sausen lassen. Doch jetzt könnte es Ihnen gelingen, sich wirklich etwas Gutes zu tun und eine schlechte Gewohnheit abzulegen. Machen Sie sich klar: Was Sie gestern getan haben, zählt nicht mehr, und was morgen sein wird, wissen Sie noch nicht.

Tun Sie heute beispielsweise etwas für Ihren Körper, wenn Ihr Aussehen oder Ihre Gesundheit für Sie ein wichtiges und immer wiederkehrendes Thema ist. Statt von einem Extrem ins nächste zu fallen, etwa auf Schlemmerwochen Hungerkuren folgen zu lassen, sollten Sie jetzt Ihren goldenen Mittelweg finden.

### Für Kinder

Ihr Kind hat ein sensibles Gespür für seine Bedürfnisse und Fähigkeiten. Es wird jedoch oft von außen beeinflusst. Dadurch beginnt es, seine Eigenschaften und Wünsche zu ignorieren, und es läßt sich bereitwillig in die vorgegebene Schablone pressen.

Ihr Kind kann sich nur schwer durchsetzen und seine Meinung offen vertreten. Es möchte unbedingt dazugehören und versucht, sich um jeden Preis anzupassen. Vielleicht hat es auch das Gefühl, anders zu sein als andere Kinder, und es fühlt sich deshalb ausgegrenzt.

Die Intelligenz und hohe Wahrnehmungsfähigkeit Ihres Kindes lassen es seinen Altersgenossen voraus sein, und es wird oft für altklug oder frühreif gehalten. Es kann auch sein, dass es sich notwendigen Reifungsprozessen verweigert und das ewig kleine Kind bleiben will. Letzteres kann der Fall sein, wenn sich in der Familie Nachwuchs ankündigt und ihm nicht mehr die gewohnte Aufmerksamkeit entgegengebracht wird.

## Wenn Sie als erste Karte die Farbspirale
### *Violett/Hellviolett* ziehen

**1. Karte: Violett/Hellviolett**
**2. Karte: Rot/Rosa**

**Motto**
Ich bringe Klarheit und Ordnung in mein Leben.

**Farbe, die heute gut tut**
Weiß (Regenbogen)

**Für den heutigen Tag**
Vielleicht leben Sie über Ihre Verhältnisse und haben sich schon lange vorgenommen, Ordnung in Ihre Finanzen zu

bringen. Haben Sie einen Überblick über Ihre Ausgaben? Jedes Unternehmen muss ein Budget aufstellen. In vielen Privathaushalten werden Einnahmen und Ausgaben jedoch nur selten auf den Pfennig genau notiert und abgerechnet. Wissen Sie am Ende eines Monats exakt, wie viel Sie für Essen, Kleidung oder Freizeitvergnügen ausgegeben haben? Fällt es Ihnen überhaupt schwer, Geld zu sparen oder anzulegen, damit Sie ein finanzielles Polster haben?

Analysieren Sie heute einmal Ihre finanzielle Situation. Listen Sie Ihre monatlichen und jährlichen festen Kosten auf. Rechnen Sie nach, was Ihnen unterm Strich für das tägliche Leben und für Extras übrig bleibt. Stellen Sie Ihr privates Budget auf, und nehmen Sie sich vor, es einzuhalten. Bringen Sie jetzt Ordnung in Ihre Geldangelegenheiten.

### Ihre Stärken

Sie müssen hinter allen Dingen den Sinn erkennen, bevor Sie reagieren. Sie wollen genau wissen, warum Sie etwas tun sollen. Befehle würden Sie niemals blind ausführen. Sie wollen voll und ganz hinter einer Sache stehen können. Sobald Sie sich einmal engagiert haben, sind Sie jedoch mit vollem Herzen dabei und auch bereit, Risiken zu wagen.

Bei festgefahrenen Situationen schaffen Sie es, neue Gesichtspunkte vorzubringen und eine Veränderung zum Positiven zu bewerkstelligen. Notfalls werden Sie Berge versetzen.

Sie sind zärtlich und fürsorglich. Sie haben viel Verständnis für die Belange anderer Menschen, vor allem wenn diese mit Schwierigkeiten oder Problemen zu kämpfen haben. Sie können anderen tatkräftig zur Seite stehen oder auch ganz einfach nur als Anlaufstelle zum Reden dienen. Sie sind ein Mensch, bei dem man sich geborgen fühlt und in guten Händen weiß.

Die Liebe spielt eine große Rolle in Ihrem Leben. Sie lieben und werden geliebt.

## Ihre Schwächen

Eventuell machen Ihnen Existenznöte so zu schaffen, dass Sie keine Zeit und Energie mehr haben, sich um andere Dinge zu kümmern. Sie schaffen es gerade eben, über die Runden zu kommen. Vielleicht wohnen Sie in drückender Enge und müssen Kompromisse eingehen, um überhaupt ein bezahlbares Dach über dem Kopf zu haben. Die hohe Arbeitslosigkeit macht Ihnen ebenfalls Sorgen, und Sie leben in ständiger Angst um Ihren Arbeitsplatz.

Diese Unsicherheiten sind ein erheblicher Stressfaktor und belasten auch Ihre Beziehungen. Was einmal ganz harmonisch und liebevoll war, gerät immer mehr aus dem Gleichgewicht, und die Stimmung wird zunehmend gereizt. Neben finanziellen Problemen können auch berufsbedingte Ortswechsel Ihrer Familie stark zu schaffen machen. Oder Sie haben wegen eines Projektes viel riskiert und fürchten nun, einen Fehler begangen zu haben. Sie haben Angst, dass Ihnen in jedem Moment der Boden unter den Füßen weggezogen werden könnte.

## Tipps für Ihr Wohlbefinden

An einem Abend in der Woche sollten Sie etwas Besonderes unternehmen, das Ihnen Spaß macht – vielleicht ein Kinobesuch oder ein Treffen mit Freunden zu einem Glas Wein. Versuchen Sie, sich vom Alltag zu lösen und für ein paar Stunden in eine andere Welt einzutauchen.

Falls Sie wegen der Kinder abends nicht aus dem Haus kommen, dann laden Sie Freunde zu sich ein, die viel zu erzählen haben.

Oder nutzen Sie den Abend zu Hause, um Ordnung in Ihre persönlichen Angelegenheiten zu bringen. Wenn Sie abends sonst immer nur müde vor dem Fernseher sitzen, dann geben Sie sich jetzt einen Ruck und erledigen Sie etwas, das Sie schon lange aus Bequemlichkeit immer wieder vor sich hergeschoben haben. Erledigen Sie es jetzt ohne Verzögerung. Sie werden sich hinterher wesentlich besser fühlen.

### Für Kinder

Ihr Kind hat vielleicht die Tendenz, auf großem Fuß leben zu wollen. Das Taschengeld wird sofort für Süßigkeiten oder Spielzeug ausgegeben und ist schon nach wenigen Tagen verbraucht. Ihr Kind hat Probleme, sich die Dinge gut einzuteilen.

Die Banken, die ihre zukünftigen Kunden so früh wie möglich zu gewinnen trachten, haben spezielle Angebote für Kinder, und es kann hilfreich sein, dass Ihr Kind über ein eigenes Konto lernt, sein Taschengeld zu verwalten. Es sollte ein ausgeglichenes Verhältnis von Geben und Nehmen lernen. Auch sollte es begreifen, dass es außer Geld, Spielzeug und Designerklamotten noch andere Werte gibt.

1. Karte: Violett/Hellviolett
2. Karte: Orange/Koralle

### Motto

Ich äußere meine wahren Wünsche und leite Schritte ein, um sie mir zu erfüllen.

### Farbe, die heute gut tut

Türkis

## Für den heutigen Tag

Sie hören mehr auf Ihren Verstand als auf Ihre Gefühle. Sie meinen dann, dass es das Beste sei, »vernünftig« zu sein und sich den äußeren Gegebenheiten anzupassen. Doch vielleicht träumen Sie ja eigentlich davon, auszusteigen und ein ganz neues Leben voller Abenteuer und Freiheit zu beginnen. Aber dann rufen Sie sich sofort wieder innerlich zur Ordnung, denn Sie glauben nicht daran, dass sich solche kühnen Träume je realisieren lassen. Vielleicht sind Sie auch ein Mensch, der Jahre im Voraus plant, statt den heutigen Tag in vollen Zügen zu genießen. Hegen Sie vielleicht tiefe Gefühle für eine geliebte Person, können Ihre Zuneigung aber kaum zeigen oder artikulieren?

In welcher Situation Sie sich auch befinden, Sie sind heute gefragt, einmal Ihr wahres Ich nach außen zu kehren. Öffnen Sie sich, und bekennen Sie sich zur Ihren Wünschen und Bedürfnissen, auch auf die Gefahr hin, dass einige Ihrer Mitmenschen Sie nicht mehr verstehen. Es ist an der Zeit, neue Wege zu gehen, wenn Sie wirklich erfüllt leben wollen.

## Ihre Stärken

Selbst wenn Sie merken, dass Sie in eine schwierige Situation geraten und eine Zeit der Prüfungen vor Ihnen liegt, verfallen Sie trotzdem nicht in Resignation oder Hilflosigkeit. Das Schicksal zwingt Sie vielleicht in die Knie, aber es dauert nur kurze Zeit, und Sie stehen auf und nehmen Ihr Leben wieder konsequent in die Hand. Sie erleben intensive Momente der Trauer und des Schmerzes, die Sie aber schnell verarbeiten können und aus denen Sie gestärkt hervorgehen. Sie lassen sich nicht unterkriegen.

Sie sind bereit, Verantwortung zu übernehmen – im Gegensatz zu anderen, die zwar zunächst große Sprüche klopfen, aber sich dann schnell aus der Affäre ziehen. Sie hingegen zeigen Flagge. Sie geben Ihr Bestes, ohne den Anspruch zu haben, immer alles perfekt abzuwickeln.

Obwohl Sie in Ihrem Leben viel gesehen und erlebt haben, ist Ihnen die Gabe des kindlichen Staunens geblieben. Sie wissen, dass in der Welt immer wieder Wunder geschehen, und Sie sind daher zuversichtlich, dass auch in Ihrem Leben Wunder auf Sie warten.

### Ihre Schwächen

Sie durften als Kind keine Schwäche zeigen und waren deshalb gezwungen, Angstgefühle für sich zu behalten. Gab es dennoch Momente, in denen Sie Ihren Kummer gezeigt haben, wurden Sie wahrscheinlich als Feigling und Angsthase verspottet. Vergeblich haben Sie auf Trost und Zuspruch gewartet. Es gab niemanden, der Sie voller Liebe und Verständnis in die Arme genommen hätte. So haben Sie sich im Lauf der Jahre einen Panzer zugelegt. Sie geben sich nach außen selbstsicher, auch wenn es in Ihrem Innern ganz anders aussieht.

Sie neigen wahrscheinlich dazu, sich in die Arbeit zu stürzen und Situationen zu vermeiden, in denen Sie sich auf der Gefühlsebene offenbaren müssten. Fakten und nicht Emotionen zählen für Sie im Leben. Kommen dennoch unerwartete Ereignisse auf Sie zu, die Sie innerlich in Aufruhr versetzen, werden Sie versuchen, diese mit aller Gewalt wieder aus Ihrem Leben zu schaffen. Diese Vermeidungsstrategie ist auf Dauer sehr anstrengend und bringt wenig Erfüllung, zumal Sie dadurch in Ihren persönlichen Beziehungen keine wirkliche Nähe und Intimität aufbauen können. Sie müssen auf Distanz bleiben, obwohl Sie eigentlich gern eine intensive Liebe erleben möchten und dazu auch fähig wären.

## Tipps für Ihr Wohlbefinden

Vielleicht gönnen Sie sich öfter etwas Gutes in Form von Essen oder einem Schluck edlen Weins. Könnte es sein, dass es Ihnen als Kompensation für andere, tiefer liegende Wünsche dient? Sie träumen beispielsweise von einem Leben auf einer Insel im Mittelmeer und begnügen sich stattdessen mit einer Flasche spanischem Rotwein. Wie würde es um Ihre Lebensqualität stehen, wenn Sie auf diese Genüsse verzichten müssten? Gäbe es dann nichts mehr, das Ihr Herz so richtig erfreut?

Wenn Sie merken, dass Sie zu viel damit beschäftigt sind, unerfüllte Sehnsüchte zu beschwichtigen, dann sollten Sie jetzt mehr Bodenständigkeit in Ihren Alltag bringen.

## Für Kinder

Ihr Kind hat eine zarte, empfindsame Seele, mit der behutsam umgegangen werden sollte. Strenge, harte Strafen oder Lieblosigkeit hinterlassen tiefe Spuren, die in späteren Jahren schmerzhaft zu Tage treten können.

Auch wenn sich Ihr Kind scheinbar gegen Umarmungen oder zärtliche Gesten sträubt, so hat es dennoch eine Sehnsucht danach. Vielleicht traut es sich nicht, seine Liebesbedürftigkeit zuzugeben, und will lieber den Eindruck erwecken, ein starker Kerl zu sein. Aber gerade Kinder, die meinen, allein in der Welt zurechtzukommen, und Unterstützung ausschlagen, brauchen am meisten das Gefühl, bedingungslos geliebt zu werden.

Auch wenn Ihr Kind trotzig, schwierig oder provozierend frech ist und Sie nicht weiterwissen, sollten Sie nicht die Geduld verlieren und ihm nicht den Rücken zukehren. Es braucht wiederholt viel Bestätigung. Vermitteln Sie also dem Kind Ihre Freude darüber, dass es ein Teil Ihres Lebens ist.

Nehmen Sie die Träume und Wünsche Ihres Kindes ernst, und respektieren Sie seine eigenständige Persönlichkeit.

### 1. Karte: Violett/Hellviolett
### 2. Karte: Gold/Gelb

### Motto
Ich liebe mich mit all meinen Stärken und Schwächen.

### Farbe, die heute gut tut
Blau

### Für den heutigen Tag
Gibt es bestimmte Bereiche, bei denen Sie sich schwer tun, innere Hemmschwellen zu überschreiten? Trauen Sie sich vielleicht nicht, Ihre Zuneigung auszudrücken, und verschanzen Sie sich aus Angst vor Ablehnung hinter einer Fassade der Gleichgültigkeit? Oder gehen Sie Menschen aus dem Weg, die Sie kritisieren könnten – wobei Sie jedoch wissen, dass deren Urteil gerechtfertigt sein wird?
Versuchen Sie heute, sich Ihren inneren Dämonen der Angst zu stellen. Sie können jetzt der Welt mutig entgegentreten.
Prüfen Sie auch, inwieweit Ihr Denken und Handeln von einem starken Perfektionsdrang geprägt ist und jede scheinbare Ablehnung, jede Kritik oder der kleinste Misserfolg Ihnen ein Gefühl des Versagens vermittelt.
Hüten Sie sich heute davor, das Opfer von einer übersteigerten Erwartungshaltung anderer – vor allem des Lebenspartners oder der Eltern – zu werden. Orientieren Sie sich an Ihren eigenen Maßstäben und nicht an denen Ihrer Mitmenschen.

Heute ist außerdem ein guter Tag, um das Zusammensein mit geliebten Personen zu genießen und sich zu freuen, dass sie ein Teil Ihres Lebens sind.

## Ihre Stärken

Sie sammeln vor allem im zwischenmenschlichen Bereich Erfahrungen, die Sie weiterbringen. Als Kind haben Sie möglicherweise eine starke, gute Beziehung zu Ihren Eltern oder zu einem Elternteil gehabt und konnten daraufhin viel Selbstwertgefühl aufbauen. Oder vielleicht waren es andere Bezugspersonen – die Großeltern, ein Freund oder ein Lehrer – die Sie geprägt und Ihnen viele wertvolle Impulse für Ihren künftigen Weg geschenkt haben. Sie haben in jedem Fall erlebt, dass man Ihnen Mut zugesprochen hat, auch ungewöhnliche Dinge in Angriff zu nehmen.

Man traut Ihnen heute schwierige Aufgaben zu, weil Sie klar denken können und bei Ihnen Weitsicht mit einem Blick für die Details verbunden ist. Sie arbeiten gern mit anderen Menschen zusammen, wobei es Ihnen wichtig ist, verschiedene Ansatzpunkte und Fähigkeiten miteinander zu kombinieren, damit sich keine Einseitigkeit herausbildet. In einem gemischten Team von Frauen und Männern fühlen Sie sich am wohlsten. Sie schaffen es, das Beste aus jedem Ihrer Mitarbeiter herauszuholen, und spornen mit Ihrer Schaffenskraft und positiver Ausstrahlung die Menschen in Ihrer Umgebung zu herausragender Leistung an.

## Ihre Schwächen

Sie sind eventuell in Ihrer Vergangenheit mit Situationen konfrontiert worden, in denen Sie zusehen mussten, wie etwas Negatives geschah, ohne dass Sie in irgendeiner Form Einfluss nehmen konnten. Das kann beispielsweise die Trennung der Eltern gewesen sein. Seitdem haben Sie oft Angst, dass sich eine ähnlich belastende Situation wiederholen könnte. Sie versuchen, solchen Schrecken und den damit verbundenen Emotionen der Machtlosigkeit aus dem Weg zu gehen. So kann es sein, dass Ihre persönlichen Beziehungen von Distanz geprägt sind und Sie und Ihr Partner sich nicht tief auf der Gefühlsebene berühren.

Es ist wichtig für Sie, die Kontrolle zu bewahren, denn nichts versetzt Sie mehr in Panik, als einer Person oder Situation scheinbar hilflos ausgeliefert zu sein. Sie treten vielleicht sehr souverän auf und mögen sogar viel Weisheit, Mut und Entschlossenheit ausstrahlen. In Wirklichkeit laufen Sie jedoch davon, wenn Sie sich auf etwas einlassen sollen. Eventuell neigen Sie auch dazu, anderen ständig die Schuld zu geben und Familienmitglieder, Partner oder Freunde sehr kritisch zu beurteilen.

### Tipps für Ihr Wohlbefinden

Vielleicht haben Sie sich in letzter Zeit zu sehr mit Arbeit überhäuft und dabei Ihre Nächsten vernachlässigt. Es würde Ihnen jetzt gut tun, etwas kürzer zu treten und sich aktiv um Ihre Familie oder Ihre Freunde zu kümmern. Es besteht sonst zu leicht die Gefahr, dass Sie sich auseinander leben und sich schließlich darüber wundern, dass zwischen Ihnen keine Intimität und Gefühlstiefe mehr besteht.

Wenn Sie wenig Kontakt zu Ihren Eltern haben oder auf Grund belastender Kindheitserlebnisse gegenüber Ihren Eltern eine kritische und ablehnende Haltung einnehmen, dann sollten Sie jetzt versuchen, die Atmosphäre zu klären. Wenn es Ihnen gelingt, sich wieder schrittweise entgegenzukommen und in Liebe zu begegnen, würden alle Beteiligten an Lebensfreude gewinnen. Vergiftete Beziehungen belasten das körperliche und seelische Wohlbefinden und können den Alltag völlig trüben. Ist eine kaputte Beziehung jedoch nicht mehr zu heilen, dann lassen Sie sie in Liebe los. Belasten Sie sich nicht ständig mit Vorwürfen oder Reuegedanken.

### Für Kinder

Ihr Kind wird unter einer angespannten familiären Situation sehr leiden, da es sehr sensibel ist und sofort jede Disharmonie registriert. Es braucht noch nicht einmal ein offener Streit auszubrechen, sondern es reichen bereits unterschwellige Spannungen, um beim Kind Ängste auszulösen. Unter keinen Umständen sollten Sie Ihren eigenen negativen Stress, Ihre aufgestaute Wut an Ihrem Kind abreagieren.

Ihr Kind setzt sich freiwillig unter starken Leistungsdruck und leidet, wenn es meint, seinen eigenen Ansprüchen nicht gerecht zu werden. Ein Bild, das beispielsweise nicht so gelungen ist, wie es sich Ihr Kind vorgenommen hatte, wird dann schnell zerknüllt und in die Ecke geworfen.

Ihr Kind ist wissbegierig. Es will die Welt erkunden und verstehen. Helfen Sie ihm dabei, und auch Sie werden eine Menge dazulernen.

### 1. Karte: Violett/Hellviolett
### 2. Karte: Grün/Hellgrün

### Motto
Auch ein gebrochenes Herz kann heilen und sich wieder für die Liebe öffnen.

### Farbe, die heute gut tut
Rosa

## Für den heutigen Tag

Würden Sie manchmal jemanden gern umarmen, aber Sie trauen sich nicht und strecken dann nur die Hand aus? Verbergen Sie Ihre tiefen Gefühle der Zuneigung hinter einer Fassade von Nonchalance? Versuchen Sie heute, zu Ihren Herzensbedürfnissen zu stehen, und setzen Sie entsprechende Signale.

Wenn Sie seit längerer Zeit unter starkem Liebeskummer leiden oder über den Verlust einer Beziehung nicht hinwegkommen, dann ist heute ein guter Tag, um einen ersten Schritt in eine neue Richtung zu gehen und wieder mehr Licht in Ihr Leben zu bringen. Es ist nicht Sinn Ihres Lebens, in Kummer zu versinken. Entdecken Sie Ihr Lachen wieder. Es gibt sicherlich etwas, das Ihnen ein Schmunzeln entlocken könnte und Ihre Tränen fortwischt.

Wenn Sie gerade frisch verliebt oder ganz einfach in einer guten Lebensphase sind, dann nehmen Sie dies nicht als selbstverständlich hin, sondern machen Sie sich Ihr Glück bewusst. Geben Sie etwas von Ihrem guten Gefühl weiter, und stecken Sie andere mit Ihrer guten Laune an.

## Ihre Stärken

Ihr unscheinbares Auftreten täuscht! Es steckt viel mehr in Ihnen, als auf den ersten Blick erkennbar ist. Durch Ihr bescheidenes, zurückhaltendes Wesen öffnen sich leicht Türen, die bei forscherem Auftreten geschlossen bleiben würden. In gewisser Weise ist dies auch die Erfolgsstrategie von Agatha Christies Krimifigur Miss Marple, einer scheinbar ganz harmlosen alten Dame, die mit ihrem messerscharfen Verstand, ihrer Intuition und Courage der Polizei bei der Aufklärung von schwierigen Mordfällen immer einen Schritt voraus ist.

Sie tragen mit Ihrer Arbeit gern zum Wohl der Allgemeinheit bei. Sie haben hohe Ideale, und es ist Ihnen wichtig, einen positiven Beitrag für die Gemeinschaft zu leisten. Dabei bleiben Sie unabhängig und planen Ihr Vorgehen vollkommen selbständig. Sie folgen Ihren Überzeugungen. Sie sind beispielsweise jemand, der Außenseitern oder ehemaligen Strafgefangenen bei der sozialen Wiedereingliederung hilft. Sie haben ein tiefes Verständnis für die schwierigen Schicksale dieser Menschen. Sie arbeiten und leben in einer Haltung der Demut und Dankbarkeit.

### Ihre Schwächen

Sie verstecken Ihre Fähigkeiten und wahren Gefühle hinter einer Maske von Geschäftigkeit und kühlem Auftreten. Ihr wahres Ich hat keine Chance, sich zu zeigen, geschweige denn sich wirklich auszuleben. Liebe und Mitgefühl, aber auch Wünsche und Träume verschwinden in den tiefsten Schichten Ihres Unterbewusstseins.

Sie wollen um jeden Preis gewinnen und können dabei recht skrupellos vorgehen. Es stört Sie wenig, wenn andere dabei auf der Strecke bleiben. Es geht Ihnen hauptsächlich um den eigenen Vorteil. Dabei sind Sie eigentlich kein hartgesottener Egoist. Sie haben in Wirklichkeit ein großes Herz, das Sie nur nicht zeigen können.

Mit Ihrem Leben sind Sie nicht wirklich glücklich, auch wenn Sie sich ständig vom Gegenteil überzeugen wollen. Es kann sein, dass Sie manchmal eifersüchtig und neidisch auf den Erfolg anderer Menschen blicken. Sie haben Probleme, anderen etwas Gutes zu gönnen. Es fehlt Ihnen an Großzügigkeit auf Grund der Angst, Sie könnten dann ausgenutzt werden.

Vielleicht haben Sie auch eine tiefe Enttäuschung in der Liebe oder den Tod einer sehr geliebten Person erlebt. Diese Ereignisse, die Sie nicht überwinden konnten, haben Ihr Herz verschlossen.

### Tipps für Ihr Wohlbefinden

Tun Sie heute etwas, um Ihre Stimmung zu heben. Suchen Sie sich aber etwas aus, das nicht nur ein oberflächliches Vergnügen bringt, sondern Ihnen wirklich ein Gefühl der Befriedigung schenkt.

Wenn Sie sich in letzter Zeit in jeder Hinsicht lieblos verhalten haben, dann ist jetzt eine gute Gelegenheit für einen Neuanfang gekommen. Vernachlässigen Sie sich nicht mehr, zeigen Sie sich selbst und Ihren Nächsten Liebe und Achtung. Wenn Sie sich aus Traurigkeit zurückgezogen haben, sollten Sie heute einmal wieder ausgehen. Machen Sie einen Stadtbummel oder einen ausgedehnten Spaziergang. Setzen Sie sich in ein belebtes Straßencafé. Unternehmen Sie erste Schritte, wieder mehr am geselligen Leben teilzuhaben.

### Für Kinder

Ihr Kind hat ein großes Herz für andere Lebewesen und wird sich beispielsweise stark für das Wohl von Tieren oder für den Naturschutz engagieren. Es kann auch sein, dass es mit Betroffenheit auf Bilder aus der Dritten Welt reagiert und sich fest vornimmt, später als Erwachsener etwas gegen Armut und Hunger zu unternehmen. Es trägt viel Pioniergeist in sich, wobei sich dies hauptsächlich auf soziale und wohltätige Bereiche erstreckt.

Es besteht jedoch die Gefahr, dass Ihr Kind durch die intensive Beschäftigung mit den Problemen dieser Welt viel zu ernst und sogar schwermütig wird. Das Kind macht sich dann ständig Sorgen und verliert seine kindliche Unbeschwertheit und Fröhlichkeit.

Vielleicht gab es auch eine Trennung in der Familie, und Ihr Kind fühlt sich nun für das Glück der anderen Familienmitglieder verantwortlich. Es ist vermutlich reifer als andere Kinder seines Alters, so dass Sie aufpassen sollten, es nicht als kleinen Erwachsenen zu betrachten, mit dem Sie Ihren Kummer teilen oder dem Sie Verantwortung aufbürden können. Vergessen Sie nicht, dass Ihr Kind Ihre Liebe und Ihren Schutz braucht, nicht umgekehrt.

**1. Karte: Violett/Hellviolett**
**2. Karte: Türkis/Helltürkis**

**Motto**
Ich erweitere meinen Horizont.

**Farbe, die heute gut tut**
Gold/Gelb

**Für den heutigen Tag**
Sie hatten einmal Zukunftsvisionen, von deren Realisierungsmöglichkeiten Sie absolut überzeugt waren. Aber äußere Umstände verhinderten die Erfüllung Ihrer Träume. Seitdem ist viel Zeit vergangen. Heute bietet sich jedoch eine Gelegenheit, alte Vorhaben wieder aufzugreifen – selbst wenn die Wunschträume schon lange begraben worden sind und Sie scheinbar keinen Zugang mehr zu ihnen finden.

Nehmen Sie sich also etwas Zeit, und ziehen Sie sich heute einmal vom Alltagslärm zurück. Versetzen Sie sich wieder in Ihre Kindheit zurück. Wovon haben Sie geträumt, als Sie etwa neun oder zehn Jahre alt waren? Wer war Ihr Held? Auf welche Weise wollten Sie berühmt oder reich werden? Wo lagen Ihre Stärken, und was hat Ihnen am meisten Spaß gemacht? Versuchen Sie, sich diese kraftvollen Visionen wieder ins Gedächtnis zu rufen.

Machen Sie dann eine Art Bestandsaufnahme Ihres Alltags. Was haben Sie von den kindlichen Träumen verwirklicht? Welche Wünsche könnten Sie sich heute noch erfüllen. Versuchen Sie, eine neue Qualität in Ihr Leben zu bringen und Ihren gewohnten Denk- und Aktionsrahmen zu erweitern.

### Ihre Stärken

Sie lieben ungewöhnliche Herausforderungen – Situationen, in denen Sie an Ihre Grenzen gelangen und dadurch gezwungen werden, über sich selbst hinauszuwachsen. Solche Grenzüberschreitungen bewirken bei Ihnen eine Erweiterung des Bewusstseins. Sie verstehen dann größere Zusammenhänge und können Dinge aus höherer Perspektive begreifen und einordnen.

Sie haben große Erfolge erlebt, wissen aber auch, was es heißt, niedergeschlagen und zur Aufgabe eines Vorhabens gezwungen worden zu sein. Solche Erfahrungen bewerten Sie aber nicht negativ, da Sie der Meinung sind, dass Sie aus Fehlern am meisten lernen können. Misserfolge gehören daher für Sie auch zum Leben.

Mit Ihrer gelassenen Lebenseinstellung, schöpferischen Kraft und Ihrem Abenteuergeist wirken Sie für viele Menschen wie ein Sonnenstrahl an einem dunklen, trüben Tag. Sie beweisen anderen, dass nichts im Leben unmöglich ist.

## Ihre Schwächen

Es fehlt Ihnen an Mut, Ihre kreativen Ideen auch in die Tat umzusetzen, und Sie verpassen dadurch wertvolle Entwicklungschancen in Ihrem Leben. Sie sind ein Träumer, jemand, der jahrelang etwas bis ins Detail plant, sich aber nicht traut, es in der Praxis zu erproben.

Vielleicht sind es tatsächlich äußere Faktoren, die es unmöglich machen, Ihre Vorhaben zu realisieren. Doch meist handelt es sich in Wahrheit um willkommene Ausreden, um sich nicht unter Beweis stellen zu müssen. Zu groß ist die Angst vor dem Versagen, vor allem nachdem Sie sich so lange und intensiv darauf vorbereitet haben.

Sie neigen auch dazu, andere Menschen mit Ihren großartigen Plänen beeindrucken zu wollen. Dadurch baut sich jedoch ein äußerer Erwartungsdruck auf, vor dem Sie aus Furcht, sich zu blamieren, flüchten. Vielleicht haben Sie auch erlebt, dass Ihre Eltern oder nahe Personen Ihre tollkühnen und phantastischen Vorhaben verspottet haben, und Sie kamen sich mit Ihren Ideen lächerlich und dumm vor. Vor dem Hintergrund dieser Demütigung ziehen Sie es heute vor, ein unscheinbares, abgesichertes Leben zu führen.

## Tipps für Ihr Wohlbefinden

Probieren Sie heute einmal, Ihre eigenen Grenzen auf der körperlichen Ebene zu erweitern. Wenn Sie normalerweise in gemächlichem Tempo spazieren gehen, dann erhöhen Sie Ihr Tempo, oder versuchen Sie es sogar einmal mit Jogging. Oder wagen Sie sich einmal zu einem Schnupperkurs für Free Climbing, um Ihre Kraft und Geschicklichkeit zu testen. Haben Sie bis jetzt im Badeurlaub immer geschnorchelt, dann würde ein Tauchkurs für Sie eine neue Herausforderung sein. Wenn Sie als Kind immer vom Reiten geträumt haben, es aber nie richtig lernen durften, könnten Sie jetzt Reitstunden nehmen und sich einen alten Traum erfüllen.

Es geht bei all diesen Aktionen der Grenzerweiterung allerdings nicht darum, waghalsige Manöver zu riskieren oder sich leichtsinnig in Gefahr zu bringen. Sie sollen nur ein Gespür dafür bekommen, wie es ist, wenn Sie sich über das gewohnte Maß hinauswagen.

### Für Kinder

Ihr Kind sollte dazu ermuntert werden, seine Kreativität auszudrücken. Wenn es viele Träume oder Wünsche hat, die aus finanziellen oder technischen Gründen nicht realisierbar sind, dann sollten Sie diese nicht ganz aus seinem Leben verbannen. Damit ist nicht gemeint, dass Sie Ihr Kind mit leeren Versprechungen hinhalten und es im Glauben lassen, bald werde sein Wunsch erfüllt. Vielmehr sind Ihr eigener und der Erfindungsgeist Ihres Kindes gefragt, Auswege und Kompromisse zu finden. Möchte Ihr Kind beispielsweise reiten und können Sie Ausrüstung und Stunden nicht bezahlen, dann schenken Sie ihm zum Geburtstag Bücher über Pferde. Machen Sie Ausflüge zu einem Ponyhof oder Gestüt, und ermöglichen Sie ihm so den Kontakt zu den Tieren.

Achten Sie darauf, was Ihrem Kind wirklich ein Herzensbedürfnis ist, um nicht mit ihm gemeinsam auf einen Modetrend hereinzufallen, der lediglich nachgeahmt wird.

1. Karte: Violett/Hellviolett
2. Karte: Blau/Hellblau

## Motto

Ich nehme mein Leben in die Hand und mache
etwas daraus.

### Farbe, die heute gut tut
Orange/Koralle

### Für den heutigen Tag

Es wäre besser, jetzt auf weitere Ablenkungsmanöver zu verzichten. Sie sind äußerst erfinderisch, Ausreden vorzubringen, warum Sie etwas anderes als die anstehende Aufgabe
tun sollten. Vielleicht überkommt Sie auch plötzlich eine
bleierne Müdigkeit, und Sie müssen sich unbedingt erst aus-
ruhen, bevor Sie an die Arbeit gehen können. Oder Sie schal-
ten den Fernseher ein, um die Tagesnachrichten zu sehen –
schließlich wollen Sie ja informiert sein. Nur läuft leider
gleich im Anschluss ein spannender Film, und schon verschieben Sie Ihr Vorhaben auf morgen. Sie nehmen sich vor,
ganz früh aufzustehen, um Liegengebliebenes aufzuarbeiten, aber nachdem der Wecker geklingelt hat, fühlen Sie sich
ja noch so unausgeschlafen ...

Das Problem bei diesen Verzögerungstaktiken ist, dass Ihre
Trägheit, und damit Ihr schlechtes Gewissen, so groß wird,
dass Sie bald an nichts mehr Freude haben. Mobilisieren Sie
also heute Ihre Willenskraft, um Ordnung zu schaffen und
Rückstände aufzuholen. Sie gewinnen dabei an Selbstachtung.

## Ihre Stärken

Sie sind sehr einfallsreich und haben fast immer Ideen, wie ein Problem oder eine Aufgabe gelöst werden kann. Ihre Vorschläge sind manchmal ungewöhnlich. Sie können mit sehr wenigen Mitteln viel bewirken und sind somit für andere ein Ansporn, die Kunst der Improvisation wieder mehr schätzen zu lernen.

Sie können zudem sehr viel Disziplin und Geduld aufbringen. Ihr systematisches Vorgehen lässt Sie langsam, aber sicher ans Ziel kommen. Dadurch verwirklichen Sie Ihre Vorstellungen – wenn es sein muss, beweisen Sie viel Durchhaltevermögen.

Sie übernehmen gern die Verantwortung, da Sie selbstsicher sind und sich viel zutrauen. Schwierige Phasen oder Situationen meistern Sie mit innerer Ruhe und Gelassenheit. Unterstützt werden Sie dabei von Ihrer starken Intuition. Ihre Sensibilität lässt Sie Zusammenhänge erahnen, und Sie ergreifen manchmal scheinbar blind eine Gelegenheit, die sich hinterher als Glückstreffer erweist.

## Ihre Schwächen

Sie neigen zu passivem Verhalten und leiden an Antriebsschwäche. Sie brauchen viel Zeit, bis Sie sich in Bewegung setzen – wodurch Sie wahrscheinlich schon oft eine gute Gelegenheit verpasst haben.

Durch Ihre Trägheit bleiben Ihre Leistungen auf niedrigem Niveau. Dabei haben Sie einen wachen Verstand und wissen durchaus, was zu tun ist. Nur leider scheint Ihnen ein kleiner Teufel ständig Ablenkungen ins Ohr zu flüstern. Sie beschäftigen sich dann unkonzentriert mit Nebensächlichkeiten und lassen Wichtiges liegen. Zudem werden Sie durch Ihre Unentschlossenheit gebremst.

Sie haben vielleicht den Eindruck, dass das Leben an Ihnen vorbeigeht. In Ihrer Kindheit fühlten Sie sich womöglich unverstanden und verkannt, vor allem von männlichen Bezugspersonen. Sie durften wahrscheinlich Ihre Gefühle nicht zeigen und haben dadurch vieles für sich behalten. Noch heute fällt es Ihnen schwer, sich mitzuteilen.

### Tipps für Ihr Wohlbefinden

Vielleicht haben Sie Probleme, sich vom bequemen Sofa zu erheben und Ihrem Körper etwas Bewegung zu gönnen. Oder Sie haben ein großes Schlafbedürfnis und fühlen sich generell müde und schlapp. Machen Sie sich bewusst, dass Ihnen ein Teufelskreis droht: Durch die mangelnde Bewegung werden Sie immer träger und müder und sind dann immer weniger motiviert, sich zu körperlicher Aktivität aufzuraffen.

Versuchen Sie Ihre Trägheit zu überwinden. Gehen Sie täglich an die frische Luft. Oder nehmen Sie Ihr Fahrrad, und machen Sie mit der Familie oder Freunden einen Ausflug. Im Sommer laden die Freibäder zum Schwimmen ein. Doch vor allem ist es für Sie im Winter wichtig, genügend Bewegung zu bekommen. Die erhöhte Sauerstoffzufuhr schenkt Ihnen mehr Wachheit, und Sie fühlen sich leistungsfähiger. Depressive Verstimmungen gehen zurück; außerdem werden die Abwehrkräfte gestärkt.

### Für Kinder

Ihr Kind braucht eine Autoritätsperson in seinem Leben – jemanden, der ihm als Vorbild dient und es motiviert, seine eigenen Fähigkeiten zu entdecken und zu erproben. Fehlt dieser Mentor, wird es Ihrem Kind schwer fallen, aus eigenem Antrieb heraus seine beste Leistung zu bringen. Die Lernaufgabe für Ihr Kind besteht darin, irgendwann einmal eigenständig und selbstbewusst eine Wahl zu treffen – und nicht auf den Anstoß von außen zu warten.

Generell braucht Ihr Kind viel Zuspruch und Ermunterung. Fehlt es an Unterstützung, wird die Lust am Lernen und Arbeiten schnell versiegen, und Ihr Kind beginnt, sich zu langweilen, weil es nichts mit sich selbst anfangen kann. Zeigen Sie Ihrem Kind, wie sehr Sie sich für seine Belange interessieren. Achten Sie darauf, dass Sie ihm viel Zeit und Aufmerksamkeit widmen.

### 1. Karte: Violett/Hellviolett
### 2. Karte: Magenta/Hellmagenta

### Motto
Wenn ich um Hilfe bitte, werde ich sie auch erhalten.

### Farbe, die heute gut tut
Orange/Koralle

### Für den heutigen Tag
Wenn Sie erschöpft und ausgelaugt sind, ist es schwierig, selbst kleinere Aufgaben zu bewältigen, und Sie fühlen sich schnell überfordert. Es braucht Sie dann jemand nur unfreundlich anzuschauen, und schon brechen Sie in Tränen aus, weil Sie sich abgelehnt und ungeliebt fühlen.

Versuchen Sie heute, sich wieder mit Ihrer eigenen Kraft zu verbinden. Wenn Sie längere Zeit beispielsweise durch eine Krankheit aus Ihrer gewohnten Lebensbahn geworfen worden sind, so werden Sie sich jetzt wieder fangen können. Nehmen Sie sich jedoch nicht zu viel auf einmal vor, sonst geben Sie aus Erschöpfung oder Frustration schnell auf.

Vor allem ist es wichtig, dass Sie Ihre derzeitige Schwäche auch zeigen und um Verständnis und Unterstützung bitten, wo es nötig ist. Tun Sie nicht so, als ob Sie schon wieder Bäume ausreißen könnten.

Falls es Ihnen derzeit gut geht, dann gibt es vielleicht jemanden in Ihrer näheren Umgebung, der sich gerade in einer Erholungsphase befindet und Ihre Fürsorge brauchen könnte. Eventuell ist es eine ältere Person, der Sie Ihre Unterstützung anbieten können.

### Ihre Stärken

Sie gehen immer sehr konsequent vor. Wenn Sie etwas in Angriff nehmen, führen Sie es auch zu Ende. Selbst wenn Sie dabei an die Grenze Ihrer Leistungsfähigkeit stoßen, halten Sie durch und mobilisieren Ihre letzten Kraftreserven.

Sie haben viel Liebe und Wärme in sich und geben anderen gern davon. Ihre hilfsbereite und fürsorgliche Art macht Sie zu einem besonderen Menschen. Sie stellen Ihre eigenen Bedürfnisse bereitwillig zurück, wenn es darum geht, einem anderen beizustehen.

Obwohl es möglich ist, dass Sie in der Vergangenheit von anderen enttäuscht wurden, sind Sie weder verbittert noch traurig. Sie können verzeihen und vergeben, Sie sind nicht nachtragend. Enttäuschungen oder schwere Schicksalsprüfungen können sich für Sie als wichtige Entwicklungsschritte entpuppen, nach deren Bewältigung Sie Ihr Leben aus einer anderen Perspektive betrachten.

Oberflächliche Begegnungen mit anderen Menschen sind für Sie nicht mehr interessant, Sie brauchen tiefere Kontakte, die von Zuneigung und Verständnis geprägt sind.

## Ihre Schwächen

Vielleicht haben Sie einen schweren Schicksalsschlag hinter sich, bei dem es um Ihre eigene Existenz oder die Ihrer Liebsten ging. Dieses Ereignis hat Sie Nerven und Kraft gekostet, und Sie fühlen sich am Rand des Zusammenbruchs. In Ihrem erschöpften Zustand kommen Sie sich verlassen vor. Sie sehnen sich danach, dass Ihnen jemand Liebe schenkt und Hilfe anbietet. Sie wollen in den Arm genommen werden und Trost spüren. Doch scheint es niemanden zu geben, der Ihre Hilfsbedürftigkeit bemerkt. Ihr Schrei ist stumm und kann nicht gehört werden. Ihre innere Not ist für andere nicht sicht- oder spürbar.

Selbst wenn es Ihnen sehr schlecht geht, werden Sie Ihren eigenen Kummer beiseite schieben, um einem anderen, der darum bittet, zu helfen. Man merkt Ihnen einfach nicht an, in welcher Krise Sie stecken. Sie versuchen, allein auf die Beine zu kommen, verfügen dazu aber kaum noch über die notwendigen Kraftreserven. Sie vergessen, um Hilfe zu bitten – um die Hilfe Ihrer Mitmenschen oder einer höheren, göttlichen Macht.

## Tipps für Ihr Wohlbefinden

Gönnen Sie sich viele Ruhepausen und ausreichend Schlaf, damit sich Ihr Körper regenerieren kann. Selbst wenn es sich nur um die Frühlingsmüdigkeit handelt und keineswegs um eine schwere Krankheit, sollten Sie auf die Signale Ihres Körpers hören und sanft mit sich umgehen.

Versuchen Sie sich Freiräume zu schaffen, wenn Sie auf Grund Ihrer familiären Situation zu viel Hektik und Alltagsstress erleben. Vielleicht kann eine Freundin, eine Nachbarin oder die Großmutter bei der Betreuung der Kinder einspringen oder im Haushalt mithelfen, damit Sie nicht so eingespannt sind. Wenn Sie seit längerem nur noch Überstunden sammeln, sollten Sie jetzt eine Urlaubspause einlegen. Jetzt tut es in jedem Fall gut, abzuschalten und weder den Körper noch den Geist übermäßig anzustrengen.

### Für Kinder

Ihr Kind ist ein kleiner Tüftler. Es hat viele kreative Ideen und versteht es, sie beim Basteln oder Spielen umzusetzen. Es braucht keine teuren oder komplizierten Spielsachen, um sich stundenlang zu beschäftigen. Und selbst wenn es gerade mal überhaupt kein Spielzeug zur Verfügung hat, wird es in die phantasievolle Welt der inneren Bilder abtauchen und dort Abenteuer erleben.

Ihr Kind ist romantisch veranlagt. Es liebt Märchen und Legenden, in denen tapfere Helden mutig und entschlossen dem Bösen entgegentreten, in denen verzauberte Prinzessinnen befreit werden müssen und Zwerge riesige Schätze hüten. Diese Traumwelt dient Ihrem Kind auch als Rettungsanker, wenn familiäre Schwierigkeiten oder traumatische Ereignisse es erschüttern. In eine heile Welt abzutauchen ist wichtig für die seelische Gesundheit Ihres Kindes.

### 1. Karte: Violett/Hellviolett
### 2. Karte: Regenbogen

### Motto
Ich lasse die Fehler der Vergangenheit los und mache jetzt das Beste aus meinem Leben.

### Farbe, die heute gut tut
Gold/Gelb

## Für den heutigen Tag

Es ist sehr anstrengend und frustrierend, ständig zu bereuen, etwas zu unterlassen oder etwas verpasst zu haben. Jetzt ist es zu spät, das Versäumte nachzuholen. Seien Sie also klug, und werden Sie jetzt in einer Sache aktiv, die sich Ihnen anbietet und bei der Sie ein gutes Gefühl haben. Schieben Sie die Umsetzung des Plans nicht so lange auf, bis die Kinder aus dem Haus sind oder Sie irgendwann in ferner Zukunft mehr Zeit haben.

Wagen Sie es jetzt, eine Idee zu realisieren. Wenn Ihre Träume zu kühn und außergewöhnlich sind und Ihr bisheriges Leben auf den Kopf stellen würden, dann versuchen Sie es erst einmal mit einer kleineren Veränderung, nicht mit einem kompletten Umbruch. Eventuell sind Sie jetzt aber auch mutig genug, um einen echten Neuanfang in Ihrem Leben herbeizuführen. Bringen Sie auf jeden Fall jetzt mehr Klarheit in Ihr Leben.

## Ihre Stärken

Sie sind sehr begeisterungsfähig und legen viel Enthusiasmus an den Tag, wenn es darum geht, eine neue Idee oder ein neues Vorhaben zu verwirklichen. Sie können dann auch andere dafür begeistern und zur Mitwirkung überreden. Überhaupt zählen Ihre kommunikativen Fähigkeiten zu Ihren Stärken. Ihre lebendige Darstellungsweise kommt gut an. Sie verstehen es, einen Sachverhalt so klar und mitreißend zu schildern, dass selbst kritische Menschen von Ihnen im Handumdrehen überzeugt sind. Alles scheint dann plötzlich möglich zu sein, und Sie geben anderen das Gefühl, dass auch sie an dieser Dynamik teilhaben. Dabei meinen Sie es ehrlich. Sie sind kein Scharlatan, der andere manipuliert und ihre Schwächen ausnutzt, um daraus einen persönlichen Gewinn zu ziehen. Sie sind bestrebt, dass andere von Ihren Ideen und Ihrem Können profitieren.

## Ihre Schwächen

Sie verlieren sich in Ihren Wunschvorstellungen und finden nicht die Kraft, etwas davon zu realisieren. Stattdessen überkommt Sie häufig ein starkes Gefühl der Frustration, weil Sie eine Chance aus Bequemlichkeit oder Angst verpasst haben. Sie bereuen ständig Ihre Schwäche. »Hätte ich doch bloß ...«, das scheint Ihr persönliches Mantra zu sein, das Sie pausenlos vor sich hin murmeln.

Sie treten auf der Stelle, wenn Sie nur über all die verpassten Gelegenheiten jammern. Auch Schuldzuweisungen bringen Sie nicht weiter. Da Sie zuweilen »die anderen« oder »die Umstände« für Ihr Unglück verantwortlich machen, schlüpfen Sie in eine Opferrolle.

Vielleicht neigen Sie auch zu Stimmungsschwankungen. Es ist schwer, es Ihnen recht zu machen, und Ihre Launen sind für Ihre Mitmenschen ziemlich anstrengend. Sie haben eine pessimistische Lebenseinstellung und glauben sich auf der Verliererseite des Lebens. Dabei schlummern in Ihnen viele Talente.

## Tipps für Ihr Wohlbefinden

Verabschieden Sie sich von Ihrem Frust über verpasste Chancen mit einer Art Beerdigungsritual. Nehmen Sie mehrere kleine Zettel und schreiben auf jeden eine Angelegenheit, die Sie im Nachhinein bereuen. Legen Sie diese Zettel in einen kleinen Karton, und »beerdigen« Sie ihn. Vergraben Sie ihn entweder im Garten, oder verbrennen Sie den Karton samt Inhalt. Trauern Sie um diese verpassten Gelegenheiten, weinen Sie, drücken Sie Ihren Kummer aus.

Dann besorgen Sie sich eine bunte Schachtel und schreiben darauf »Verwirklichungskiste«. Wenn Sie einen Wunsch oder Traum haben, den Sie jetzt gern verwirklichen würden, dann schreiben Sie ihn auf, malen Sie ein Bild dazu oder schneiden dazu passende Bilder aus Zeitschriften aus, und stecken Sie diese Wunschvorstellungen in die Kiste. Sammeln Sie Wünsche, und schauen Sie von Zeit zu Zeit in die Kiste. Glauben Sie fest daran, dass mit der richtigen Einstellung all Ihre Wünsche in Erfüllung gehen!

### Für Kinder

Ihr Kind braucht Orientierungshilfen und stabile Beziehungen in seinem Leben, damit es sich nicht in seiner stark ausgeprägten Traumwelt verliert. Es hat vielleicht Schwierigkeiten, sich selbst zu finden, und lehnt sich stark an andere Personen an. So fragt es beispielsweise die anderen danach, was es spielen soll. Ohne Anleitung und Betreuung langweilt es sich und weiß nichts mit sich anzufangen.

Eventuell hängt die Stimmung Ihres Kindes sehr stark von anderen ab. Wenn Sie selbst guter Laune sind, ist auch Ihr Kind zufrieden und glücklich. Auf Ihre mürrische Miene reagiert Ihr Kind mit genauso schlechter Laune.

Im positiven Sinn vermag Ihr Kind sich auf eine Aufgabe zu konzentrieren, und es findet dank seines klaren Denkvermögens schnell die richtigen Lösungen. Es stellt keine hohen Ansprüche, und Statussymbole, mit denen sich manche seiner Mitschüler schmücken, sind ihm gleichgültig. Es begeistert sich für Dinge, die nicht unbedingt käuflich sind. Jeder Stein, jede Feder, jedes Blatt, das von ihm gesammelt und wie ein Schatz gehütet wird, erzählt Ihrem Kind eine eigene Geschichte.

# Wenn Sie als erste Karte die Farbspirale
## *Magenta/Hellmagenta* ziehen

1. Karte: Magenta/Hellmagenta
2. Karte: Rot/Rosa

### Motto
Ich erkenne das Licht am Ende des Tunnels.

### Farbe, die heute gut tut
Weiß (Regenbogen)

### Für den heutigen Tag

Wenn Sie in letzter Zeit unter einer Pechsträhne zu leiden hatten oder mit vielen Problemen konfrontiert waren, sollten Sie heute versuchen, sich innerlich davon zu distanzieren. Gefragt ist jetzt der positive Blick nach vorn. Sie haben gar nichts davon, sich immer wieder mit den aufwühlenden Ereignissen der Vergangenheit zu beschäftigen und dabei Wut und Zorn erneut hochkochen zu lassen. Sie ärgern sich über die anderen – aber vielleicht ist es in Wahrheit Ihr eigenes Verhalten, das Sie in Wut bringt. Möglicherweise haben Sie selbst einfach eine falsche Entscheidung getroffen oder wider besseres Wissen zu spät reagiert.

Warten Sie heute nicht auf Rettung von außen, sondern versuchen Sie jetzt, die eigene Energie zu mobilisieren, um einen Neuanfang zu starten. Dafür ist es wichtig, Ihre Bedürfnisse und Wünsche auszusprechen. Unterdrücken Sie sie nicht länger, weil es die äußeren Umstände scheinbar so verlangen. Geben Sie sich selbst nicht auf. Der Durchbruch zu besseren Zeiten steht bevor, aber Sie müssen auch dafür bereit sein.

## Ihre Stärken

Sie können tiefe Bindungen zu anderen Menschen eingehen und sind dadurch auch in Krisenzeiten nicht allein. Es ist Ihnen klar, dass das Leben niemandem immer nur Glück beschert. Sie nehmen die dunkleren Phasen des Lebens als Herausforderungen an und sehen sie als Chancen für Ihr persönliches Wachstum.

Sie empfinden große Liebe für Ihre Familie. Der Familienverbund gibt Ihnen Halt. Aus Ihrer stabilen Lage heraus sind Sie bereit, sich für andere einzusetzen. Sie erkennen die Qualitäten eines Menschen und durchschauen die Fassaden und Masken, hinter denen sich manche zu verstecken versuchen. Dank Ihrer Menschlichkeit können Sie auch hässliches Benehmen oder Beleidigungen vergeben.

Sie haben die Kraft, Grenzen und Barrieren zu überwinden. Sie sind jemand, der auch einmal gegen den Strom schwimmt. Es ist Ihnen wichtig, Vorurteile abzubauen und Verständnis und Achtung für andere Menschen, Kulturen und Glaubensrichtungen zu fördern. Dafür sind Sie auch bereit, persönliche Opfer zu bringen.

## Ihre Schwächen

Sie tendieren dazu, schnell zu resignieren und sich vollkommen aufzugeben. Das Leben ist für Sie dann nur noch düster und schwer. Sie haben das Gefühl, in ein tiefes Loch gefallen zu sein, aus dem Sie nie wieder herausfinden. Das Leben scheint Sie nur ungerecht zu behandeln. Ihren Hass und Zorn lassen Sie an anderen Menschen aus, die Sie für die Verursacher Ihrer Misere halten. Aber auch Unbeteiligte können die Wucht Ihrer Wut zu spüren bekommen. Dabei machen Sie selbst sich das Leben zur Qual und verbauen sich Auswege aus Ihrer verzweifelten Situation.

Vielleicht haben Sie auch den Eindruck, von anderen ausgenutzt zu werden – oder Sie selbst tendieren dazu, Vorteile aus der Gutmütigkeit und dem Vertrauen anderer Menschen zu ziehen. In jeden Fall verlieren Sie den Blick für die größeren Lebenszusammenhänge und erkennen den übergeordneten Sinn der Dinge nicht mehr. Ihren existenziellen Sorgen verdunkeln Ihr Gemüt. Dass Sie irgendwann auch wieder das Licht am Ende des Tunnels erkennen werden, können Sie sich gar nicht mehr vorstellen. Es fehlt Ihnen an Zuversicht und Motivation.

### Tipps für Ihr Wohlbefinden

Versuchen Sie, Ihren Körper als Ausdruck Ihres Geistes und Ihrer Seele wertzuschätzen. Seien Sie also gut zu Ihrem Körper, auch wenn er vielleicht nicht so schön oder gesund ist, wie Sie es gern hätten.

Ihr Körper spricht seine eigene Sprache und macht viele Ihrer Gefühle auf der materiellen Ebene sichtbar und begreifbar. Sie können mit Ihrem Körper, mit Gestik, Mimik und Sprache, eine negative Stimmung verbreiten oder Liebe, Freude und Zustimmung ausdrücken. Ziehen Sie einmal bewusst die Mundwinkel nach unten, lassen Sie die Schultern hängen, und schlurfen Sie eine Weile gebeugt durch das Zimmer. Spüren Sie nach, wie sich diese depressive Haltung anfühlt. Dann legen Sie heitere Musik auf, um mit einem Lächeln durch das Zimmer zu tanzen. Spüren Sie erneut nach. Sie werden erkennen, dass Sie mit Ihrer Körperhaltung sich selbst und anderen sehr viel signalisieren können.

### Für Kinder

Ihr Kind hat das Bedürfnis, tiefere Zusammenhänge zu erkennen. Es wird sich Gedanken um die Herkunft von Dingen

machen und beispielsweise wissen wollen, wie ein Blitz entsteht oder woher die Milch kommt. Mit einfachen Erklärun-
gen können Sie solche Fragen nicht abtun, denn Ihr Kind
wird intuitiv spüren, wenn Sie ihm ausweichen wollen.

Wenn Ihr Kind Geschehnisse in seinem Leben nicht richtig
begreifen kann, dann ist es gut möglich, dass es in seiner
Frustration wütend und zerstörerisch reagiert. Ermöglichen
Sie Ihrem Kind, viel Wissen zu sammeln und eine gute All-
gemeinbildung aufzubauen, ohne es dabei jedoch zu überfordern. Wenn Ihr Kind den Sinn und Zweck einer Angelegenheit erkennt, kann es dafür viel Engagement entwickeln.

**1. Karte: Magenta/Hellmagenta**
**2. Karte: Orange/Koralle**

**Motto**
Die Liebe bleibt mein größter Reichtum.

**Farbe, die heute gut tut**
Rot/Rosa

**Für den heutigen Tag**

Hans in Glück musste hinausziehen und sich auf die Suche
machen; das Glück fiel ihm nicht in den Schoß. Wenn Sie
sich also etwas leidenschaftlich wünschen, sollten Sie heute
jede Passivität abschütteln und erste Schritte zur Verwirklichung Ihres Vorhabens tun. Vielleicht geht es um die Aus-
söhnung mit einem Menschen, dem Sie sich entfremdet haben. Oder Sie träumen von einer neuen, größeren Wohnung
oder davon, endlich den entscheidenden Karriereschritt zu
machen.

Öffnen Sie sich zunächst für die Möglichkeit der Verwirklichung dieser Wünsche. Lassen Sie Gedanken los, die Ihnen suggerieren, dass es keinen Sinn habe, sich etwas zu wünschen, oder dass Sie kein besseres Schicksal verdient hätten. Seien Sie heute bereit, etwas Wunderbares zu empfangen. Nehmen Sie aber auch die kleinen Geschenke des Lebens dankbar entgegen.

## Ihre Stärken

Sie sind sehr vital und von lebhaftem Temperament. Ihre starken Gefühle wollen unbedingt ausgedrückt werden.

Sie können manchmal auf Wolken der Glückseligkeit schweben und jeden Menschen umarmen. Sie kennen jedoch auch Gefühle von tiefer Trauer und Verzweiflung. Ihre düsteren Stimmungen halten aber nie lange an, zu sehr überwiegen Ihre Lebensfreude und Ihr Optimismus. Die angenehmen Dinge des Alltags werden Sie nach einer schwierigen Phase umso mehr zu schätzen wissen.

Ihr Gefühlsreichtum inspiriert Ihre Mitmenschen. Ihre Leidenschaft und Lust am Leben wirken sehr ansteckend.

## Ihre Schwächen

Sie fühlen sich oft hilflos und schwach. Das Schicksal hat es vielleicht nicht immer gut mit Ihnen gemeint, und Sie haben eine Sehnsucht nach Liebe und Geborgenheit, die Ihnen in der Vergangenheit so oft gefehlt haben. Es besteht daher die Tendenz, sich zu schnell auf jemanden einzulassen. Ihr Wunsch nach Liebe macht Sie blind und unvorsichtig. Sie können dann Bindungen eingehen, die Ihnen nicht gut tun.

Manchmal haben Sie vielleicht das Gefühl, dass Ihr Leben keinen Sinn macht. Sie fragen sich, warum Sie sich überhaupt noch anstrengen sollen. Sie fühlen sich ausgelaugt und enttäuscht. Nichts scheint Sie zu interessieren, und Sie geben sich auch keine besondere Mühe – weder im Privat- noch im Berufsleben. Sie sind froh, wenn der Tag hinter Ih- nen liegt. Sie spüren, dass es auch anders ginge und Sie wie- der Freude am Leben finden könnten, aber Sie sehen keinen Weg, den Status quo zu verändern.

### Tipps für Ihr Wohlbefinden

Der Frühjahrsputz hat den Sinn, den Staub der Wintermona- te wegzufegen und die Sonne hereinzulassen. Wenn bei Ih- nen zu Hause viel liegen geblieben ist, tut es jetzt gut, wieder Klarheit und Ordnung zu schaffen.

Trennen Sie sich von Dingen, die Sie nie wieder benutzen oder anschauen werden und die einfach der Vergangenheit angehören. Durchstöbern Sie Ihre Schränke und Regale nach überflüssiger Kleidung, nach alten Büchern, Zeitschriften oder Zeitungsausschnitten, nach Andenken und unbrauch- barem Nippes. Trennen Sie sich von all den Staubfängern. Indem Sie etwas Altes aussortieren, machen Sie Platz für et- was Neues, für eine frische Energie.

### Für Kinder

Ihr Kind ist von sehr heiterer und fröhlicher Natur. Oft wird es auch in Situationen, in denen Sie gestresst und miss- mutig sind, so viel Komik und Witz an den Tag legen, dass Sie nicht anders können, als zu lachen. Ihr Kind bringt auf diese Weise Leichtigkeit und Schwung in das Leben anderer Menschen.

Selbst wenn die äußeren Umstände schwierig sind, ist Ihr Kind der geborene Tröster und ein richtiger Sonnenschein. Wird es ihm jedoch verwehrt, diese leichte, heitere Seite seines Charakters auszuleben – durch zu strenge häusliche

Erziehung oder durch zu viel Disziplin und Leistungsdruck in der Schule –, verliert es an Lebensfreude. Seine Spontaneität und sein Charme werden daraufhin verblassen.

Erlauben Sie Ihrem Kind, sich so eigenwillig auszudrücken, wie es mag. Es soll unabhängig von äußerem Zwang seine Einzigartigkeit entfalten dürfen.

### 1. Karte: Magenta/Hellmagenta
### 2. Karte: Gold/Gelb

### Motto
Ich erlebe die Freiheit der grenzenlosen Liebe.

### Farbe, die heute gut tut
Violett

### Für den heutigen Tag
Brauchen Sie immer einen besonderen äußeren Ansporn, um etwas zu unternehmen, oder sind Sie derjenige, der andere ermuntert und motiviert? Wenn Sie gewöhnlich selten aus dem Haus gehen und stattdessen lieber faul im Sessel vor dem Fernseher sitzen, dann ändern Sie heute einmal Ihr eingefahrenes Programm. Verabreden Sie sich mit Freunden zu einem Kneipenbummel, oder führen Sie Ihren Partner in ein neues Lokal aus.

Falls Sie am Arbeitsplatz immer im Hintergrund bleiben und sich nie um eine besondere Aufgabe bemühen würden, dann überwinden Sie heute Ihre Zurückhaltung und melden sich zu Wort. Wichtig ist, dass Sie sich auch wirklich einmal engagieren und damit aus sich herausgehen. So beweisen Sie sich selbst, zu welchen Leistungen Sie eigentlich fähig sind.

Es kostet Sie im ersten Moment vielleicht Überwindung, sich auch einmal als »Macher« zu präsentieren.

Wenn Sie jedoch eher der Typ sind, der gern das Sagen hat und andere dominiert, wäre heute ein Tag, um einmal jemand anders den Vortritt zu lassen und ihm Ihr Vertrauen und Ihre Anerkennung zu zeigen.

### Ihre Stärken

Dank Ihrer Eigenständigkeit überträgt man Ihnen im Berufsleben viel Verantwortung. Ihnen werden Projekte anvertraut, ohne dass man Sie gängelt oder kontrolliert. Ihre Chefs wissen, dass Sie sich mit der gewohnten Zuverlässigkeit und Kompetenz an die Arbeit machen und innerhalb der gegebenen Frist gute Resultate bringen.

Sie lassen sich stark von Ihrer Intuition leiten, um an nützliche Informationen zu gelangen, und Sie wissen instinktiv, wo Sie sich Unterstützung holen können. Sie haben keine Probleme damit, Menschen, die mehr Erfahrung als Sie besitzen, um Rat zu bitten. Sie haben vielleicht schon öfter in Ihrem Leben von einem Mentor profitiert.

Sie haben ein Gespür dafür, zum richtigen Zeitpunkt an der richtigen Stelle zu sein, um anderen zu helfen. Sie sind ein guter Krisenmanager, der sich jedoch nie aufdrängt oder besserwisserisch die Situation an sich reißen will.

In der Liebe können Sie tiefe Glücksmomente erleben, und Sie gehören zu den wenigen Menschen, die fähig sind, bedingungslos zu lieben.

### Ihre Schwächen

Wenn Sie sich nicht sicher sind, wie Sie vorgehen sollen, tendieren Sie dazu, die Dinge erst einmal zu vertagen. Sie zögern und kommen nicht richtig voran. Dann wieder nehmen Sie sich energisch vor, ab morgen alles anders zu machen und Fortschritte zu erzwingen. Doch am nächsten Tag werden Sie wieder von Zweifeln geplagt, die Sie daran hindern, auch nur einen klitzekleinen Schritt weiterzukommen. Es kann sein, dass Sie wertvolle Karrierechancen aus Angst vor Verantwortung oder aus Furcht zu versagen nicht ergreifen.

Auch in der Liebe stürzt Ihre Unentschlossenheit Sie in die Krise. Sie gebärden sich so wählerisch, dass die betreffende Person das Interesse verliert oder Ihnen von jemand anders ausgespannt wird. Es ist auch möglich, dass Sie sich sehr dominant und besitzergreifend verhalten. Die Freiheiten, die Sie sich selbst nehmen, gönnen Sie dem Partner nicht. Vielleicht haben Sie aber auch das Gefühl, die Liebe gar nicht zu verdienen. Doch solange Sie an Ihrem Wert zweifeln, werden Sie den ersehnten Partner nicht finden.

### Tipps für Ihr Wohlbefinden

Machen Sie sich wenig Mühe bei der Zubereitung Ihrer Mahlzeiten und greifen stattdessen lieber zu Tiefkühlkost oder Fertiggerichten? Versuchen Sie, wieder auf den Geschmack von Selbstgekochtem und Selbstgebackenem zu kommen.

Sich einmal das Brot selbst zu backen könnte für Sie den Charakter einer kleinen Meditation annehmen, durch die Sie wieder einen Sinn für Genuss und Muße bekommen. Mischen Sie den Teig mit der Hand. Kneten Sie ihn gründlich durch, ohne einen elektrischen Mixer zu benutzen. Verzichten Sie auch auf fertige Backmischungen, sondern besorgen Sie sich alle notwendigen Zutaten einzeln. Auch wenn der Vorgang viel Aufwand bedeutet, so werden Sie durch den Duft und Geschmack des frisch aus dem Ofen gezogenen

Brotes reichlich entschädigt. Sie werden es mit viel mehr Achtsamkeit und Freude kosten, als wenn Sie lediglich eine Verpackung aufreißen oder Tiefgekühltes aufwärmen.

### Für Kinder

Lassen Sie Ihr Kind ein Gefühl für den Ursprung der Dinge bekommen, mit denen es in Berührung kommt. Empfehlenswert sind Kindersendungen, in denen Herstellungsverfahren genau erklärt werden und durch die Ihr Kind beispielsweise nachvollziehen kann, wie man aus Zeitungen, die in Altpapiercontainer geworfen werden, neue Taschentücher herstellt.

Ihr Kind fragt Sie bei jeder Gelegenheit neugierig aus, wie etwas entsteht oder wie sich etwas entwickelt. Es hat ein großes Interesse für Details und wird Dinge bemerken, die den Erwachsenen entgehen. Dabei ist es auch in der Lage, sich selbständig auf die Suche nach Antworten auf seine Fragen zu machen. Mit einer beliebigen Erklärung wird es sich nicht zufrieden geben. Unterstützen Sie Ihr Kind bei seinen »Forschungen«, und lassen Sie es die Welt erkunden, ohne dass Sie ständig um sein Wohl bangen.

### 1. Karte: Magenta/Hellmagenta
### 2. Karte: Grün/Hellgrün

### Motto
Ich habe einen Sinn für die wirklich wertvollen Dinge des Lebens.

### Farbe, die heute gut tut
Blau

## Für den heutigen Tag

Heute ist ein guter Tag, um verborgene, aber vielleicht lang gehegte Vorstellungen bezüglich Ihres Lebensweges anzusprechen. Haben Sie das Gefühl, viel mehr erreichen zu können, als es Ihnen bis jetzt gelungen ist? Zaudern Sie aus Ängstlichkeit, Vorsicht oder Zweifeln, statt Ihre volle Kraft in Ihre Vorhaben zu lenken? Jetzt bekommen Sie die Gelegenheit, sich energisch für Ihr Glück einzusetzen.

Finden Sie heraus, was Ihren wahren Bedürfnissen entspricht, und welche Möglichkeiten Sie haben, persönliche Interessen durchzusetzen. Natürlich kann es nicht Sinn der Sache sein, plötzlich auf einen Egotrip umzuschwenken. Vielmehr geht es für Sie jetzt darum, auf der Grundlage elementarer Bedürfnisse und Lebensziele Ihren Alltag sinnvoll zu gestalten.

Wenn Sie im Moment keine Möglichkeiten haben, Lebensstrukturen neu zu ordnen und auszurichten, sollten Sie sich unbedingt wenigstens eine Atempause verschaffen. Nehmen Sie sich vor, Ihre Aufmerksamkeit auf die positiven Dinge zu richten, die Sie vielleicht gar nicht mehr richtig wahrnehmen.

## Ihre Stärken

Sie wissen, was Sie in Ihrem Leben erreichen wollen. Sie sind jedoch kein am materiellen Profit orientierter Machtmensch. Es liegt Ihnen meist schon von Jugend an am Herzen, einen persönlichen Traum zu verwirklichen. Zu diesem Zweck haben Sie viel Zielstrebigkeit entwickelt. Sie sind mit Freuden bereit, für Ihr großes Ziel auch Opfer zu bringen und andere Dinge, die vielleicht auch wichtig für Sie sind, zurückzustellen.

Sie können sich gut in Gruppen einfügen und werden

schnell innerhalb eines bestehenden Teams anerkannt. Sie passen sich an, ohne Ihre Identität aufzugeben. Sie sind nicht jemand, der um jeden Preis dazugehören will.

Sie haben eine feine Wahrnehmung für Gestaltung und Ästhetik. Die bildende Kunst fasziniert Sie ebenso wie die Schönheiten der Natur. Sie lieben harmonische Verbindungen und können beispielsweise als Architekt zwischen Mensch und Natur vermitteln.

### Ihre Schwächen

Manchmal gehen Sie achtlos mit Ihren Mitmenschen um. Das geschieht vor allem, wenn Sie gerade wieder einmal nur Ihre eigenen Interessen verfolgen und Ihren Standpunkt vehement durchsetzen wollen. Sie kümmern sich dann so gut wie gar nicht darum, welche Konsequenzen Ihre Handlungen für andere haben. Sie wollen um jeden Preis gewinnen und werden, wenn es sein muss, dafür auch zu unkonventionellen, vielleicht sogar zu unfairen Mitteln greifen. Sie nehmen es durchaus in Kauf, jemanden bewusst zu verletzen oder ihm zu schaden. Andererseits kann es sein, dass genau dies Ihnen selbst passiert. Sie müssen dann tatenlos zusehen, wie eine Person, die Ihnen in irgendeiner Form nahe steht, Sie gnadenlos ausbootet.

Vielleicht trauen Sie sich auch nicht, Ihre Wünsche zu äußern und hoffen im Stillen immer, dass Sie auch ohne Ihr Zutun anerkannt und gefördert werden. Möglicherweise unterwerfen Sie sich widerspruchslos den Wünschen anderer, weil Sie meinen, kein Recht auf eine eigene Meinung zu haben. Auch kann es sein, dass Sie Probleme haben, sich auf Nähe und Liebe einzulassen und deshalb distanziert wirken.

## Tipps für Ihr Wohlbefinden

Sorgen Sie jetzt für Tapetenwechsel – und wenn Sie nur einen Ausflug oder Wochenendtrip unternehmen. Besuchen Sie Freunde, die Sie schon lange nicht mehr gesehen haben. Gewinnen Sie Abstand von Ihrem Alltag, und öffnen Sie sich für neue Eindrücke und frische Energien.

Manchmal ist es auch wichtig, sich eine Auszeit von den vertrauten Dingen oder Menschen zu nehmen, um zu erkennen, wie wertvoll sie einem sind. Wenn Ihre Kinder beispielsweise nur noch an Ihren Nerven zerren oder Sie Ihrer Mitbewohner überdrüssig sind, kann es sehr heilsam sein, für kurze Zeit Distanz zu gewinnen. Versuchen Sie, Ihre tiefe Verbundenheit mit anderen und die Schönheit der Dinge zu erkennen, die jetzt Ihren Alltag ausmachen.

## Für Kinder

Ihr Kind hat Spaß am Bauen und Basteln. Mit viel Liebe zum Detail sowie Ausdauer und Geduld kann es sich stundenlang mit Baukasten, Malsachen oder Handarbeitszeug beschäftigen. Keine Anstrengung ist ihm zu viel, wenn es um seine geliebten Hobbys geht. Für etwas anderes hat es dann keine Zeit, selbst wenn Sie ihm eine Belohnung versprechen.

Ihr Kind spielt auch gern mit anderen Kindern und kann sich gut in eine Gruppe einfügen. Es achtet die schwächeren Gruppenmitglieder und wird ihnen eher zu Hilfe eilen, als sie zu dominieren.

Es kann sein, dass es Ihrem Kind sehr wichtig ist, in der Gruppe beliebt zu sein. Beliebtheit versucht es sich dann durch Süßigkeiten zu erkaufen, oder es verfällt in ein unterwürfiges Verhalten, oder es erzählt Lügen, um bei den anderen besser dazustehen. Verlangen Sie nicht zu viel von Ihrem

Kind, sondern erkennen Sie auch die kleinen Erfolge in seinem Leben an, damit es nicht unter den Druck gerät, um jeden Preis etwas Besonderes sein zu müssen.

**1. Karte: Magenta/Hellmagenta**
**2. Karte: Türkis/Helltürkis**

**Motto**
Heute bin ich körperlich und geistig leistungsfähig.

**Farbe, die heute gut tut**
Gelb

**Für den heutigen Tag**

Vielleicht fühlen Sie sich so hundemüde, dass Sie kaum im Stande sind, Ihr normales Pensum zu erledigen. Haben Sie das Gefühl, Ihr Gehirn sei wie in Watte verpackt? Träumen Sie am Montag bereits von Freitagabend und dem ersehnten Wochenende? Wahrscheinlich haben Sie derzeit weder Kraft noch Lust, sich im Beruf besonders zu engagieren. Der Alltag fühlt sich für Sie bleischwer an, und Sie haben eventuell Mühe, Ihre Aufgaben termingerecht zu erledigen. So kann es sein, dass Sie zwischen Lähmung und rasanten Aufholjagden hin- und herpendeln. Außerdem werden Sie von einem schlechten Gewissen geplagt, Ihre Arbeit nicht gut genug zu machen.

Geben Sie sich jetzt Mühe, Ihre Zeit besser zu strukturieren und sich Etappenziele zu setzen, so dass Sie sich nicht permanent überfordern. Setzen Sie sich heute selbst Grenzen, und lassen Sie sich nicht grenzenlos gehen, auch wenn es für Sie verlockend ist, sich für nichts verantwortlich zu fühlen.

## Ihre Stärken

Sie sind ein kontaktfreudiger Mensch und interessieren sich für fremde Meinungen und Lebenseinstellungen. Sie wollen von anderen lernen und sind offen für neue Impulse, die Ihr Leben bereichern könnten.

Sie verstehen es zu analysieren. Doch neben Ihrer Liebe zum Detail verfügen Sie auch über Weitsicht. Sie können jede Situation aus einer übergeordneten Perspektive betrachten und sind dadurch in der Lage, im Vorfeld von Entscheidungen Konsequenzen abzuschätzen.

Sie sind ein Visionär. Schon früh haben Sie davon geträumt, in der Welt einen positiven Beitrag zu leisten. Sie wissen das irdische Dasein zu schätzen und haben sich Ihr Staunen über die Wunder und die Schönheit des Lebens bewahrt. Sie sind überzeugt, dass es im Universum eine höhere Macht gibt, die in ihrer unermesslichen Weisheit allem Dasein einen Sinn und Zweck verleiht. Die Beschäftigung mit dem Mysterium des Lebens ist ein Teil Ihrer Lebensaufgabe.

## Ihre Schwächen

Sie können stur und engstirnig reagieren, wenn Sie das Gefühl haben, dass Ihre Werte und Vorstellungen nicht akzeptiert oder sogar angegriffen werden. Sie beharren dann auf Ihrem Standpunkt, selbst wenn Sie im tiefsten Inneren wissen, dass Sie Ihre Meinung korrigieren sollten. Sie bescheren sich dadurch selbst viele Schwierigkeiten, und Sie fordern die Opposition Ihrer Mitmenschen heraus. Plötzlich stehen Sie als Einzelkämpfer da, wobei Sie sich selbst als ein Opfer von Intrigen betrachten. Daraufhin verschließen Sie sich und ziehen sich in die eigenen vier Wände zurück, auch wenn Sie eigentlich Sehnsucht nach Berührung und Nähe haben.

Die Isolierung macht Sie verzweifelt. Sie würden die Dinge gern wieder ins Lot bringen und sich aussöhnen. Doch Ihr Stolz und das Gefühl, Unrecht erlitten zu haben, halten Sie zurück. Dadurch bleiben Sie einsam.

### Tipps für Ihr Wohlbefinden

Holen Sie sich heute ganz bewusst die Streicheleinheiten, die Sie derzeit brauchen. Wenn es niemanden gibt, bei dem Sie ein wenig Bestätigung, Zärtlichkeit und Geborgenheit finden können, dann sollten Sie sich daran erinnern, dass Sie selbst immer der oder die Hauptverantwortliche für Ihr Wohlbefinden sind. Sie selbst müssen sich Liebe und Zuwendung schenken, dann werden es auch die anderen tun können.

Entspannen Sie sich, und überlegen Sie, was Ihnen jetzt physisch und seelisch gut tun würde – körperliche Bewegung, ein gutes Essen, ein ruhiger Leseabend oder eine Stunde bei Ihrer Kosmetikerin. Gehen Sie heute fürsorglich mit sich selbst um, und nehmen Sie auch die Fürsorge der anderen an.

### Für Kinder

Ihr Kind nimmt sich viel zu Herzen, auch Dinge, die vollkommen außerhalb seines Einflussbereiches liegen. Es hat das Gefühl, dass das Wohlergehen der anderen ganz wesentlich von seiner eigenen Leistung abhängt. Folglich steht es unter einem starken Leistungszwang und Erfolgsdruck – nicht nur in der Schule, sondern auch bei seinen Freizeitaktivitäten.

Ihr Kind ist sehr ernst. Die geringste flapsige Bemerkung versteht es als negative Kritik, die sich in sein Gedächtnis einbrennt. Es meidet dann künftig die Personen, die scheinbar etwas an ihm auszusetzen haben. Selbst konstruktive Kritik wird von Ihrem Kind falsch aufgenommen. Achten Sie darauf, dass es auf Grund dieser Überempfindlichkeit keine psychosomatischen Beschwerden entwickelt. Ihr Kind sollte lernen, sich von fremder Meinung unabhängig zu machen.

Im positiven Sinn ist Ihr Kind sehr begeisterungsfähig und flexibel. Es wird neue Erfahrungen schnell verarbeiten und dadurch reifen.

**1. Karte: Magenta/Hellmagenta**
**2. Karte: Blau/Hellblau**

**Motto**
Ich finde Wege aus schwierigen Situationen und hole mir
dafür die notwendige Unterstützung.

**Farbe, die heute gut tut**
Orange

**Für den heutigen Tag**

Das Gefühl von Angst ist immer mit körperlicher Anspannung und Enge verbunden. Es kann sein, dass Sie in einer bedrängten Situation jetzt weder aus noch ein wissen. Ein erster, ganz einfacher Schritt zur Lösung besteht darin, erst einmal innezuhalten und tief durchzuatmen. Tun Sie jetzt alles dafür, Ihre verkrampfte Haltung zu entspannen. Sobald die Muskeln lockerlassen können, sind Sie auch bereit, wieder innerlich weit zu werden und Hoffnung zu schöpfen.

Sagen Sie sich beim langsamen Ein- und Ausatmen, dass nichts im Leben aussichtslos ist; es wird immer irgendwie weitergehen. Auch für Sie gibt es einen Weg in die Zukunft.

Geben Sie jetzt die Vorstellung auf, das vom Schicksal gebeutelte Opfer zu sein. Es liegt in Ihrer Macht, das Steuer wieder in die Hand zu nehmen und erneut den Kurs zu bestimmen. Doch holen Sie sich dafür Hilfe. Auch in Ihrer Nähe gibt es Menschen, die Ihnen mit Rat und Tat zur Seite stehen werden.

### Ihre Stärken

Sie bewahren unter schwierigen Umständen die Ruhe und lassen sich auch durch vermeintliche Hiobsbotschaften nicht aus der Fassung bringen. Sie haben in Ihrem Leben viele Erfahrungen gesammelt und dadurch an innerer Gelassenheit und Reife gewonnen. Was daher für andere bereits als Katastrophe gilt, ist für Sie nichts weiter als eine neue Herausforderung, der Sie sich stellen.

Natürlich haben Sie in der Vergangenheit auch diese und jene Fehlentscheidung getroffen. Sie haben jedoch daraus Ihre Lehren gezogen. Da Sie wissen, dass der Mensch nicht unfehlbar ist, erweisen Sie sich gegenüber anderen tolerant und verständnisvoll. Überhaupt sind Sie sowohl im Privat- als auch im Berufsleben ein sehr fairer Partner. Sie sind zudem der geborene Vermittler und Brückenbauer. Dank Ihrer Diplomatie und Fairness schaffen Sie in einer ruhigen Atmosphäre die Grundlage für Konfliktlösung, Ausgleich und Versöhnung.

## Ihre Schwächen

Sie geraten sehr leicht unter Druck, wenn von außen Forderungen an Sie gestellt werden. Sie verlieren dann leicht die Nerven, brechen in ziellose, hektische Aktivität aus und wissen zum Schluss überhaupt nicht mehr weiter. Eine entsetzliche innere Lähmung beschleicht Sie, und Ihr Gehirn erscheint Ihnen wie leer gefegt.

Solange alles in gewohnten Bahnen verläuft, finden Sie sich im Leben gut zurecht. Sie tun Ihre Arbeit und wissen, was Sie nach Feierabend zu Hause erwartet. Doch wenn durch ein Ereignis die stereotypen Abläufe in Ihrem Alltag schlagartig unterbrochen werden, verlieren Sie Ihre Ruhe und Kraft. Es kann dann sein, dass sich in Ihnen Depression ausbreitet und Sie das Gefühl haben, von den äußeren Umständen vollständig überrannt zu werden. Auch eine schwere Erkrankung kann Sie erschüttern und Ihr bisheriges Lebenskonzept in Frage stellen. Ihre Reaktion darauf besteht meist darin, den Kopf in den Sand zu stecken.

## Tipps für Ihr Wohlbefinden

Vielleicht flüchten Sie sich angesichts von Schwierigkeiten, die Sie überfordern, in eine körperliche Krankheit. Oder Sie leiden plötzlich an chronischer Müdigkeit und Erschöpfung oder bekommen eine Depression. Manchmal sind solche Zeiten von Krankheit und Rückzug sehr sinnvoll. Sie werden auf sich selbst zurückgeworfen und gezwungen, nach innen zu lauschen. Achten Sie in einer solchen Situation auf neue Ideen, die in Ihnen aufsteigen. Sie könnten Lösungswege bedeuten. Setzen Sie jedoch keine Hoffnung darauf, dass ein anderer in der Zwischenzeit Konflikte für Sie löst und Ihnen Entscheidungen abnimmt. Nutzen Sie die Auszeit, um zur Ruhe zu kommen und sich zu besinnen. Doch dann verlangt das Leben von Ihnen wieder entschlossenes, selbstverant-wortliches Handeln.

Wenn Sie jetzt unter Druck stehen und sich am liebsten nur noch ins Bett verkriechen und schlafen wollen, dann sollten Sie diesen Fluchtmechanismus kritisch beobachten. Es könnte jetzt für Sie sinnvoller sein, in irgendeiner Form aktiv zu bleiben. Gehen Sie an die frische Luft, oder treiben Sie Sport. Durch die körperliche Bewegung kann sich Ihre ängstliche Verkrampfung ein wenig lösen, und Sie kommen vielleicht auf gute neue Gedanken.

### Für Kinder

Ihr Kind ist ruhig und besonnen. Es hat eine gesunde Portion Selbstvertrauen in die Wiege gelegt bekommen und lässt sich durch Misserfolge nicht aus dem Gleichgewicht bringen. Wenn es das Laufen lernt, kann es zum Beispiel zehnmal hinfallen, und es wird deswegen nicht in Tränen ausbrechen oder verzagen. Auch später im Leben beweist es Ausdauer; es wird eine Sache so lange ausprobieren, bis es sie beherrscht. Eine schlechte Note in der Schule macht es daher nicht mutlos, sondern wird eher zum Ansporn, sich anzustrengen und tiefer in die Materie einzusteigen.

Im Kontakt zu Gleichaltrigen zeichnet sich Ihr Kind durch Gerechtigkeitssinn und Verantwortungsbewusstsein aus. Es wird stets für die Schwächeren eintreten. Achten Sie jedoch darauf, dass Ihr Kind sich nicht zu sehr unter Leistungsdruck setzt oder sich wie ein pflichtbewusster kleiner Erwachsener verhält. Es sollte das Leben auch mit Leichtigkeit und Humor nehmen können.

1. Karte: Magenta/Hellmagenta
2. Karte: Violett/Hellviolett

### Motto
Ich lerne aus den Fehlern der Vergangenheit.

### Farbe, die heute gut tut
Weiß (Regenbogen)

### Für den heutigen Tag
Machen Sie immer wieder dieselben Fehler, und kosten diese Fehler Sie jedes Mal eine Menge Zeit, Energie oder sogar Geld?

Es mag sich dabei scheinbar um etwas ganz Unwesentliches handeln, zum Beispiel um Ihren Schlüsselbund. Vielleicht gehören Sie ja zu den Menschen, die jeden Morgen zehn Minuten damit verbringen, hektisch ihre Schlüssel zu suchen, weil sie sie am Abend zuvor irgendwo hingelegt haben und nicht mehr wissen, wo? Einmal abgesehen davon, dass die Menschen, die mit Ihnen unter einem Dach leben, jeden Morgen durch Sie ebenfalls in Stress geraten, verschwenden Sie Ihre Zeit für etwas vollkommen Unnötiges. Zehn Minuten Suche an mindestens hundert Tagen im Jahr ergibt sechzehn Stunden, die Sie für unterhaltsamere Dinge verwenden könnten. Und das bezieht sich nur auf einen einzigen Fall von »Energieverschwendung«!

Wenn Sie sich ständig dabei ertappen, dass Sie auf der Suche nach verlegten Gegenständen sind, sollten Sie sich etwas Gutes tun und mehr Struktur in Ihr Leben bringen. Also nicht nur einmal den Schreibtisch oder Schrank aufräumen, sondern den Dingen einen festen Platz zuordnen und diese Ordnung auch kontinuierlich aufrechterhalten. Sonst finden

Sie sich schnell im alten chaotischen Zustand wieder, der Sie mehr Kraft kostet, als Sie meinen.

## Ihre Stärken

Selbst in einer trostlosen Situation können Sie noch das Gute erkennen und Ihre Zuversicht bewahren. Sie sind außerdem lernfähig und in der Lage, Ihr Verhalten den Umständen anzupassen – jedoch ohne Ihre Persönlichkeit oder Ihre Interessen preiszugeben. Häufig fügen Sie sich scheinbar widerspruchslos in eine Situation. Doch in Wahrheit tun Sie dies nur, um sich einen besseren Überblick und mehr Information zu verschaffen. Ihre Begabung, sich eine Art Tarnkappe zuzulegen, verschafft Ihnen manchmal den Zugang zu besonderem Hintergrundwissen, der anderen verwehrt bleibt.

Wenn Sie sich einen Wissensvorsprung sichern, handeln Sie nicht aus Machtinteressen. Profit- und Statusdenken sind nicht die treibenden Kräfte in Ihrem Leben. Vielmehr nutzen Sie die Tatsache, dass sich Ihnen leicht Türen öffnen, für Hilfeleistungen. Sie haben ein großes soziales Gewissen und arbeiten zum Beispiel gern für karitative Organisationen. Sie können mit Ihrem diplomatischen Geschick für andere eine Menge bewegen.

## Ihre Schwächen

Sie geraten in Ihrem Leben immer wieder einmal in eine Sackgasse und können sich nur schwer aus einem Konflikt lösen. Sie erkennen nicht, wo Sie Ihr Verhalten oder die äußeren Umstände so verändern sollten, dass auf Dauer eine Besserung oder Heilung eintreten könnte. Statt sich zu fragen, was Sie selbst zur Neuorientierung beisteuern können, neigen Sie zu Schuldzuweisungen. Entweder sind die Umstände Schuld, oder Sie machen andere Menschen für Ihre Misere verantwortlich. Sie wollen nicht sehen, dass Sie selbst die schwierige Situation mit heraufbeschworen haben. Von Ihnen wird allerdings kein Schuldbekenntnis verlangt. Sie sollten vielmehr erkennen, dass Sie Ihre eigenen Kräfte mobilisieren müssen, um aus dem Schlamassel wieder herauszukommen. Selbst wenn Sie nach der einen oder anderen unterstützenden Hand greifen, so ist es dennoch wichtig, dass Sie in Ihrem persönlichen Leben eine notwendig gewordene Veränderung vornehmen. Sie müssen lernen, in Ihrem Leben auch Wandel zuzulassen.

### Tipps für Ihr Wohlbefinden

Vielleicht sind Sie anfällig für Krankheiten. Wenn Ihre Beschwerden aber chronischer Natur sind, sollten Sie überlegen, ob dahinter nicht eine tiefere Bedeutung liegt und Ihr Körper Sie auf etwas Wichtiges hinweisen will. Es gibt Literatur, in der Sie mehr über Körper-Seele-Symptome erfahren können und eventuell Gedankenanstöße bekommen, um die wunden Punkte in Ihrem Leben einmal genauer unter die Lupe zu nehmen.

Wenn Sie also zum dritten Mal innerhalb von ein paar Wochen eine starke Erkältung haben, dann fragen Sie sich, warum Ihr Immunsystem Sie so anfällig macht und welche seelischen Themen damit zusammenhängen könnten. Lernen Sie, auf die Signale Ihres Körpers zu achten und seine Sprache zu verstehen. Sie können sich dadurch viel Leid ersparen. Achten und respektieren Sie Ihren Körper.

### Für Kinder

Ihr Kind steckt voller Vitalität und hat ein robustes Naturell. Nichts kann es so leicht umwerfen. Selbst wenn die häuslichen Verhältnisse schwierig oder chaotisch sein sollten, bleibt Ihr Kind gelassen und heiter. Sein ausgeglichenes Temperament hilft ihm, selbst Krisen relativ unbeschadet zu überstehen. Es scheint, dass Ihr Kind einen guten Schutzengel besitzt, der es vor seelischen Verletzungen und Traumata bewahrt.

Sie können von Ihrem Kind sehr viel lernen. Nehmen Sie seine Gelassenheit und Weisheit an, ohne zu vergessen, dass Sie noch ein Kind vor sich haben. Es mag sein, dass sein Lebensweg nicht einfach ist, aber sowohl Ihr Kind als auch Sie selbst werden dabei Erfahrungen sammeln, die später von großem Wert sind.

### 1. Karte: Magenta/Hellmagenta
### 2. Karte: Regenbogen

### Motto
Ich nutze niemanden aus, und ich selbst lasse mich nicht ausnutzen.

### Farbe, die heute gut tut
Grün

### Für den heutigen Tag
Wenn das Leben es in letzter Zeit nicht besonders gut mit Ihnen gemeint hat und Sie vor lauter Arbeit und Verpflichtungen kaum zum Verschnaufen kommen, sollten Sie sich heute Zeit zum Nachdenken und Genießen gönnen.

Etwas läuft in Ihrem Leben verkehrt, wenn Sie vor Sorgen und Arbeitsüberlastung nicht mehr schlafen können. Entweder ist da jemand, der Ihnen viel zu viel Arbeit aufbürdet, oder Sie schaffen es nicht, Aufgaben zu delegieren. Kann es sein, dass Sie das Gefühl haben, nur Sie selbst seien in der Lage, eine Angelegenheit zufrieden stellend zu erledigen? Finden Sie bei anderen immer sofort Fehler, die Sie dann auch noch lauthals bemängeln? Oder haben Sie Angst davor, Ihnen selbst könnten schwerwiegende Fehler unterlaufen?

Alles deutet darauf hin, dass Sie insgeheim meinen, unentbehrlich und unersetzlich zu sein. Versuchen Sie, sich im eigenen Interesse klarzumachen, dass Sie sich mit dieser Haltung maßlos überfordern und unter Druck setzen. Richten Sie sich Ihr Arbeitsumfeld so ein, dass Sie auch einmal durch eine Vertretung abgelöst werden können. Üben Sie sich heute darin, sich nicht so wichtig zu nehmen. Damit wird Ihnen auf Dauer eine große Last von den Schultern fallen.

### Ihre Stärken

Sie sind ein erfolgreicher Mensch. Ihr Privatleben steht unter einem glücklichen Stern, da Sie mit sicherem Gespür den für Sie passenden Partner gewählt haben. Vielleicht sind Sie auch im Berufsleben ein Glückspilz, da Sie eine Aufgabe haben, die Ihren Begabungen und Fähigkeiten entspricht und die Sie zutiefst erfüllt. Das Leben hat es von Anfang an gut mit Ihnen gemeint, und Sie wissen dies auch zu schätzen. Sie vergessen nie, dass Sie auf der sonnigen Seite des Lebens stehen, und sind von einer tiefen Dankbarkeit darüber erfüllt. Sie empfinden Ihr Glück nicht als selbstverständlich und sehen es als Ihre Pflicht an, anderen zu helfen, denen es nicht so gut geht wie Ihnen.

Ihre Familie ist Ihnen sehr wichtig, und Sie schöpfen viel Kraft aus dem harmonischen Zusammenleben. Der Begriff »Familie« ist für Sie weit gefächert; Ihre Familie ist nicht nur auf Blutsverwandte beschränkt. Auch gute Freunde, die Sie durch das Leben begleiten und mit denen Sie zusammen Höhen und Tiefen erlebt haben, gehören für Sie mit zum Familienkreis.

Sie sind sehr offen und ehrlich. Sie stehen zu sich – zu Ihrem Aussehen und Ihren Fähigkeiten, aber auch zu Ihren Fehlern und Schwächen. Da Sie rundherum mit sich und Ihrem Leben glücklich sind, strahlen Sie Zufriedenheit und Kraft aus.

### Ihre Schwächen

Sie haben im Leben immer Glück gehabt und sind vielleicht zu der Überzeugung gelangt, dass dies an Ihrer besonderen Persönlichkeit liege. Andere hätten selbst Schuld, wenn Ihnen nicht ähnlicher Wohlstand beschert sei, und Sie blicken eher geringschätzig auf die im Leben weniger Begünstigten herab. Jeder ist seines Glückes Schmied – davon sind Sie fest überzeugt. Allerdings verschweigen Sie dabei, dass Sie selbst durchaus auch zu recht fragwürdigen Mitteln greifen, um Ihrem Glück auf die Sprünge zu helfen. Vielleicht neigen Sie dazu, andere auszunutzen, damit Sie von unliebsamen Routineaufgaben frei kommen und sich stattdessen den angenehmeren Seiten des Lebens widmen können.

Da Sie dazu neigen, ständig den Sonnenstrahlen hinterherzulaufen, ist es möglich, dass Sie die dunklen Wolken übersehen, die sich hinter Ihrem Rücken zu einem riesigen Sturm zusammenbrauen. Wie aus heiterem Himmel trifft Sie dann das Unglück. Plötzlich kann Ihr bisheriges sorgenfreies Leben nur noch ein Scherbenhaufen sein. Vielleicht haben Sie nicht erkannt, dass Sie auf Kosten Ihrer Nächsten gelebt haben und diese sich irgendwann davonstehlen, weil Sie keine Lust mehr verspüren, immer nur in Ihrem Schatten zu stehen. Oder der Hochmut hat Sie unvorsichtig werden lassen.

Wenn diese Beschreibung absolut nicht auf Sie zutrifft, sollten Sie sich fragen, ob Sie nicht zu denjenigen gehören, die sich haben ausnutzen lassen.

### Tipps für Ihr Wohlbefinden

Gibt es jemanden in Ihrem Leben, den Sie sehr mögen, der aber vielleicht in letzter Zeit zu wenig Zuwendung von Ihnen erhalten hat? Nehmen Sie sich heute vor, Familie oder Freunde zu verwöhnen und etwas von Ihrer guten Energie abzugeben. Laden Sie Ihren Partner zu einem Essen in ein Feinschmeckerlokal, in ein neues Theaterstück oder in ein Konzert ein. Machen Sie einen Kurzurlaub mit Ihrer Familie; unternehmen Sie auf jeden Fall etwas Vergnügliches mit Ihren Lieben. Oder bereiten Sie am Sonntagmorgen ein üppiges Frühstück vor, statt sich wie gewohnt an den gedeckten Tisch zu setzen.

Wenn Sie derjenige oder diejenige sind, der oder die tagein, tagaus für die Familie zur Stelle ist, sollten Sie sich jetzt ganz bewusst eine Pause gönnen und dafür sorgen, dass Sie selbst einmal liebevoll bedient werden.

### Für Kinder

Ihr Kind hat einen natürlichen Charme, mit dem es seine Umgebung bezaubern kann. Es weiß intuitiv, welche »Knöpfe« es bei einem anderen drücken muss, um das zu erreichen, was es möchte. Wenn es seinen Kopf durchsetzen will, kann es sehr einfallsreich sein. Die Großeltern wird es beispielsweise mit selbst gemalten Bildern, die es ihnen liebevoll widmet, um den kleinen Finger wickeln. Es wirft sich seiner Mama in die Arme und überschüttet sie mit Küssen. Seine

Lehrer überzeugt es durch den Eifer, mit dem es dem Unterricht folgt, sowie durch Fleiß und Ehrgeiz.

Gerührt übersehen Sie häufig die Tatsache, dass Ihr Kind zielstrebig seine Interessen durchzusetzen weiß und sich geschickt außerplanmäßige Belohnungen holt. Achten Sie also darauf, dass Sie und andere von Ihrem Kind nicht wie Schachfiguren hin und her geschoben werden! Seine überzeugende Art kann es sehr positiv einsetzen, aber sie kann ihm auch dazu dienen, andere zu manipulieren.

## Wenn Sie als erste Karte die Farbspirale *Regenbogen* ziehen

### 1. Karte: Regenbogen
### 2. Karte: Rot/Rosa

### Motto
Mir stehen die notwendigen Mittel zur Verfügung,
um mein Leben zu meistern.

### Farbe, die heute gut tut
Magenta

### Für den heutigen Tag
Versuchen Sie heute, mit Ihrer Energie balanciert umzugehen. Vielleicht neigen Sie dazu, sich voller Begeisterung in eine Arbeit zu stürzen, nur um am Ende des Tages so ausgelaugt zu sein, dass Sie für die nächsten Tage außer Gefecht gesetzt sind. Es bringt Ihnen andererseits auch nichts, nur

ganz wenig Energie in eine Aufgabe zu stecken, so dass Sie Ihr Werk zu guter Letzt nur in einem besonderen Kraftakt abschließen können.

Versuchen Sie auch, Prioritäten zu setzen und sehr bewusst zu entscheiden, wie viel Energie, Zeit und Geld Sie in welche Dinge investieren wollen und wo ein minimaler Aufwand ausreichend ist. Es ist wenig sinnvoll, stundenlang Ihre Wäsche zu bügeln und perfekt zu falten und dann schnell am Ende des Tages die Unterlagen für die Steuer zusammenzustellen.

Setzen Sie heute Verstand und Herz ein, um zu entscheiden, wo Sie welchen Einsatz bringen wollen.

### Ihre Stärken

Sie sind sehr warmherzig und fürsorglich im Umgang mit anderen Menschen. Ihr Motiv ist dabei echte Zuneigung. Sie können kämpferische Qualitäten entwickeln, wenn es darum geht, jemanden zu unterstützen, der ungerecht behandelt worden ist. Sie stellen für dieses Engagement notfalls Ihre eigenen Interessen zurück.

Sie stehen mit beiden Beinen fest im Leben und sind sehr selbständig. Nichts und niemand kann Sie in die Knie zwingen oder wirklich demütigen. Ihre Stärke kann anderen manchmal ein Dorn im Auge sein, denn die unbeirrbare Art, mit der Sie Ihr Leben meistern, macht es schwierig, die eigene Unentschlossenheit und persönliche Schwäche zu rechtfertigen.

Selbst wenn Ihr Leben zuweilen hart gewesen ist, haben Sie nie Ihre Liebe verloren. Sie sind zärtlich, einfühlsam und voller Leidenschaft. Sie können sich gefühlsmäßig weit öffnen, ohne sich dabei zu verlieren.

## Ihre Schwächen

Sie schaffen es nicht, Ihre Energie optimal einzusetzen. So sind Sie oft sehr erschöpft, ohne genau zu wissen, wohin Ihre Kraft eigentlich geflossen ist. Es überkommt Sie dann ein Gefühl der Schwäche und Hoffnungslosigkeit, und Sie denken vielleicht manchmal darüber nach, wie sinnlos Ihr Leben eigentlich verläuft. Eventuell haben Sie auch viele Schicksalsschläge erlebt oder brauchten einen Großteil Ihrer Kraft, um einfach nur zu überleben. Die ständigen Sorgen um Ihre materielle Existenz haben Sie verzagen lassen und Ihnen das Gespür dafür geraubt, was Sie eigentlich aus Ihrem Leben einmal machen wollten.

Es kann auch sein, dass ein in frühen Jahren erlebter materieller Mangel eine unersättliche Gier in Ihnen ausgelöst hat. Sie haben dann nie genug. Ihr Teller kann noch so gut mit Essen gefüllt sein, Ihr Bankkonto kann stets ein dickes Polster aufweisen – trotzdem reicht es nie aus, um Sie zufrieden zu stellen.

Vielleicht haben Sie auch sehr jung die Verantwortung für eine Familie oder große finanzielle Verpflichtungen übernommen und dadurch eigene Interessen zurückstellen müssen. Ihre eigenen Bedürfnisse sind zu kurz gekommen, und es kann sich dadurch unterschwellig ein Gefühl von Wut und Hass aufbauen. Sie empfinden sich dann als der Dumme, der sich immer nur für andere einsetzt und nie etwas zurückbekommt.

## Tipps für Ihr Wohlbefinden

Vielleicht gehören Sie zu den Menschen, die ihren leeren Teller bereits zur Seite schieben, während die anderen am Tisch gerade mit ihrer Mahlzeit begonnen haben. Oder Sie bestellen sich das zweite Glas Wein, während Ihre Freunde noch vor dem halb vollen ersten Glas sitzen. Wenn Sie oft den Zwang verspüren, schnell noch einmal zugreifen zu müssen – ob beim Essen, beim Einkaufen oder bei anderen Gelegenheiten –, weil sich womöglich eine günstige Gelegenheit nicht noch ein weiteres Mal bietet, sind Sie insgeheim auf Mangel programmiert. Machen Sie sich jetzt daran, Ihr Denken in Richtung Fülle zu lenken. Versuchen Sie, die tiefe Überzeugung aufzubauen, dass Sie weder heute noch in der Zukunft Verzicht üben müssen.

Die ängstliche Besorgnis, sich vor Mangel schützen zu müssen, ist in Ausnahmesituationen, wie etwa in Kriegszeiten, verständlich und auch sinnvoll, um das Überleben zu sichern. Aber im normalen Alltagsleben bewirkt diese Einstellung, dass Sie am wirklichen Leben vorbeigehen. Genießen Sie also heute den Reichtum, der Sie umgibt.

### Für Kinder

Ihr Kind hat viel Energie, die es sich gut einzuteilen versteht. Beim Sport setzt es seine Kraft optimal ein. Es wird auch mit seinem Taschengeld vernünftig umgehen. Etwas wird ins Sparschwein getan und der Rest so überlegt ausgegeben, dass es bis zur nächsten Taschengeldzahlung reicht.

Ihr Kind verfügt über vielfältige Begabungen und Interessen, die in jeder Altersstufe anders gewichtet werden. Es braucht also Zeit, um zu erkennen, wo seine vielversprechendsten Talente liegen und was sich als mögliche Lebensaufgabe abzeichnet. Ihr Kind wird aber immer mit Liebe und Begeisterung bei einer Sache sein.

Sollte es in der Familie Probleme oder Schwierigkeiten geben, kann es sein, dass Ihr Kind seine Lebenskraft Stück für Stück verliert und sein großer Kummer alles überschattet und blockiert. Hin- und hergerissen zwischen Aggression und Liebebedürftigkeit, findet es keine Ruhe. Es braucht jemanden, der es auffängt und ihm Stabilität gibt.

### 1. Karte: Regenbogen
### 2. Karte: Orange/Koralle

### Motto
Den alten Kummer arbeite ich auf und lasse ihn los.

### Farbe, die heute gut tut
Blau

### Für den heutigen Tag
Vielleicht reagieren Sie jetzt in einer Situation sehr emotional. Sie sind überempfindlich und aufgeregt, obwohl es sich doch um eine relativ unwichtige Angelegenheit handelt. Prüfen Sie einmal nach, inwieweit ein gegenwärtiges Geschehen an ein altes schmerzhaftes Thema rührt. Eine vollkommen banale Bemerkung, die dem anderen herausgerutscht ist, kann Sie im Handumdrehen in die alte Verletzung zurückkatapultieren, und Sie ertappen sich dabei, wie Sie förmlich vor Wut explodieren – oder wie Ihnen vor Kummer und Schmerz die Tränen in die Augen schießen.
Achten Sie heute auf solche Überreaktionen. Sie sind wertvolle Hinweise auf unverarbeitete Themen, die wie ein Schatten über Ihrem Leben liegen. Die Ihnen nahe stehenden Menschen können dabei für Sie wie Katalysatoren wirken, da sie diese Themen immer wieder unabsichtlich berühren und Sie daran erinnern, dass ein innerer Konflikt noch der Klärung bedarf.

## Ihre Stärken

Sie verstehen es, Ihr Leben in vollen Zügen zu genießen und aus der Fülle zu schöpfen, die Ihnen das Leben bietet. In allem Geschehen können Sie sowohl die positiven als auch die negativen Aspekte wahrnehmen, und so werden Sie nichts von vornherein ablehnen, nur weil es auf den ersten Blick nicht in Ihr Konzept passt.

Sie haben eine gute Selbsteinschätzung und erkennen Ihre Schwachstellen. Dabei können Sie auch differenzieren, ob es sich um eine Verhaltensweise handelt, die sich vielleicht schon seit Generationen in Ihrer Familie „vererbt", oder ob Sie auf Grund eigener aktueller Lebenserfahrungen so reagieren. Ihre sensible Wahrnehmung lässt Sie auch nach Wegen suchen, um von belastenden, schädlichen Gewohnheiten loszukommen.

Sie haben eine ausgeprägte Intuition und wissen meist schnell, ob sich der Einsatz für eine Sache lohnt oder nicht. Wenn Sie auf dieses Bauchgefühl hören, werden Sie in Ihrem Leben viele Erfolge verbuchen und rasante Fortschritte machen.

Ein anderes Ihrer Erfolgsgeheimnisse besteht darin, dass Sie bereit sind, Überlebtes und Verbrauchtes konsequent loszulassen, um den Weg für Neues frei zu machen. Sie können sich von Liebgewonnenem trennen, um mutig notwendige Entwicklungsschritte zu gehen.

## Ihre Schwächen

Sie neigen zu Nostalgie und Verklärung der Vergangenheit. Dabei übersehen Sie Dinge, die für Ihr augenblickliches Leben von Bedeutung sind. Die Sehnsucht nach den guten alten Zeiten lässt Sie den Anschluss an die sich kontinuierlich wandelnde Gegenwart verpassen.

Es kann sein, dass Sie in der Vergangenheit verschiedene Gelegenheiten nicht beim Schopf gepackt haben und nun Ihr damaliges ängstliches Zögern bitter bereuen. Eventuell leiden Sie auch unter einem tiefen Kummer, weil eine Liebesbeziehung in die Brüche gegangen ist. Die Verzweiflung darüber hindert Sie daran, die Möglichkeit einer neuen Begegnung zuzulassen. Sie ziehen sich zurück und wollen nicht am Leben teilnehmen. Sie scheinen das Lachen ganz verlernt zu haben. Sie fühlen sich verlassen und um Ihr Glück betrogen, und Sie schaffen es nicht allein, aus dieser Depression herauszukommen.

### Tipps für Ihr Wohlbefinden

Es könnte sein, dass ein Unglück, das Sie selbst erlebt haben oder das einem Ihrer Vorfahren zugestoßen ist, Sie in Ihrem Leben bremst und Ihnen das Glück verbaut. Sie sind jetzt aufgefordert, nach Möglichkeiten und Wegen Ausschau zu halten, um die belastenden Themen aufzuarbeiten. Die Lösung kann eine Psychotherapie, eine klassische homöopathische Behandlung oder eine Körpertherapie sein. Parallel dazu können Sie eine Entgiftungskur beginnen, denn seelische Belastungen hinterlassen stets auch auf der körperlichen Ebene ihre Spuren.

Suchen Sie sich den Zeitpunkt für Ihr ganzheitliches Reinigungs- und Heilungsprogramm gut aus, denn Sie brauchen dazu Ruhe und sollten nicht unter Leistungsdruck stehen. Allgemein sind Herbst oder Frühjahr die optimalen Jahreszeiten für Kuren zum Entschlacken auf allen Ebenen.

### Für Kinder

Vielleicht waren die Umstände der Schwangerschaft oder Geburt Ihres Kindes etwas schwierig oder außergewöhnlich, und Ihr Kind hatte keinen reibungslosen Start ins Leben. Da es vom ersten Atemzug an seine ganze Kraft aufwenden musste, um zu überleben, hat es bis jetzt schon viel Durchhaltevermögen bewiesen. Ihr Kind besitzt einen starken Lebenswillen. Es ist eine Kämpfernatur. Trotz widriger Umstände beißt es sich tapfer durch. Diese Zähigkeit und Stärke öffnen Ihrem Kind viele Wege, und so kann es auf verschiedene Arten sein Glück finden.

Ihr Kind hat viel Einfühlungsvermögen und zeigt großes Verständnis für andere. Es ist auch sehr tierlieb. Wenn es den Grund für eine notwendige Veränderung in der Familie begreift, wird es keine Probleme haben, sich anzupassen und auf das Neue einzustellen. Falls es jedoch unvorbereitet mit einer Veränderung konfrontiert wird, die es nicht versteht, kann es bei Ihrem Kind zu einer Schockreaktion kommen, die sich auf all seine Lebensbereiche auswirkt.

### 1. Karte: Regenbogen
### 2. Karte: Gold/Gelb

### Motto
In meinem Denken und Handeln zeige ich mich
unabhängig und frei.

### Farbe, die heute gut tut
Türkis

### Für den heutigen Tag
Wenn Sie dazu neigen, kritiklos die Meinung anderer zu übernehmen, und nur den ausgetretenen Pfaden den Vorzug

geben, dann sollten Sie sich heute ein bisschen mehr zutrauen. Mut zum Risiko! Wagen Sie jetzt etwas, das Sie
schon immer einmal tun wollten, aber aus Angst vor Ausgrenzung und Ablehnung vermieden haben. Hören Sie auf
Ihr Gefühl. Sie wissen intuitiv, was jetzt für Sie passend ist.
Vielleicht gelingt es Ihnen, einen ganz neuen Lebensab-
schnitt einzuläuten, der Ihren Horizont erheblich erweitert.
Achten Sie heute einmal besonders darauf, wann Sie ein Gefühl des Unbehagens, der Angst oder Nervosität beschleicht.
Fühlen Sie sich vielleicht unwohl, weil jemand Sie für unfähig halten könnte, oder trauen Sie sich in einer bestimmten
Situation nichts zu, obwohl Sie eigentlich erfahren und gut
vorbereitet sind? Wo liegen die Wurzeln dieses negativen
Selbstgefühls? Sind es alte, längst überholte Reaktions-
mustern, die schwer auszurotten sind, oder ist etwas in Ihrem Leben nicht stimmig? Spielen Sie heute Detektiv, und
decken Sie die Gründe dafür auf, warum Sie nicht selbstbewusst Ihren Platz einnehmen.

### Ihre Stärken

Es ist, als ob Sie sich vorgenommen hätten, in diesem Leben
so viele unterschiedliche Erfahrungen zu sammeln wie nur
möglich. Sie sind ein Lebenskünstler, der Dinge unternommen hat, von denen andere ein Leben lang nur träumen. Sie
sind aber kein Abenteurer, sondern eher ein praktischer Phi-
losoph, dessen Forschungsthema die Aktivität und Dynamik
ist.

Sie sind frei und unabhängig. Sie unterwerfen sich keinen
Moden, sondern probieren aus, was zu Ihrem Lebensstil
passt. Ihr Mut, unbekanntes Terrain zu betreten und auch
nicht alltägliche Erfahrungen zu sammeln, macht Sie zu einem reifen, erfahrenen Menschen. Sie haben bereits so man-

che schwierige Situation gemeistert und dabei vielerlei Gelegenheit gehabt, Ihre Angst zu besiegen.

Ihr Wertesystem beruht auf Erfahrung und Menschenkenntnis. Sie treffen sichere Entscheidungen und drücken sich nicht vor den Konsequenzen. Ihre Überzeugungen verteidigen Sie mutig; Sie sind jedoch stets bereit, sich von einem erfahrenen Fachmann eines Besseren belehren zu lassen. Dank Ihrer Selbstdisziplin schaffen Sie ein großes Arbeitspensum.

## Ihre Schwächen

Sie sind ständig auf der Suche nach besseren Lebensbedingungen, wissen aber eigentlich nicht, wo und wie Sie ansetzen sollen. Sie sind daher ruhelos; nichts stellt Sie auf Dauer zufrieden. Kaum haben Sie eine Sache begonnen, da denken Sie auch schon wieder über eine Veränderung nach. Es fehlt Ihnen an innerer Stabilität, und Ihre Stimmung ist deswegen oft launisch und gereizt. Sie fahren leicht aus der Haut und reagieren mit Nervosität, wenn die Dinge nicht nach Plan laufen.

Die Menschen in Ihrer näheren Umgebung können durch Ihr fahriges, aufbrausendes Temperament eingeschüchtert sein und halten mit ihrer Meinung zurück. Es kann passieren, dass man Ihnen wichtige Informationen aus Angst vor Ihrer negativen Reaktion verschweigt.

Es kann auch sein, dass Sie von Ihren Eltern automatisch Glaubensmuster übernommen haben, die aber in Ihrem eigenen Leben vollkommen unpassend sind. Nur stellen Sie diese Überzeugungen nie in Frage. Es fehlt Ihnen an geistiger Flexibilität, und Sie neigen zu einem starren Schubladendenken. Vielleicht haben Sie deshalb schon manche gute Gelegenheit verpasst.

## Tipps für Ihr Wohlbefinden

Vielleicht versuchen Sie, Ihre Nervosität oder Ängstlichkeit zu überdecken, indem Sie Substanzen einnehmen, die Ihre überreizte Stimmung beruhigen und Sie gelassener machen sollen. Alkohol ist ebenfalls ein Mittel, bei dem Sie Zuflucht suchen könnten. Auf Dauer werden Ihnen Medikamente, Nikotin oder Alkohol jedoch nicht helfen können, ausgeglichener zu werden. Im Gegenteil: Manche dieser Mittel wirken dämpfend. So könnte es sein, dass Sie zwar nicht mehr so nervös sind, sich dafür aber deprimiert und antriebslos fühlen.

Um die Stimmung zu heben bzw. um Nervosität abzubauen und wieder ins Gleichgewicht zu kommen, ist Bewegung die beste Medizin. Gehen Sie tanzen, kommen Sie beim Sport aus der Puste. Vielleicht helfen Ihnen auch Yoga oder Meditation.

Wenn Ihr Verdauungssystem schnell empfindlich reagiert, sollten Sie basischen Lebensmitteln, die den Säurehaushalt neutralisieren, den Vorzug geben. Dazu gehören beispielsweise Kartoffeln und Möhren, aber auch Hirse und Reis. Essen Sie leicht verdauliche Mahlzeiten, um Ihren Organismus zu entlasten.

## Für Kinder

Ihr Kind sollte seine Lebensfreude auch auf unkonventionelle Weise ausdrücken dürfen. Verzichten Sie besser darauf, seinen Überschwang zu sehr zu dämpfen. Seinen Witz und Humor sollte es frei entfalten können.

Ihr Kind könnte bereits sehr früh eine außergewöhnlich scharfe Beobachtungsgabe zeigen. Weil es ständig alles hinterfragt und den Sinn und Zweck des Lebens zu verstehen versucht, werden vielleicht auch Ihre bisherigen Einstellungen und Meinungen auf den Prüfstand gestellt. Ihr Kind wird nicht automatisch Ihre Denkmuster übernehmen, sondern sich seine eigenen Anschauungen bilden.

Ihr Kind erweist sich schon in frühen Jahren als Individualist. Es hat keine Angst, eigene Wege zu gehen. Wenn es von einer Sache nicht wirklich überzeugt ist, lässt es auch die Finger davon. Andererseits kann es sein, dass Ihr Kind von Natur aus etwas ängstlich ist und sich nicht sehr viel zutraut. Es wird dann eher der Gruppe folgen und das nachahmen, was andere ihm vormachen. Sollte dies eher der Fall sein, sollten Sie ein wachsames Auge auf die Menschen seiner näheren Umgebung haben, die es beeinflussen. Setzen Sie aber Vertrauen in Ihr Kind, und verunsichern Sie es nicht zusätzlich durch die Projektion Ihrer eigenen Ängste.

### 1. Karte: Regenbogen
### 2. Karte: Grün/Hellgrün

### Motto
Das Leben ist ein Wunder – von der Geburt bis zum Tod und darüber hinaus.

### Farbe, die heute gut tut
Rot/Rosa

### Für den heutigen Tag
Fühlen Sie sich vom Glamour der High Society angezogen? Lieben Sie Klatschreportagen über die Reichen und Schönen dieser Welt? Kommt Ihnen Ihr eigenes Leben im Vergleich dazu banal und grau vor? Dann wird es Zeit, Ihre Aufmerksamkeit von dieser Scheinwelt abzuwenden und sich mit mehr Kraft der Realität Ihres Daseins zu widmen.

Versuchen Sie sich klarzumachen, wie hoch der Preis dafür ist, eine Berühmtheit zu sein. Woher kann eine reiche Person wissen, ob jemand sie wirklich liebt oder nur wegen ihres Luxuslebens an ihr interessiert ist. Finden Sie selbst auch Menschen mit Geld, Macht oder Schönheit automatisch attraktiv? Das ist nur natürlich, doch sollte es Sie nicht blind für die Qualitäten des Herzens machen.

Versuchen Sie heute einmal, hinter eine glatte Fassade zu blicken. Ist das charmante, liebevolle Lächeln echt oder vorgetäuscht? Wir wollen oft die Wahrheit nicht sehen, weil sich dann eine Illusion in Luft auflösen würde. Bleiben Sie heute realistisch, und lassen Sie Ihre rosarote Brille in der Schublade liegen.

### Ihre Stärken

Sie erkennen die wahre Liebe, wenn sie Ihnen begegnet, und Sie halten sie fest – ohne jedoch den Partner seiner Freiheit zu berauben. Sie können aus tiefstem Herzen lieben und bieten dadurch nicht nur sich selbst, sondern auch der geliebten Person die Chance zur persönlichen Entfaltung. In diesem Sinn verleiht Ihnen die Liebe Flügel, lässt Sie Barrieren überwinden und auch einmal Schwierigkeiten in Kauf nehmen. Aber nicht nur für den oder die Liebste, sondern auch für Freunde gehen Sie durch dick und dünn.

Sie besitzen eine besondere Verbindung zur Natur. Sie brauchen die Natur vor allem in Phasen persönlicher Neuorientierung. In der Natur können Sie Ihre Sorgen distanzierter betrachten und befreit aufatmen. Sie spüren die Jahreszeiten intensiv und können sich in die wiederkehrenden Zyklen des Werdens und Vergehens gut einfühlen. Es erinnert Sie daran, dass auch Ihr Leben ein solcher Prozess ist und es immer wieder Momente gibt, in denen Sie sich von etwas Vertrautem verabschieden und sich auf etwas Neues vorbereiten müssen. Daher sind Sie auch in der Lage, mit voller Aufmerksamkeit in der Gegenwart zu leben.

## Ihre Schwächen

Sie lassen sich leicht durch den äußeren Schein blenden und verwechseln verführerische Gesten mit Liebe. So dürften Sie schon große Enttäuschungen in der Liebe erlebt haben, denn Sie sind auf ein charmantes Auftreten hereingefallen. Doch wenn Sie einmal »angebissen« haben, lassen Sie so schnell nicht wieder los – selbst dann nicht, wenn Sie den Fehler zu ahnen beginnen und an Orientierung und Kraft verlieren. Sie verzehren sich geradezu nach dem anderen, geben sich blind hin und wundern sich, wenn Sie schließlich verlassen werden.

Diese Verletzungen schneiden zwar tief in Ihr Herz hinein, aber das ist noch lange keine Garantie dafür, dass Sie nicht wieder verführbar sind und das destruktive Verhaltensmuster sich nicht wiederholt. Irgendwann werden Sie sich jedoch verschließen und niemanden mehr an sich heranlassen. Sie laufen dann Gefahr, den Menschen zu übersehen, der Ihnen wirklich Liebe schenken könnte. Sie sollten daran denken, dass die Liebe oft ganz unerwartet auf leisen Sohlen in Ihr Leben tritt.

## Tipps für Ihr Wohlbefinden

Gehen Sie in die Natur, um wieder einen klaren Kopf zu bekommen und innere Zwiesprache zu halten. Verbinden Sie sich mit den Elementen, und ziehen Sie gedanklich Parallelen zwischen Ihrer Gestimmtheit und der Jahreszeit, in der Sie sich gerade befinden. Wenn Frühling ist, dann überlegen Sie sich, welche Wachstumsmöglichkeiten jetzt in Ihrem Leben vorhanden sind. Schauen Sie in der Sommerzeit, wie Sie die Fülle und Üppigkeit der Natur bei sich selbst widergespiegelt sehen. Was müssen Sie im Herbst loslassen – an Gewohnheiten, Beziehungen oder Illusionen? Und in welchem Lebenszusammenhang ist es für Sie im Winter angebracht, sich zurückzuziehen und nach innen zu horchen? Was muss noch eine Zeitlang ruhen, bevor es anfangen kann zu wachsen? Solche Bestandsaufnahmen können wertvolle Einsichten liefern.

### Für Kinder

Ihr Kind hat einen ausgeprägten Bewegungsdrang und braucht viel Gelegenheit für ausgelassene Spiele im Grünen. Es mag auch bei Wind und Wetter draußen herumtoben. Das tut nicht nur seinem Körper gut, auch sein wacher Verstand kann sich dann erproben.

Ihr Kind möchte alles in der Natur genau untersuchen und erforschen: den Wurm in der Erde, die Schnecke unter dem Blatt oder eine schlammige Pfütze. Auf diese Weise kann der kurze Weg zum nächsten Laden zu einer ausgedehnten Expedition werden, und in Ihnen könnte das nervöse Gefühl hochsteigen, an diesem Tag überhaupt nichts mehr zu schaffen, wenn es in diesem Tempo weitergeht. Werden Sie jedoch nicht ungeduldig. Diese ausgiebigen Erkundungen sind für Ihr Kind wichtige Unternehmungen, durch die es ein grundsätzliches Verständnis für das Leben an sich erhält. Neugierde ist auch immer ein Zeichen von Intelligenz und sollte als positive Eigenschaft betrachtet werden – auch wenn es manchmal zeitaufwendig ist, tausend Fragen zu beantworten, oder wenn Ihnen unbehaglich zu Mute wird, wenn Ihr Kind mit klarem, unbestechlichem Blick verschiedene Aspekte Ihres persönlichen Lebens durchschaut.

1. Karte: Regenbogen
2. Karte: Türkis/Helltürkis

**Motto**
Ich zeige, was in mir steckt.

**Farbe, die heute gut tut**
Gold/Gelb

**Für den heutigen Tag**
Muss Ihr Kind Ihnen helfen, den PC zu starten, und Ihnen das gewünschte Programm auf den Bildschirm holen? Redet alle Welt von E-Mail, und Sie haben im Grunde gar keine Ahnung, was das ist? Glauben Sie, niemals in die Geheimnisse des Internets eindringen zu können? Dann ist heute der richtige Zeitpunkt, um praktische Anstrengungen zu unternehmen, solche Wissenslücken zu schließen.

Versuchen Sie zunächst, eine positive Einstellung zu gewinnen: Ja, es ist sinnvoll und wichtig, dass Sie jetzt Versäumtes nachholen, und es wird Ihnen auch gelingen. Vertrauen Sie Ihren Fähigkeiten, und lassen Sie vorgefasste Meinungen los, zum Beispiel, dass Sie zu alt oder zu dumm seien. Was ein Kind kann, werden Sie doch auch schaffen!

Finden Sie heraus, ob in Ihrer Nähe Computerschulungen angeboten werden. Größere Computerläden wissen sicher Näheres. Machen Sie sich auf die Suche nach dem für Sie geeigneten Gerät und der auf Ihre Bedürfnisse zugeschnittenen Software. Fragen Sie Freunde oder Kollegen nach deren Erfahrungen.

Vielleicht haben Sie Lust, ein Internet-Café zu besuchen. Versuchen Sie es dort in Ruhe einmal mit dem elektronischen Surfen. Mit Computern und anderen modernen

Techniken können auch Sie ganz verspielt und kreativ umgehen.

## Ihre Stärken

Sie sind sehr gefühlsbetont, und es ist Ihnen wichtig, Ihre Gefühle zeigen zu können. Sie arbeiten daher vorzugsweise in kreativen Berufszweigen. Sie haben auch eine Vorliebe für Teamarbeit. Ihre Improvisationsgabe kommt im lebendigen Austausch am besten zur Geltung.

Sie nehmen am Schicksal anderer Menschen großen Anteil und können sowohl Freude als auch Leid tief mitempfinden. Man kann sich bei Ihnen ausweinen und Sie um Hilfe bitten. Ihre Unterstützung ist stets uneigennützig. Sie helfen, weil Sie es gern tun, und Sie sind dabei nicht auf Dankbarkeit oder Bewunderung aus.

Ihre Sensibilität und Ihr Einfühlungsvermögen geben Ihnen die Fähigkeit, Dinge aus höherer Sicht wahrzunehmen. Sie erkennen auch versteckte Motivationen oder Hintergründe. Sie sind in der Lage, Ihre feinen Beobachtungen darzustellen – wahrscheinlich in sehr origineller, phantasievoller Weise. Wo es anderen schwer fällt, sich auszudrücken, schaffen Sie es, die Dinge auf den Punkt zu bringen.

## Ihre Schwächen

Sie verstecken Ihren empfindsamen, gefühlvollen Kern hinter einer harten Schale. Sie lassen niemanden in Ihr Inneres blicken. Vielleicht haben Sie sogar vergessen, wie feinfühlig Sie eigentlich sind.

Nach außen wirken Sie sehr kühl und unnahbar. Nichts kann Sie erschüttern, und Sie regeln alle Probleme mit Ihrem Verstand. Ihr Herz flüstert Ihnen zwar zuweilen ganz andere Lösungen zu und will in eine andere Richtung gehen, aber Sie steuern Ihre Angelegenheiten mit dem Kopf und hören nicht auf Ihr Herz. Sie wollen auch im Kontakt zu anderen keine allzu große Intimität aufbauen, da man Sie sonst durchschauen könnte und Sie aufgefordert wären, Ihre Gefühle zu offenbaren. Sie suchen daher eher distanzierte Freundschaften oder Partnerbeziehungen, in denen die Vernunft regiert.

Nur sehr schwer können Sie Momente der Zärtlichkeit und Nähe zulassen. Sie fühlen sich dann zu verletzlich. Schließlich könnte es ja sein, dass Sie sich plötzlich nicht mehr unter Kontrolle haben und ein Strom von Gefühlen Sie überwältigt und Ihr Leben durcheinander bringt.

### Tipps für Ihr Wohlbefinden

Die Gefühle immer im Schach zu halten ist auf Dauer sehr anstrengend. Vielleicht besteht Ihre Vermeidungsstrategie darin, sich so tief in die Arbeit zu stürzen, dass es keinen Leerlauf in Ihrem Leben gibt und Sie für Gefühle scheinbar gar keine Zeit haben.

Aufgestaute Emotionen können jedoch krank machen. Versuchen Sie, ein Ventil für Ihre Gefühle zu finden. Für manche Menschen ist der Besuch eines Fußballspiels oder eines Musikkonzerts ein höchst emotionales Ereignis. Doch kommt es vor allem darauf an, im Kontakt zu anderen Menschen Gefühle zu zeigen.

Es ist jetzt wichtig für Sie, sich mitzuteilen und zu zeigen, was Sie empfinden. Selbst wenn Sie dabei auch einmal auf Unverständnis stoßen, werden Sie sich auf Dauer so viel besser fühlen als hinter Ihrer kühlen Fassade. Nur wenn Ihre Mitmenschen wissen, was Sie wirklich denken und fühlen, sind sie in der Lage, so auf Sie zuzugehen, wie Sie es sich insgeheim wünschen.

### Für Kinder

Ihr Kind ist technisch begabt. Wundern Sie sich also nicht, wenn es schon im Kleinkindalter einen Schraubenzieher zur Hand nimmt und anfängt, Ihre Haushaltsgeräte auseinander zu bauen und näher zu untersuchen. Mit technischen Baukästen machen Sie ihm daher ein gutes Geschenk.

Fördern Sie das praktische handwerkliche und künstlerische Geschick Ihres Kindes, und setzen Sie bei ihm nicht die akademische Leistung an die erste Stelle. Akzeptieren Sie die Interessen Ihres Kindes, auch wenn sie vielleicht von Ihren eigenen abweichen, und revidieren Sie Ihre möglicherweise zu ehrgeizigen intellektuellen Pläne. Achten Sie darauf, dass Sie nicht den Fehler machen, über Ihr Kind die Dinge nachholen zu wollen, die Sie in Ihrer eigenen Kindheit aus welchen Gründen auch immer versäumt haben. Ihr Kind ist eine eigenständige Persönlichkeit mit individuellen Talenten, Träumen und Vorstellungen, denen es auf seine Weise nachgehen muss.

**1. Karte: Regenbogen**
**2. Karte: Blau/Hellblau**

**Motto**
Heute bin ich wie ein Kind und überlasse mich spontan
dem Fluss des Lebens.

**Farbe, die heute gut tut**
Regenbogen (alle Farben)

## Für den heutigen Tag

Spontaneität ist etwas, das Kinder den Erwachsenen vorleben. Eltern haben die Aufgabe, diese kindliche Spontaneität so zu kanalisieren, dass die Heranwachsenden sich in die vorgegebenen gesellschaftlichen Strukturen integrieren und nicht bei jeder Gelegenheit anecken, weil durch ihr impulsives Handeln andere beeinträchtigt werden. Doch manchmal bewirken solche Erziehungsmaßnahmen, dass alle spontanen Impulse missachtet werden.

Wie oft möchten Sie als Erwachsener spontan etwas tun, unterdrücken jedoch diesen Impuls, weil er nicht passend erscheint oder Sie negative Reaktionen fürchten. Vielleicht treffen Sie nach langer Zeit einen alten Freund wieder, mit dem Sie sich überworfen haben. Eigentlich würden Sie ihn gern umarmen und die Freundschaft wieder aufleben lassen. Aber eine innere Kontrollinstanz sagt, dass Sie besser zurückhaltend bleiben. Oder Sie haben auf einer Feier jemanden kennen gelernt, finden ihn sympathisch und möchten ihn spontan einladen. Doch wieder haben Sie das Gefühl, dass sich so etwas nicht gehört.

Überprüfen Sie heute einmal Ihre Bereitschaft, spontan aus dem Bauch heraus zu handeln, und trauen Sie sich zu, instinktiv das Richtige zu tun.

## Ihre Stärken

Sie ruhen in sich. In Ihrem Leben gibt es nichts, das Sie in Ihrer Stärke und Gelassenheit erschüttern könnte. In disharmonischen Situationen können Sie durch Ihre besonnene Art vermitteln und schlichten. Sie strahlen Sicherheit aus, und die Menschen werden sich in Ihrer Gegenwart gut aufgehoben fühlen. Wenn Familienmitglieder, Freunde oder Kollegen sich in Ihre Obhut begeben, fühlen sie sich geborgen und beschützt. Sorgen und Schmerzen treten in den Hintergrund; Lösungswege zeichnen sich leichter ab, und die Menschen schöpfen unter Ihrem Einfluss wieder Hoffnung. Die Menschen, mit denen Sie es zu tun haben, schenken Ihnen volles Vertrauen und werden von Ihnen darin auch nicht getäuscht.

Sie sind kontaktfreudig und offen. In jeder Situation finden Sie die richtigen Worte. Ihr eigenes Leben haben Sie gut organisiert und klar strukturiert. Sie lernen und reifen durch Erfahrung.

### Ihre Schwächen

Sie können manchmal sehr rechthaberisch reagieren. Da Sie sehr feste Gewohnheiten und Ansichten pflegen, fällt es Ihnen schwer, sich umzuorientieren oder von anderen Rat anzunehmen. Sie wissen immer alles besser, und Sie maßen sich an, jeder Situation gewachsen zu sein – unter Anwendung Ihrer eigenen Methoden. Ihre rigide und kontrollierende Haltung ist für die Menschen in Ihrer näheren Umgebung anstrengend und auch einschüchternd. Sie vermitteln ihnen das Gefühl, dass sie dumm und unfähig seien.

Mit Ihrer starken Disziplin können Sie ein großes Arbeitspensum bewältigen. Dabei hinterlassen Sie jedoch den Eindruck, dass andere wenig oder zu wenig leisten. Auf Ihre Mitarbeiter und Kollegen, die morgens pünktlich zur Arbeit erscheinen, wirkt es entmutigend, wenn Sie schon lange vor der Zeit ins Büro gegangen sind, um dort neue Arbeitsrekorde aufzustellen. Ihr dominantes Verhalten lähmt andere. Die meisten geben den Versuch auf, Sie von etwas Neuem zu überzeugen. Dadurch erhalten Sie jedoch immer weniger Anregungen.

Andererseits kann es sein, dass Sie sich einschüchtern lassen und so zurückhaltend sind, dass Sie häufig übersehen werden und deswegen ein stilles, unbedeutendes Dasein führen. Dabei haben Sie einen sehr klaren Verstand und erkennen Zusammenhänge und Lösungen, die für Ihre Kollegen und Vorgesetzten von großem Wert wären.

### Tipps für Ihr Wohlbefinden

Wenn Sie unter dem Zwang leiden, immer alles unter Kontrolle halten zu müssen, tut es sehr gut, sich einmal einen Tag zu gönnen, an dem Sie überhaupt keine Verpflichtungen haben. Sie sollten sich an diesem Tag überhaupt nichts vornehmen. Leben Sie von Moment zu Moment, und folgen Sie nur den spontanen Impulsen.

Indem Sie einmal auf jegliche Strukturierung verzichten, können Sie sich für das Unvorhergesehene öffnen – ähnlich wie in einem improvisierten Theaterstück, bei dem die Darsteller erst auf der Bühne die Handlung entwickeln.

Vielleicht haben Sie ja Lust, mit Ihrer Familie oder mit Freunden ins Blaue zu fahren. Oder bleiben Sie im Bett, weil Sie an Ihrem freien Tag am liebsten gar nichts tun wollen.

### Für Kinder

Zwingen Sie Ihr Kind nicht zu strikter Disziplin und Ordnung. Wenn es sich den Verhaltensregeln trotzig widersetzt, sollten Sie nicht um jeden Preis die Oberhand gewinnen wollen. Brechen Sie nicht den Willen Ihres Kindes; Sie zerstören sonst seine Kreativität und Sensibilität. Vielleicht erreichen Sie ja durch strenge Erziehungsmaßnahmen, dass Ihr Kind gehorsam, pflichtbewusst und fleißig ist. Jedoch wird dieses Verhalten andressiert bleiben.

Geben Sie Ihrem Kind ein geschütztes Zuhause, in dem es

Geborgenheit erfährt und seine Individualität entfalten kann. Die Ideen und Ansichten Ihres Kindes verdienen es, respektiert und gefördert zu werden.

## 1. Karte: Regenbogen
## 2. Karte: Violett/Hellviolett

### Motto
Ich finde den Ausweg aus der Krise.

### Farbe, die heute gut tut
Orange

### Für den heutigen Tag
Wenn es Dinge in Ihrem Leben gibt, die Sie unglücklich machen, und Sie daraufhin vor Kummerspeck zwei Kleidergrößen zugelegt haben, dann ist heute der geeignete Tag, um mit dem Selbstmitleid aufzuhören.

Könnte es sein, dass Sie seit längerer Zeit wiederholt über Ihre Situation jammern, aber über dieses Stadium der Konfliktbewältigung nicht hinwegkommen? Sie sind jetzt aufgefordert, sich entweder mit dem Status quo abzufinden und das Beste daraus machen oder sich zu einer Neuorientierung durchzuringen und diese auch konsequent einzuleiten und durchzuführen. Es wird Ihnen nichts bringen, am Schmerz festzuhalten. Es wird Sie, aber auch Ihre Mitmenschen auf Dauer sehr ermüden.

Falls es Ihnen derzeit gut geht, da Sie in letzter Zeit viele Entwicklungsschritte gemeistert haben oder mit sich im Reinen sind, dann brauchen Sie momentan keine besonderen Dinge zu beachten.

## Ihre Stärken

Sie suchen stets nach Qualität, nicht nach Quantität. Von daher wissen Sie, dass es manchmal die kleinen Dinge sind, die den größten Wert besitzen. Sie spüren vor allem, wenn etwas von Herzen kommt und mit Liebe hergestellt, gesagt oder getan wurde. Sie wissen auch Menschen zu schätzen, die sich für eine Sache einsetzen, ohne nur auf ihren Vorteil bedacht zu sein.

Sie haben ein gutes Zeitgefühl und teilen sich Ihren Tag gut ein. Sie sind flexibel genug, um sich den äußeren Gegebenheiten anzupassen und dann auch einmal Ihren sorgfältig ausgearbeiteten Zeitplan umzuwerfen. Wie im Kleinen, so sind Sie auch im Großen bereit, auf Veränderungen einzugehen. Wenn es Ihnen sinnvoll erscheint, passen Sie Ihr Denken und Handeln den neuen Gegebenheiten an. Im Vertrauen darauf, dass Wandlungsfähigkeit einen Zuwachs an Reife bedeutet, erlauben Sie es, dass Ihr Leben in eine neue Bahn gelenkt wird.

Liebesbeziehungen, die Tiefe haben, schenken Ihnen Kraft. Sie suchen sich vorzugsweise einen Partner aus, mit dem Sie sich ergänzen. Sie sind tolerant und nehmen den anderen, wie er ist.

## Ihre Schwächen

Sie fühlen sich oft zu einem Menschen hingezogen, der Ihnen nicht gut tun, weil er Ihre Leidensmuster verstärkt. So stecken Sie vielleicht gerade in einer Liebesbeziehung, die Ihnen Kummer macht. Der Partner verletzt Sie, er aktiviert Ihr Minderwertigkeitsgefühl oder ist Ihnen nicht treu. Obwohl Sie in der Beziehung so sehr leiden, kommen Sie nicht darauf, Schluss zu machen.

Es grenzt schon fast an ein selbstzerstörerisches Verhalten, dass Sie ausharren und immer wieder Entschuldigungen finden.

Statt die Dinge, unter denen Sie leiden, mutig offen auszusprechen oder an Lösungen zu arbeiten, versuchen Sie, Ihre Tränen und Ihren Kummer zu unterdrücken. Um sich zu beruhigen und abzulenken, essen Sie dann möglicherweise zu viel, oder Sie versuchen, sich mit ein paar Gläschen Wein zu trösten. Die Gefahr besteht, dass Sie mit der Zeit depressiv werden und keinen Ausweg aus Ihrer bedrückenden Situation sehen. Es fällt Ihnen schwer loszulassen, und selbst wenn das Schicksal Sie in die Zange nimmt, halten Sie immer noch am gewohnten Leid krampfhaft fest. In gewisser Weise sind Sie leicht verführbar und kennen kein Maß.

### Tipps für Ihr Wohlbefinden

Vielleicht laufen Sie ständig zum Kühlschrank, um sich mit kalorienreichen Leckerbissen auf andere Gedanken zu bringen. Sie könnten sich von anstehenden Pflichten oder auch von schlechten Gefühlen ablenken wollen. Durch das ständige Naschen fällt aber der Hunger auf nahrhafte Hauptmahlzeiten aus, und es ist möglich, dass Sie sich dadurch auf Dauer mangelhaft ernähren. Vor allem wenn Sie ständig Süßigkeiten knabbern oder zu viel Alkohol trinken, kommt Ihr Blutzuckerspiegel in Unordnung. Durch den schnellen Anstieg des Blutzuckerwertes und den darauf folgenden rasanten Absturz schwankt auch die Stimmung in erheblichem Maß.

Versuchen Sie daher, den ständigen Griff in das Bonbonglas zu vermeiden. Essen Sie lieber einen Apfel. Das mag Ihre Gelüste nach Süßem nicht auf Anhieb vollkommen befriedigen, aber wenn Sie Ihre Essgewohnheiten von Industriezucker auf Obst umstellen, werden Sie sich auf Dauer ausgeglichener fühlen.

## Für Kinder

Ihr Kind könnte dazu neigen, gierig nach Dingen zu greifen, die es dann nicht wieder hergeben will. Vielleicht ertappen Sie es auch oft dabei, dass es Sachverhalte maßlos übertreibt. Selbst wenn die Tatsachen auf dem Tisch liegen, wird es noch auf seiner Version beharren und generell aus einer Mücke einen Elefanten machen.

Ihr Kind versucht, seinen Wert auf der materiellen Ebene zu messen. So entspricht für Ihr Kind beispielsweise die Anzahl der Geburtstagsgeschenke, die es erhält, seinem Beliebtheitsgrad. Auch kann sich Ihr Kind übertrieben stark für sein Aussehen interessieren. Es achtet darauf, wie es selbst und andere gekleidet sind. Für ein bescheidenes Auftreten hat Ihr Kind nur Verachtung übrig.

Andererseits könnte sich Ihr Kind sehr stark zu spirituellen Dingen oder zu Magie und Zauber hingezogen fühlen. Als Jugendlicher könnte es auch eine Neugier auf bewusstseinsverändernde Drogen entwickeln. Reagieren Sie auf ein solches Interesse nicht mit rigorosen Verboten, sondern versuchen Sie, es in gesunde Kanäle zu lenken.

1. Karte: Regenbogen
2. Karte: Magenta/Hellmagenta

## Motto
Die Fülle des Lebens zeigt sich mir jetzt
in diesem Moment.

### Farbe, die heute gut tut
Grün

### Für den heutigen Tag

Erleben Sie heute einen Tag der Fülle und des Überflusses. Dazu brauchen Sie jedoch nicht Ihr Bankkonto zu plündern und in einen Kaufrausch zu verfallen. Reichtum lässt sich auch anders definieren und erleben. Wenn Sie Kinder haben, die gesund und munter sind, dann ist das Reichtum. Eine liebevolle Partnerschaft kann Sie unermesslich reich machen. Überhaupt ist die Liebe stets mit Fülle und Überfluss verbunden.

Freuen Sie sich heute ganz bewusst über die kleinen alltäglichen Dinge, die für Sie zur Selbstverständlichkeit geworden sind, die aber den wahren Reichtum in Ihrem Leben ausmachen. Oft bemerken Sie ihren Wert erst, wenn sie Ihnen genommen werden. Schreiben Sie am Ende des Tages eine Liste mit den guten Dingen, die Ihnen heute passiert sind oder die Ihnen heute bewusst geworden sind. Erkennen Sie, dass Reichtum und Fülle auch in Ihrem Leben vorhanden sind.

Lassen Sie heute einmal das Nörgeln und Kritisieren. Spenden Sie stattdessen großzügiges Lob, und zeigen Sie Ihre Anerkennung für die Leistungen Ihrer Nächsten. Auch Sie selbst können jetzt viel Lob und Ermutigung gebrauchen.

### Ihre Stärken

Seit einiger Zeit machen Sie sich Gedanken über den tieferen Sinn Ihres Lebens. Vielleicht hat eine existenzielle Krise Sie aufgerüttelt und nachdenklich gemacht, oder Sie haben jemanden kennen gelernt, der Sie dazu inspiriert, Fragen zu stellen. Diese Beschäftigung mit philosophischen und spirituellen Fragen ist wichtig für Sie, denn sie hilft Ihnen zu erkennen, ob Ihre derzeitigen Lebensinhalte Sie glücklich machen und in Ihrer persönlichen Entwicklung weiterbringen.

Es kann sein, dass Sie künstlerisch begabt sind und aus Ihren philosophischen wie auch spirituellen Betrachtungen eine Art Essenz herausfiltern, die Sie anderen zugänglich machen. Dazu ist nicht unbedingt ein speziell künstlerischer Beruf notwendig. Beispielsweise vermag auch ein Florist, die Fülle und Schönheit der Natur in einem einzelnen Blumenstrauß wiederzugeben. Wie auch immer Ihr Arbeitsplatz aussehen mag, Sie schaffen es, Ihre einzigartige kreative Gabe wirksam zu entfalten und damit etwas Schönes in diese Welt zu bringen.

Sie sind großzügig und verschwenderisch; Sie verstehen es, aus dem Vollen zu schöpfen. Achten Sie jedoch darauf, dass immer genügend Reserven übrig bleiben.

### Ihre Schwächen

Sie trauen sich viel zu wenig zu und leiden an einem ausgeprägten Mangel an Selbstbewusstsein. Die Wurzel dafür könnte in Ihrer Kindheit liegen. Mag sein, dass Sie als Kind stets übergangen wurden oder einfach zu wenig Förderung erlebt haben. Vielleicht gab es auch Trennungen und neue Familienkonstellationen, durch die anderen Kindern der Vorrang gegeben wurde. Sie erlebten plötzlich, dass Ihnen die gewohnte Liebe und Zuwendung fehlte. Die Folge ist ein Armutsdenken. Sie meinen, nichts verdient zu haben. Dadurch neigen Sie auch dazu, sich in mehr oder weniger subtiler Weise selbst zu sabotieren.

Eventuell hadern Sie permanent mit Ihrem Schicksal. Sie

können nicht einschätzen, wie gut es Ihnen eigentlich geht. Sie halten zu vieles für selbstverständlich und haben das Staunen und die Dankbarkeit vergessen.

### Tipps für Ihr Wohlbefinden

In der asiatischen Zen-Tradition geht es darum, stets bewusst im gegenwärtigen Augenblick zu leben. Vergangenheit und Zukunft spielen für diesen Augenblick keine Rolle.

In den alltäglichen Handlungen offenbart sich das ganze Leben. In dem, was Sie im Hier und Jetzt tun, erleben Sie die Wirklichkeit. Versuchen Sie heute einmal, Ihre Gedankenflut einzudämmen und vom krampfhaften Vorausplanen oder Grübeln über die Vergangenheit loszulassen. Bemühen Sie sich, Ihre Aufmerksamkeit ganz auf die Aufgabe zu richten, die Sie gerade zu erledigen haben.

Versuchen Sie in diesem Bewusstsein beispielsweise, Ihren Hausputz zu machen. Das wird Ihnen sehr schwer fallen und auch am Anfang kaum gelingen, da Sie es gewohnt sind, viele verschiedene Dinge gleichzeitig zu erledigen. Aber diese Zen-Übung wird Sie wacher und aufmerksamer machen.

### Für Kinder

Ihr Kind braucht Zuspruch und Zuwendung und muss das Gefühl bekommen, ein wertvoller Teil Ihres Lebens zu sein. Vielleicht gab es während der Schwangerschaft eine Zeit, in der Sie nicht sicher waren, ob Ihr Kind wirklich ein Segen für Sie darstellt, und diese Angst hat Ihr Kind verinnerlicht. Es wird dann in Situationen, in denen es in Frage gestellt wird – oder sich selbst in seinen Leistungen oder Aussehen in Frage stellt –, dieses Gefühl von Unsicherheit in sich aufkeimen spüren, ohne den Ursprung erkennen zu können.

Erfolgserlebnisse sind für Ihr Kind wichtig. Loben Sie es

auch für einfache Dinge, die ihm gelungen sind. Versuchen Sie, Ihrem Kind in Sachen Disziplin und Ordnung ein Vorbild zu sein. Ihr Kind fühlt sich sicherer und gegen Fehler gefeit, wenn es auf eine solide Struktur zurückgreifen kann.

# Anhang

# Literatur

Beck, Charlotte Joko: *Zen.* Knaur, München 1996.

Dethlefsen, Thorwald/Dahlke, Rüdiger: *Krankheit als Weg.* Goldmann, München 1990.

Hulke, Waltraud Maria: *Das Farben Heilbuch. Der Praktische Umgang mit Farben und ihre Wirkung auf Körper, Seele und Geist.* Windpferd, Aitrang 1995.

Stecher, Christine: *Die Körper-Seele-Symptome von A-Z. Zusammengestellt nach den Erkenntnissen von Rüdiger Dahlke.* Goldmann, München 1999.

Waddington, Nicola: *Aura-Soma. Durch Farben zur Erkenntnis.* Goldmann, München 1997.

Waddington, Nicola: *Aura-Soma – Die Heilkraft der Quintessenzen und Pomander.* Knaur, München 1999.

# Dank

Dieses Buch hat seine Zeit gebraucht, um fertig gestellt zu werden. Von der ursprünglichen Idee bis zum Abschluss des Manuskripts sind Jahre vergangen, in denen sich sehr viel in meinem Leben bewegt hat. Unterstützung für mein Buch kam manchmal in ganz unspektakulärer Weise durch einen Gedankenaustausch, durch zufällige Eindrücke und Bemerkungen, durch innere Impulse.

An erster Stelle danke ich meiner Lektorin Olivia Baerend, die meine Idee der Farbkarten begeistert aufnahm und die auch dann die Geduld und den Glauben an das Projekt nicht verloren hat, als die Arbeit am Manuskript plötzlich viel mehr Zeit in Anspruch nahm. Viel Unterstützung und Zuspruch bekam ich auch von meiner Redakteurin Christine Stecher, die mir über schwierige Phasen während der Entstehung der Texte hinweghalf.

Meine Freundin Hazel Alexander hat mich während des Entstehungsprozesses dieses Buches stets aufgemuntert und mir viel Liebe und Sonnenschein geschenkt. Ihre positive Einstellung und heitere Gelassenheit haben mir unendlich gut getan. Philipp Bata war mir ein Vorbild für Fleiß und Disziplin, aber auch für die Freude am Schreiben und am Ausdruck von Kreativität.

Die Begleitung, Unterstützung, Ermunterung und Liebe, die ich privat und bei meiner Arbeit erlebe, ist für mich ein Geschenk von unschätzbarem Wert. Es erfüllt mich mit unendlicher Dankbarkeit.

*Nicola Waddington*

## Nicola Waddington
## Aura-Soma – Die Heilkraft der Quintessenzen und Pomander

Die 14 Quintessenzen und 15 Pomander von Aura-Soma sind eine Brücke zur Heilkraft der Farbstrahlen. Sie bringen Licht in Bereiche, wo Lebensfreude und Gesundheit durch körperliches oder seelisches Leid beeinträchtigt sind. Ein Standardwerk zu Farben und ihren Wirkungen.

## Wighard Strehlow
## Hildegard-Heilkunde von A bis Z.

Alles, was Sie wissen müssen, um Krankheiten erfolgreich zu behandeln – besonders in chronischen Fällen. Der Autor, der heute als *der* Experte für die Hildegard-Heilkunde gilt, macht mit den Grundlagen dieser Therapie-Form und den verschiedenen Heilverfahren vertraut.

## Deepak Chopra
## Die Körperzeit

Unser Bewusstsein prägt den Umgang mit unserem Körper und beeinflusst damit den individuellen Alterungsprozess. Das Buch ist eine Anleitung zur Selbstdiagnose und zugleich ein Übungsprogramm, mit dem das »Jungwerden« trainiert werden kann.

## Wolfgang Höhn
## Heilfasten mit Früchten

Dieses Buch versetzt Sie in die Lage, Ihren Organismus auf entspannte Weise zu entgiften und lästige Pfunde mit Lust und guter Laune einzuschmelzen. Denn Früchte schenken echte Gaumenfreuden und lassen keine Gedanken an Selbstkasteiung aufkommen.

## Kim da Silva
### Gesundheit in unseren Händen

Ausgehend von uralten Erkenntnissen der östlichen Heilkunde entwickelte Kim da Silva ein Konzept, wie man heute die sogenannten »Mudras« oder Finger-Reflexzonen im alltäglichen Leben sinnvoll und hilfreich anwenden kann.

## Kim da Silva
### Meinen Körper in meine Hände nehmen

Mudras sind spezielle Fingerhaltungen, die Selbstheilungsenergie aktivieren. Kim da Silva zeigt, wie sie bei Krankheitssymptomen angewendet werden können, und vermittelt ein Verständnis für die Zusammenhänge körperlicher und seelischer Harmonie.

## Kim da Silva / Do-Ri Rydl
### Energie durch Bewegung

Die auf jahrelangen Erfahrungen der Autoren basierenden kinesiologischen Übungen eignen sich gleichermaßen für Jung und Alt. Sie sind einfach auszuführen und motivieren dazu, etwas für die eigene Gesundheit zu tun.

## Kim da Silva / Do-Ri Rydl
### Kinesiologie

Edu-Kinesthetik (Educational Kinesthetik) ist die einzige Form von Kinesiologie, die der Laie anwenden kann. Ohne auf einen Therapeuten angewiesen zu sein, kann man in eigener Verantwortung üben und täglich etwas für sein Wohlbefinden tun.